中国法院2023年度案例

国家法官学院　最高人民法院司法案例研究院 / 编

人格权纠纷

（生命、身体、健康、姓名、肖像、名誉、隐私、个人信息保护、一般人格权纠纷）

中国法制出版社
CHINA LEGAL PUBLISHING HOUSE

《中国法院2023年度案例》通讯编辑名单

序

法治是治国理政的基本方式，司法是法治体系的重要基石。党的二十大报告指出，要坚持走中国特色社会主义法治道路，建设中国特色社会主义法治体系、建设社会主义法治国家。加快建设公正高效权威的社会主义司法制度，努力让人民群众在每一个司法案件中感受到公平正义。人民法院始终坚持以习近平新时代中国特色社会主义思想为指导，深入学习贯彻习近平法治思想，围绕“公正与效率”这一主题，践行新时代能动司法理念，把加强司法案例研究作为加快建设公正高效权威社会主义司法制度，坚持为大局服务、为人民司法的重要途径，通过发布具有普遍指导意义的典型案例，统一法律适用，提高审判质效，提升司法公信力，努力让人民群众在每一个司法案件中感受到公平正义。

“中国法院年度案例系列”丛书，是国家法官学院和最高人民法院司法案例研究院精选全国各高级人民法院每年选送的优秀案例，深入挖掘典型案例内在价值编辑的实用精品丛书，旨在总结提炼典型案例的裁判规则和裁判方法，发挥司法规范、指导、评价、引领的重要作用，大力弘扬社会主义核心价值观，增强全民法治意识和法治素养，展现新时代我国司法领域新发展、新成就。

本丛书自2012年编辑出版以来，已连续出版12年，每年年初出版，受到读者广泛好评。本丛书出版之初有15个分册。近年来，为顺应审判执行实践需要，更加全面反映我国司法审判执行工作的发展进程，响应读者需求，2014年度新增金融纠纷、行政纠纷、刑事案例3个分册，2015年度将刑事案例调整为刑法总则案例、刑法分则案例2个分册，2016年度新增知识产权纠纷分册，2017年度新增执行案例分册，2018年度将刑事案例扩充为4个分册，2022年度将土地纠纷（含林地纠纷）分册改为土地纠纷（含环境资源案例）分册。在全国各级人民法院的大力支持下，丛书编委会现编辑出版《中国法院2023年度案例系列》丛书，共23个分册。

“中国法院年度案例系列”丛书以开放务实的态度、简洁明快的风格，追求“好读有用”，主要体现出以下特色：一是选编案例来源广泛、时效性强。

国家法官学院和最高人民法院司法案例研究院每年通过各高级人民法院汇集全国范围内上一年度审结生效的典型案例近万件，使该丛书有广泛的精选基础，可及时、定期提供全国范围内新近发生的多种类型的新型、疑难案例。二是由法官释理说法，全方位深度挖掘案例价值。大多数案例由主审法官撰写“法官后语”，深入阐释案例的裁判思路和相关考量，充分发挥典型案例在司法裁判、类案参考、法学研究、行为指引、宣示教育等方面的价值，力求引发读者的共鸣与思考，为读者提供借鉴和启迪。三是编排依次以案由和法律适用问题为序，方便读者检索。丛书充分体现“以读者为中心”的理念，每册内容主要根据案由分类编排，每个案例主要围绕法律适用问题，用一句话精要概括裁判规则、裁判思路或争议焦点，以其作为主标题，让读者能一目了然，迅速找到所检索的目标案例。四是注重裁判文书再加工，高度提炼案例内容。案例编写突出争议焦点以控制篇幅，剔除无关信息，尽可能在有限的篇幅内为读者提供更多与争议焦点、所查类案相关的有效、有益信息。

中国法制出版社始终全力支持“中国法院年度案例系列”丛书的出版，给了作者和编辑们极大的鼓励。2023年，这套丛书将继续提供数据库增值服务。购买本书，扫描前勒口二维码，即可在本年度免费查阅往年同类案例数据库。我们在此谨表谢忱，并希望通过共同努力，逐步完善，做得更好，真正探索出一条编辑案例书籍、挖掘案例价值的新路径，更好地服务司法审判高质量发展、服务法治社会建设、服务学习研究法律的读者。

“中国法院年度案例系列”丛书既是法官、检察官、律师等法律工作者的办案参考和司法人员培训的实用教材，也是社会大众学法用法的经典案例读本，同时是教学科研机构与人员从事案例研究的良好系列素材。当然，案例作者和编辑在编写、编审过程中也难以一步到位实现最初的愿望，客观上会存在各种不足甚至错误，欢迎读者批评指正。我们愿听取各方建议，不断拓宽深化司法案例研究领域，立足新发展阶段，推动实现中国特色司法案例事业的高质量发展。

国家法官学院

最高人民法院司法案例研究院

2023年5月

目　录

Contents

一、生命权、身体权、健康权纠纷

二、姓名权纠纷

三、肖像权纠纷

四、名誉权纠纷

五、隐私权、个人信息保护纠纷

六、一般人格权纠纷

一、生命权、身体权、健康权纠纷

1

监护人在履行监护职责过程中造成被监护人损害的是否应承担侵权责任

——秦小某诉陈某健康权案

【案件基本信息】

1. 裁判书字号

北京市第三中级人民法院（2021）京 03 民终 10677 号民事判决书

2. 案由：健康权纠纷

3. 当事人

原告（上诉人）：秦小某

被告（上诉人）：陈某

【基本案情】

秦某与陈某原系夫妻关系，二人育有一女秦小某（2014 年 8 月出生）。2015 年 5 月，陈某单独看护秦小某时，秦小某手部被烫伤。2016 年 7 月，秦某经法院判决与陈某离婚，秦小某由秦某抚育。秦某怀疑秦小某系被陈某故意烫伤，认为陈某的行为严重侵害了秦小某人身健康，故作为监护人代秦小某诉至法院要求陈某承担医疗费、护工费、营养费、伤残赔偿金、精神损害抚慰金。

经鉴定，司法鉴定意见认为，秦小某所受损伤属八级伤残（致残率 30%）。

【案件焦点】

陈某作为秦小某之监护人是否应对秦小某的烫伤承担侵权赔偿责任。

【法院裁判要旨】①

北京市朝阳区人民法院经审理认为：秦某、陈某作为秦小某父母，在其婚姻关系存续期间已交纳秦小某的医疗费、护工费、营养费，故秦小某向陈某主张上述费用不予支持。陈某作为秦小某的监护人，并未尽到足够的监护义务，防止其受到人身侵害，具有一定的过错。秦小某现已致残，不能因秦小某、陈某之间的亲子关系而免除陈某赔偿其残疾赔偿金的责任。本院结合双方提交的证据和查明的事实确定陈某按照 80% 的比例对秦小某承担责任，经核算，陈某应向秦小某赔偿残疾赔偿金 325228. 8 元。考虑到秦小某的损害将对其造成长期影响，故结合秦小某伤情、年龄、陈某过错程度等因素，酌定陈某向秦小某赔偿精神损害赔偿金 3 万元。

北京市朝阳区人民法院依照《中华人民共和国民法总则》第三十四条、第三十五条，《中华人民共和国侵权责任法》第二条、第六条，《最高人民法院关于审理人身损害赔偿案件适用法律若干问题的解释》第十九条、第二十五条以及《最高人民法院关于适用〈中华人民共和国民事诉讼法〉的解释》第九十条规定，判决：

一、陈某于本判决生效之日起七日内赔偿秦小某伤残赔偿金 325228. 8 元；

二、陈某于本判决生效之日起七日内赔偿秦小某精神损害赔偿金 30000 元；

三、驳回秦小某的其他诉讼请求。

秦小某、陈某均不服原审判决，提起上诉。北京市第三中级人民法院经审理认为：在判断监护人是否存在侵权法意义上的过错时，除了要遵循“善良管理人”的衡量标准外，还应考虑社会一般道德和家庭伦理观念。根据现有证

① 本书【法院裁判要旨】适用的法律法规等条文均为案件裁判当时有效，下文不再对此进行提示。

据，结合事发时的家庭环境、陈某一人看护、秦小某的年龄等情况，不足以认定陈某存在故意或明显过失。因此陈某不构成特殊主体下的侵权法意义上的过错，不应承担侵权责任。即使按照一般侵权理论认定陈某因未尽到充分注意义务对秦小某的烫伤存在一定过错，构成侵权，秦某作为秦小某之法定代理人亦无法主张赔偿责任。理由如下：第一，父母是监护责任的共同主体，不因一方单独实施监护行为而免除另一方的监护责任。第二，因诉的发起主体与责任承担主体混同导致赔偿责任无法实现。由于秦小某在本案中主张的医疗费、护理费、营养费发生于秦某与陈某夫妻关系存续期间且已经实际支付，故其再行主张缺乏依据。如日后再发生因治疗产生的相关费用，陈某作为母亲理应负担，但该费用应属于抚养关系项下解决的问题，并非侵权赔偿责任。

北京市第三中级人民法院依照《最高人民法院关于适用〈中华人民共和国民法典〉时间效力的若干规定》第一条，《中华人民共和国民法总则》第八条、第二十六条、第二十七条、第三十四条，《中华人民共和国婚姻法》第三十六条，《中华人民共和国民事诉讼法》第六十四条第一款、第一百七十条第一款第二项规定，判决：

一、撤销北京市朝阳区人民法院（2019）京 0105 民初 77948 号民事判决；

二、驳回秦小某的全部诉讼请求。

【法官后语】[①]

本案的焦点问题为监护人在履行监护职责过程中非因主观故意或重大过失造成被监护人自身损害，是否成立侵权赔偿责任。夫妻离婚后，一方以子女名义付诸诉讼的多为给付抚养费、返还财产等纠纷，因人身伤害而引发的损害赔偿纠纷尚不多见，理论界和司法实践中亦有不同认识，但该类案件对未成年人的健康成长影响重大，亦直接关涉社会价值导向、家风塑造传承问题，急需司法积极回应。

---

① 本书【法官后语】对此类法律问题涉及的法律法规等内容进行了时效性更新，下文不再对此进行提示。

第一，监护人在履行监护职责过程中非因主观故意或重大过失造成被监护人自身损害不宜认定承担侵权责任。

从法律规定上来看，基于父母子女之间的特殊关系，民法典总则编规定父母是未成年子女的监护人；监护人有代理被监护人实施民事法律行为，保护被监护人的人身权利、财产权利以及其他合法权益的职责；监护人不履行监护职责或者侵害被监护人合法权益的，应承担法律责任。而监护人的侵权责任作为民法典侵权责任编关于侵权责任主体的特殊规定，仅适用于无民事行为能力人、限制民事行为能力人造成他人损害的情形。对于监护人不履行监护职责或侵害被监护人权益的，法律赋予当事人剥夺监护人资格的权利，但并无明确法律规定在监护人未尽到审慎注意义务时应承担侵权责任。

从公序良俗和人性伦理上来看，血浓于水，父母子女之间具有天然的血缘关系，是最亲密的直系亲属，父母对子女的爱最为无私纯洁。如要求父母在非主观故意或重大过失的情形下对子女承担侵权责任，有违社会伦理道德和公序良俗原则，亦与社会主义核心价值观、中华传统优良家风不符。实际生活中，即使法律赋予监护人较高的注意义务，但仍然无法防止未成年人不受任何损伤。如果动辄将孩子的伤害归结为父母因未尽到注意义务而定性为父母对子女的侵权行为，显然不符合一般社会伦理。另外，对于像本案秦小某这样身处离异家庭，只能由父母一方直接抚养的未成年人，亲情缺位的可能性本就高于普通家庭，如果在直接看护未成年人的父母一方并不存在故意或重大过失的情况下，判令其对子女承担侵权责任，还会导致监护人因惧怕承担侵权责任而疏于对子女的亲情陪伴，严重背离未成年人利益保护最大化原则。故结合上述相关法律规定及公序良俗原则，二审法院认为陈某作为监护人，在履行监护职责过程中非因主观故意或重大过失造成被监护人秦小某自身损害，不应承担侵权责任。

第二，从诉讼主体分析，因主体混同导致父母一方作为未成年人的法定监护人向另一方请求承担赔偿责任无法实现。

父母是监护责任的共同主体，不因一方单独实施监护行为而免除另一方的监护责任。现实生活中，由于家庭内部分工不同，父母作为孩子的法定监护人不可能时刻同时实施监护行为。基于特殊的家事关系，在一方单独看护期间孩子受伤，相应的监护责任应由父母双方共同承担，并非未看护就无责任。本案中子女受伤发生在父母婚姻关系存续期间，虽然事发时系单方看护，但父母双方共同作为法定监护人负有同等的监护责任，亦应共同承担相应损害后果。

不满八周岁的未成年人为无民事行为能力人，由其监护人作为法定代理人代理实施民事法律行为。本案原告秦小某提起本案之诉时仅有五岁，为无民事行为能力人，本案实质系夫妻关系解除后，实际抚养监护人向另一位监护人提起损害赔偿纠纷。根据相关法律规定，父母是未成年子女的法定监护人。父母与子女间的关系，不因父母离婚而消除。离婚后，子女无论由父或母直接抚养，仍是父母双方的子女。故从诉的主体排列角度分析，可出现如下情形：其一，陈某应同时作为原告秦小某的法定代理人参加诉讼，但其在本案中也是被告，此时形成主体的第一种混同，难以实现赔偿责任。其二，退一步而言，即使仅由秦某作为原告秦小某的代理人，鉴于前文所述，秦某亦应对疏于看护承担相应责任，也应被列为被告，同样会出现主体混同，亦难实现赔偿责任。

第三，从弘扬社会主义核心价值观的立场出发，承担监护责任并不意味着要承担侵权赔偿责任。

侵权责任法的基本价值是协调自由与安全，其功能在于补偿与预防。保护被监护人的身心健康、照顾被监护人的生活是监护人履行法定职责的应有之义，该责任不因父母离婚，实际抚养人的变化而改变。因此，法院虽未认定侵权责任成立，但指明因治疗产生的相关费用属抚养关系下的监护义务与责任，应由父母共同承担。

事故发生，并非人愿，令人心痛，但既已发生，需父母双方齐心协力弥补损害后果，而相互谴责、金钱赔偿、责任转嫁均不足以抚慰子女的身心痛苦，反而会破坏亲子关系，唯有相互体谅、消除芥蒂、和睦相处方能言传身教、以身作则，为子女身心恢复创造良好的外部环境。二审改判母亲不承担相应侵权赔偿责任，但引导父母双方积极履行抚养义务，加强对子女关心关爱，充分发挥了司法裁判在社会治理中的规则引领和价值导向作用。

编写人：北京市第三中级人民法院　于洪群　张羽　邱江

2

未成年人相约共同游泳溺亡侵权责任的划分

——陈某林、曾某诉王某等生命权、健康权、身体权案

【案件基本信息】

1. 裁判书字号

重庆市第三中级人民法院（2021）渝03民终157号民事判决书

2. 案由：生命权、健康权、身体权纠纷

3. 当事人

原告（被上诉人）：曾某、陈某林

被告（上诉人）：曹某、曹某华、秦某兰、陈某飞、陈某华、王某、王某红、王某琳

被告：张某、张某柏、秦某娟、丰都县某镇某村三组、丰都县某镇某村村民委员会、田某

【基本案情】

陈某、曹某、陈某飞、张某、王某均系丰都县某学校初三年级学生。陈某林、曾某系夫妻关系，系陈某父母。曹某华、秦某兰系曹某的父母；陈某华系陈某飞的父亲；王某红、王某琳系王某的父母，王某红、王某琳于2020年4月7日协议登记离婚，协议约定王某由王某红直接抚养；张某柏、秦某娟系张某的父母。

2020年5月15日14时许，曹某、陈某、陈某飞、王某、张某经相约先后出发到丰都县某镇某村三组一水塘游泳、玩耍，15时30分许曹某、陈某等五人先后到达水塘边，曹某、陈某飞、陈某、王某四人先后脱衣下水塘游泳，张

某因不会游泳坐在水塘边等候。曹某等四人下水游泳约几分钟后，曹某、王某、陈某飞发现陈某游泳落水，便在水中尝试营救未果，三人上岸后与岸上的张某求助旁人协助营救亦未果。15时42分许，曹某拨打110报警，陈某飞拨打120救护，16时左右丰都县公安局某镇派出所民警到达现场后在附近村民的协助下用渔网将陈某打捞上岸，120救护车到达现场后确认陈某已经溺水死亡。涉案水塘系历史形成，其所有人和管理人为村小组，实际由该村村委会主任、该村小组村民田某承包用于养鱼。该水塘曾于2004年左右进行过扩建整修，事发时水塘边未修建防护栏，未设立警示标志、标语。陈某死亡后，双方未能就赔偿事宜达成协议，陈某林、曾某遂将诸被告诉至法院，请求判决被告共同赔偿死亡赔偿金、丧葬费、精神损害抚慰金的70%。

【案件焦点】

1. 曹某、陈某飞、王某、张某对陈某的死亡是否存在过错；2. 村小组、村委会、镇政府对陈某的死亡是否存在过错；3. 田某对陈某的死亡是否存在过错；4. 存在过错的各方应承担责任的比例如何认定。

【法院裁判要旨】

重庆市丰都县人民法院经审理认为：曹某、陈某飞、王某作为限制民事行为能力人的在校学生，应当预见到相约去野外游泳具有较高危险性，亦具有在水塘游泳存在危害生命安全可能的基本常识，四人在不擅长游泳的情形下，不相互劝告，反而相约前往，应当意识到在野外水塘游泳存在危害生命安全的风险，相互之间应具有保护他人生命健康安全的注意义务。虽然在发现陈某落水时，曹某、陈某飞、王某三人有试图营救、向他人寻求帮助、报警等施救行为，但均不能免除相约前往一同游泳的过错，应依法承担相应的侵权责任。死者陈某系初三学生，系限制民事行为能力人，对到野外水塘游泳一事也应预见到具有相当的危险性，但仍与他人一起到水塘游泳导致溺水身亡，对于其溺水死亡的损害后果，本人应承担主要责任。曹某、陈某飞、王某的相约野外游泳行为客观上造成陈某死亡的损害后果。被侵权人对损害的发生也有过错的，可以减轻侵权人的责任，二人以上分别实施侵权行为造成同一损害，能够确定责任大小的，各自承担相应的责任。结合三行为人的过错与陈某死亡的损害结果之间的原因力大小，曹某、陈某飞、王某在该案中，其责任大小相当，酌定三人各自承担5%的责任。

张某与曹某、陈某飞、王某系同学、同伴关系，其家住丰都县某镇某村三组，自己不会游泳遂在水塘边等候同伴，该行为系友谊行为不具有社会危害性，且张某发现陈某身处落水危险时亦与同伴积极参与协助营救，其行为不具有责罚性，故认定张某在该案中无过错，不承担侵权责任。

无民事行为能力人、限制民事行为能力人造成他人损害的，由监护人承担民事责任，由于曹某、陈某飞、王某均系未成年人，曹某华、秦某兰、陈某华、王某红、王某琳作为监护人，依法应对陈某林、曾某所遭受的损失承担民事赔偿责任。

王某琳作为王某之母，无论其是否直接抚养王某，均不影响其对王某所承担的法定监护职责，即应对王某在未成年期间造成的他人损害承担赔偿责任，即使其与王某红在离婚时约定所有责任由王某红承担，也不能对抗第三人，其可在承担责任后就其已负担部分另行向王某红主张。

从导致陈某游泳溺水死亡的整个过程来看，涉案水塘不是陈某放学回家的必经之路，陈某系与他人相约自愿前往涉案水塘下水游泳致溺水死亡，与涉案水塘是否设立安全警示标志或者修建安全设施并无因果关系，且涉案水塘系历史形成，该类山坪塘在农村到处都有，并广泛长期存在，陈某林、曾某诉称的安全警示和安全设施在相关技术规范中亦无明确规定，故综合认定丰都县某镇某村三组、丰都县某镇某村村民委员会、丰都县某镇人民政府、田某在该案中针对陈某主动下塘游泳导致溺水死亡的后果无过错，不承担过错责任。针对该案的实际情况，法院酌定由死者陈某的父母陈某林、曾某自行承担陈某死亡85%的民事责任，因受害人承担损害的主要责任，对陈某林、曾某主张的精神损害抚慰金不能得到支持。陈某林、曾某因陈某死亡的损失依法认定为799664元，其中，陈某林、曾某自行承担679714.40元，曹某、陈某飞、王某三人各自承担39983.20元。

重庆市丰都县人民法院依照《中华人民共和国侵权责任法》第六条、第十二条、第十六条、第二十六条、第三十二条,《最高人民法院关于审理人身损害赔偿案件适用法律若干问题的解释》第二十七条、第二十九条和《中华人民共和国民事诉讼法》第一百四十四条规定,判决:

一、曹某、陈某飞、王某的法定代理人在本判决生效后十日内分别赔偿陈某林、曾某因陈某死亡的损失费用39983.20元;

二、驳回陈某林、曾某的其余诉讼请求。

曹某、曹某华、秦某兰、陈某飞、陈某华、王某、王某红、王某琳不服一审判决,提起上诉。重庆市第三中级人民法院经审理同意一审法院的裁判意见。依照《中华人民共和国民事诉讼法》第一百七十条第一款第一项规定,作出如下判决:

驳回上诉,维持原判。

【法官后语】

一、未成年人相约游泳应根据其过错程度确定责任

(一)未成年人相约游泳产生先行的注意义务

未成年人相约游泳属于共同危险行为,在从事这一共同危险行为时,双方间的关系由此前的一般关系转化为特别约束关系,从而产生更强的权利保护需求,相应地,相互之间产生注意义务。本案中,曹某、陈某飞、王某、陈某四人均系限制民事行为能力人,对自己行为的性质及后果均具有相应的辨识能力,应当预见到相约去野外游泳具有较高危险性,亦具有在水塘游泳存在危害生命安全可能的常识。曹某、陈某飞、王某与死者陈某四人在不擅长游泳的情形下,不相互劝告,反而相约前往,应当意识到在野外水塘游泳存在危害生命安全的风险,相互之间应具有保护他人生命健康安全的注意义务。

(二)未成年人相约游泳行为过错认定

相约游泳行为人之间的注意义务要求,当同伴出现溺水等危险时,其余相约人之间应当救助,保护他人生命健康安全。若共同游泳的同伴因游泳产生人

身、财产等损害时，应根据相约人之间的过错程度确定其责任大小。本案中，陈某落水时，其他三人虽实施了营救、向他人寻求帮助、报警等施救行为，但未能阻止陈某的死亡，不能免除相约前往一同游泳的过错，应依法承担相应的侵权责任。陈某系限制民事行为能力人，对到野外水塘游泳应预见到具有相当的危险性，对其溺水死亡的损害后果应承担主要责任。张某与陈某系同学和同村同伴关系，因不会游泳而未参与共同危险行为，其在水塘边等候同伴的行为系友谊行为，不具有社会危害性，且在陈某落水时积极参与协助营救，其行为符合社会主义核心价值观，不具有责罚性，因此张某并无过错，不承担侵权责任。

二、父母离婚后，未直接抚养孩子一方仍要承担监护责任

由于曹某、陈某飞、王某均系未成年人，其监护人应对原告所遭受的损失承担民事赔偿责任。王某琳作为王某之母，无论其是否直接抚养王某，不影响其对王某所承担的法定监护职责，王某琳与王某红在离婚时约定所有责任由王某红承担也不能对抗第三人，王某琳可在承担责任后就其已负担部分另行向王某红主张。故王某琳应对王某在未成年期间造成的他人损害承担赔偿责任。

三、镇政府、村委会、村小组及田某对陈某的死亡不承担过错责任

镇政府和某村委不是涉案水塘的所有人和管理人，对涉案水塘没有法定或者约定的管理义务，对陈某的死亡不承担过错责任。村小组与田某虽是涉案水塘的所有人和管理人，但从陈某游泳溺水死亡的整个过程来看，涉案水塘不是陈某放学回家的必经之路，陈某系与他人相约自愿前往涉案水塘下水游泳溺水死亡，与涉案水塘是否设立安全警示标志或者修建安全设施并无因果关系，且涉案水塘系历史形成，该类山坪塘在农村很常见，广泛长期存在，通常情况下没有防护措施。安全警示和安全设施在相关技术规范中亦并无明确规定，即并未规定水塘的所有人和管理人必须在水塘旁设置警示标志，村小组与田某对涉案水塘并无设置警示标志的义务。故村小组、村委会、镇政府、田某在本案中针对陈某主动下塘游泳导致溺水死亡的后果无过错，不承担侵权责任。

编写人：重庆市丰都县人民法院　崔龙均　湛野　付春杰

3

寄宿制学校在未成年人住校期间受到人身伤害后应尽的安全保护义务范畴

——陈某某诉周某等健康权案

【案件基本信息】

1. 裁判书字号

江苏省无锡市滨湖区人民法院（2021）苏0211民初4022号民事判决书

2. 案由：健康权纠纷

3. 当事人

原告：陈某某

被告：周某、周某某、马某某、无锡某学校（以下简称某学校）

【基本案情】

陈某某与周某均系某学校寄宿制初中生，二人住在同一学生宿舍。2020年6月18日中午，陈某某与周某在进行互推游戏过程中因故发生争吵。同宿舍学生陈某甲见状说道："你们要么就互相说声对不起，要么就打一架。"陈某某与周某便起身准备打架。周某先用拳头向陈某某左腹部击打了一下，陈某某用拳头打了周某左手臂一下。陈某甲遂将二人拉开，二人和解。

陈某某被打后一直感觉肚子疼，次日下午，其将肚子疼的情况告知生活老师，并至学校医务室就诊，校医检查了陈某某腹部，发现脐周有轻压痛，尤以右侧脐周压痛明显，经向陈某某询问，怀疑陈某某肚子疼可能系因喝冷水所致，为其开了5mg消旋山莨菪碱片1粒治疗。陈某某口服药物后未有好转，当天下午上课时，趴在课桌上休息。2020年6月20日6点左右，陈某某未起床站队，告知生活老师肚子还是疼，生活老师让其躺床休息。7点左右，生活老师到宿舍询问陈某某情况，发现其脸色惨白，便召集两个同学一起将陈某某送往学校医务室就诊。校医务室无法确认病因，便安排校车将陈某某送至无锡市第二中医医院就诊，生活老师同时将陈某某的情况通知了班主任老师，班主任老师立即通知陈某某家长赶至医院。经医院诊断为脾破裂、失血性休克、腹腔积液，予以脾切除，住院11天。

经司法鉴定，陈某某脾切除术后（未成年人）评定为七级残疾；护理期60日、营养期90日。

周某某、马某某系周某的父母。

本案审理过程中，法院向无锡市第二中医医院医生进行咨询，该院医生陈述，陈某某送医时脾下极包膜不完整即破裂，该包膜破裂有可能是由于外伤所致，也可能在外伤发生后，包膜尚未完全破裂，在受伤后至就诊期间由于受力（比如下床用力过大、运动等）而导致破裂。如尽早送医，有一定的可能使得陈某某的病情通过保守方案获得治疗。

【案件焦点】

各方当事人对损害后果是否应承担责任及相应责任比例如何确定。

【法院裁判要旨】

江苏省无锡市滨湖区人民法院经审理认为：首先，无民事行为能力人、限制民事行为能力人造成他人损害的，由监护人承担侵权责任。陈某某受伤系由于周某殴打所致，周某作为限制民事行为能力人，应由其监护人承担侵权责任。其次，限制民事行为能力人在学校或者其他教育机构学习、生活期间受到人身损害，学校或者其他教育机构未尽到教育、管理职责的，应当承担责任。陈某某于受伤次日至某学校医务室就诊，校医在发现陈某某肚子有明显压痛的情况下，应引起足够重视，向陈某某询问是否有外伤史，在学校无检查设备的情况下，校医既未与陈某某本人或其老师沟通要求至医院检查，亦未主动跟进陈某某后续身体状况，在陈某某于医务室看病后回到教室上课期间，老师在已看到陈某某趴在课桌上无法听课的情况下，亦未引起足够重视，既未及时将陈某某送至医院，也未将陈某某的身体状况通知其父母，直至送至医院当天早晨，老师在看到陈某某仍然肚子很痛的情况下，仍未立即将其送医，而是在事隔一小时左右后才将陈某某送医治疗。上述行为可以证明某学校未尽到教育、管理职责，结合本院向无锡市第二中医医院的咨询意见，某学校的上述行为有可能与陈某某的受伤结果存在一定的因果关系，故某学校应当承担相应责任。再次，被侵权人对损害的发生也有过错的，可以减轻侵权人的责任。陈某某与周某之间系因打架所致受伤，作为限制民事行为能力人，陈某某对事物有一定的认知能力，应该意识到相互撕扯、打闹具有一定的危险性，可能会造成身体的伤害，理应尽到注意义务，但却放任危险的出现，造成损害后果的发生，故陈某某对其所受损失应自负相应责任。综合考虑各方当事人过错程度、行为与损害后果之间的原因力大小等因素，酌定由周某承担50%赔偿责任，某学校承担35%赔偿责任，陈某某自担15%责任。陈某某因本次受伤事故造成损失：医疗费20444.41元、护理费6000元、营养费2700元、住院伙食补助费550元、残疾赔偿金446899.2元、精神损害抚慰金20000元、交通费500元，合计497093.61元。

江苏省无锡市滨湖区人民法院依照《中华人民共和国侵权责任法》第三条、第十六条、第二十六条、第三十二条、第三十九条，《最高人民法院关于审理人身损害赔偿案件适用法律若干问题的解释》第十七条、第十八条、第十九条、第二十一条第一款、第二十二条、第二十四条，《最高人民法院关于确定民事侵权精神损害赔偿责任若干问题的解释》第八条第一款规定，作出如下判决：

一、周某某、马某某于本判决发生法律效力之日起十日内赔付陈某某各项损失共248547元；

二、无锡某学校于本判决发生法律效力之日起十日内赔付陈某某各项损失共173983元；

三、驳回陈某某的其他诉讼请求。

判决后，双方当事人均未上诉，本判决现已生效。

【法官后语】

本案主要解决的是限制民事行为能力人在寄宿制学校学习、生活期间遭受来自本校其他限制民事行为能力人人身损害时各方的责任承担问题。

损害赔偿债务份额的确定，有两个基本的考虑因素：一是过错，即对造成同一损害，应当斟酌各行为人的过错大小，按照比例确定各行为人的赔偿债务份额；二是原因力大小，即损害的发生，须加害行为对于被害的客体发生原因力，通过斟酌原因力的比例，并结合各行为人的主观过错比例，确定各行为人应承担的赔偿债务份额。此外，如被侵权人对同一损害的发生或者扩大有过错的，还应考虑按其过错程度减轻侵权人的责任。

具体到本案，从过错来看，周某作为限制民事行为能力人，对于打架可能造成的后果应有一定的预见性，但并未理性处理与陈某某之间的矛盾，选择以打架方式解决，并先动手殴打陈某某，对陈某某受伤存在主观故意，具有较大过错；某学校作为寄宿制学校，在明知学生年龄尚小、认知能力不足且长期脱离监护人监管的情况下，未尽审慎注意义务，在多次发现陈某某身体不适的情况下，未引起足够重视，医务室问诊亦不规范，导致延迟送医，存在较为明显的疏忽大意的过失。两者过错相比，有侵权故意的周某显然大于存在疏忽大意过失的某学校。从侵权行为与损害后果之间的原因力来看，陈某某的伤害首先是由周某的殴打行为所致，二者之间具有直接因果关系，周某的侵权行为对于陈某某的身体伤害所占原因力比例最大；某学校虽未实施积极侵权行为，但陈某某脾切除这一损害后果不排除是由于某学校迟延送医进而贻误治疗所致，其消极侵权行为与损害后果之间具有一定的因果关系，所占原因力比例次之。而被侵权人陈某某作为限制民事行为能力人，同周某一样，对打架后果应具有一定认知能力，但却未采取理性方式处理，对自身损害存在较小比例的过错。因此，法院最终根据当事人过错程度和行为与损害后果之间的原因力大小等因素酌定由周某承担50%赔偿责任，某学校承担35%赔偿责任，陈某某自担15%责任。

寄宿制学校的学生大多处于青春期，脱离监护人的监管，学校除“传道、授业与解惑”外，保护学生人身安全也是应负的一项义务。特别是未成年人在校突发疾病或受到伤害时，寄宿制学校相较于非寄宿制学校应尽到更高的注意和救治义务。首先，应健全完善学生宿舍管理、安全检查等各项校内安全管理制度，配备专人实行巡查、值班制度，及时消除安全隐患，预防学生伤害事故发生；其次，未成年人至学校医务室就医时，因年龄、心智发育尚未成熟，无法准确辨析引起疾病症状的原因，校医对此应尽高度审慎的注意义务，按照规范流程问诊、检查，在无法明确病因的情况下，应要求或主动陪同学生至正规医院检查确诊；再次，未成年人在校医处就医后，应做好病情回访跟进工作，及时了解病情发展情况，避免学生因监护人不在身边、对病情认识不足而延误治疗；最后，寄宿制学校应建立学生安全信息通报制度，及时了解学生身体、心理异常状况，并及时通知监护人，尽到提醒告知义务。

编写人：江苏省无锡市滨湖区人民法院　苏建春　李玉婷

4

餐饮业经营者对保护消费者免遭第三人不法侵害安全保障义务的认定

——高某芬诉某牛排火锅店等生命权案

【案件基本信息】

1. 裁判书字号

广西壮族自治区梧州市中级人民法院（2021）桂04民终1294号民事判决书

2. 案由：生命权纠纷

3. 当事人

原告（上诉人）：高某芬

被告（被上诉人）：黎某甲、罗某、梁某、黎某乙、甘某、某牛排火锅店

【基本案情】

高某芬系死者杨某的母亲。案发时，黎某甲是未成年人，黎某乙、甘某是黎某甲的父母。2019年3月13日4时许，黎某甲、罗某、梁某在某牛排火锅店包厢内娱乐时，因琐事与杨某（殁年21岁）发生争执，经他人劝阻，双方未发生打斗。后双方在离开过程中，杨某再次对黎某甲、罗某、梁某进行谩骂，三人不满遂起意教训杨某。在某牛排火锅店楼下电梯入口处，黎某甲拿一把折叠刀朝杨某捅去，杨某被捅后追赶黎某甲，梁某将杨某踢倒并拳打脚踢，黎某甲、罗某分别使用折叠刀朝杨某的大腿与臀部捅了数刀，随后三人驾车逃离现场。杨某经送医院抢救无效，因单刃刺器致右股静脉破裂大出血死亡，没有产生医疗费、护理费。后在刑事诉讼中，罗某的亲属代罗某赔偿高某芬100000元，高某芬表示谅解并出具谅解书。黎某甲、梁某的亲属分别代黎某甲、梁某赔偿10000元、5000元给高某芬，该赔偿款暂存在法院。2019年12月20日，广西壮族自治区梧州市中级人民法院以犯故意伤害罪，分别判处黎某甲、罗某、梁某有期徒刑15年、15年、12年。

【案件焦点】

消费者离开经营场所之后发生的人身损害，经营场所管理人是否应当承担安全保障义务。

【法院裁判要旨】

广西壮族自治区岑溪市人民法院经审理认为：虽然黎某甲、罗某、梁某对被害人杨某的故意伤害行为不是发生在某牛排火锅店内，但该行为的起因是在该火锅店内发生，且该伤害行为也发生在该火锅店的入口电梯处，某牛排火锅店明知黎某甲、罗某、梁某与杨某在其店内发生了争执，作为该场所的管理人，

某牛排火锅店没有及时报警，也没有妥善处理他们之间的争执，同时没有让双方分别离去，也没有进行制止，显然存在疏于管理的过错，未尽到安全保障义务。综合各方当事人的过错程度，黎某甲、罗某、梁某分别应当承担 45%、35%、10%的民事赔偿责任，并负连带清偿责任，被害人杨某自行应当承担 10%的民事责任。某牛排火锅店应当承担黎某甲、罗某、梁某所负担民事赔偿责任的 20%补充责任。被害人杨某的丧葬费为 39756 元。高某芬诉请赔偿死亡赔偿金、精神损害抚慰金、误工费、交通费，缺乏法律依据，不予支持。因黎某甲、罗某、梁某的亲属分别代三人赔偿损失共计 115000 元给高某芬，此款已经超出本院支持高某芬应得的合法赔偿款，某牛排火锅店不再承担任何侵权责任。综上所述，高某芬的诉请，理由不充分，不予支持。

广西壮族自治区岑溪市人民法院依照《中华人民共和国民事诉讼法》第六十四条规定，判决如下：

驳回原告的诉讼请求。

高某芬不服一审判决，提出上诉。梧州市中级人民法院经审理认为：双方第一次冲突发生在某牛排火锅店，但经劝阻，没有人员伤亡。第二次冲突是在某牛排火锅店楼下电梯入口处，此时发生了人员伤亡。因在某牛排火锅店时并未发生人员伤亡，双方也已经离开该场所，作为某牛排火锅店的经营者已经尽了相应的劝阻义务，一审认定某牛排火锅店应当承担高某芬因被害人杨某死亡造成损失 20%的补充赔偿责任不当，但实体处理正确，故予以维持。

广西壮族自治区梧州市中级人民法院依照《中华人民共和国民事诉讼法》第一百七十条第一款第一项规定，判决如下：

驳回上诉，维持原判。

【法官后语】

关于本案被告某牛排火锅店是否违反安全保障义务的问题，一、二审法院存在不同的观点，笔者同意二审法院的观点，认为被告某牛排火锅店已经尽到了安全保障义务，不应该承担相应的补充责任。

首先，关于餐饮业经营者安全保障义务的内容。安全保障义务来源于法律规定、行业习惯、合同约定及基于特定关系而负有的注意义务。对餐饮业经营者而言，如果是涉及食品安全、消防等方面的安全保障问题，法律有明确的规定，其安全保障义务来源于法律，但对于保护消费者免遭第三人不法侵害的安全保障义务方面，无论是原侵权责任法还是民法典都没有明确规定，消费者与餐饮业经营者也没有合同约定，因此，餐饮业经营者的安全保障义务应主要考虑行业习惯。对于以一般规模的餐厅形式经营的餐饮业经营者而言，同行业对于消费者免遭第三人不法侵害的人身安全保障措施，一般都是先行劝阻，劝阻无效后报警处理。本案中，双方在某牛排火锅店店内发生了口角，经营者对双方进行了劝阻，且双方在没有发生肢体冲突更没有亮出凶器的情况下离开，应认定经营者的劝阻有效，一般情况是没有必要再报警处理的，不能从结果反推出经营者有报警的义务。

其次，关于餐饮业经营者安全保障义务的范围。对于直接发生在经营场所内的第三人不法侵害，经营者明显负有安全保障义务，但矛盾起源于经营场所内，不法侵害发生在经营场所以外的情况，经营者是否负有安全保障义务，应该结合具体情况进行分析。如果一概而论地认为发生在经营场所以外的不法侵害就与经营者无关，趋利避害的本能会让经营者有意将冲突引导到经营场所外。因此，经营者是否需要承担责任，关键看经营者对于不法侵害的发生是否具有可预见性。具有可预见性的，应当认定经营者存在过失，具有过错，而经营者对难以预见的不法侵害，不构成过失。本案中，双方是在餐厅内经店方劝阻停止了争执，且没有发生肢体冲突的情况下离开了餐厅，后在电梯口双方再次发生冲突，并造成被害人死亡的严重后果。对此，作为餐厅的经营者显然是难以预见的。除非有证据证实，双方在餐厅内有约架行为，而经营者发现后没有报警，或者双方在餐厅内已经有肢体冲突，但经营者有意让双方转移地点等。

最后，关于本案的审理思路。司法实践中，因经营者安全保障义务范围的界定缺乏明确标准，对于经营者安全保障义务责任的适用有扩大趋势，也存在裁判分歧的问题。本案的审理，结合具体案情，以经营者对于发生在经营场所外的第三人侵权行为的可预见性为标准，辅之以经营者的类型和规模，认为一般规模的餐饮业经营者，对于经劝阻停止冲突的双方离开经营场所后再次发生冲突乃至侵权或犯罪行为，没有可预见性，不具有过错。基本考虑是，过于扩大解释经营者的安全保障义务范围会不当增加经营者的负担和经营风险，导致被侵权人动辄向经营者索赔；过于限缩的解释，也不利于被侵权人合法利益的保护。对经营者安全保障义务的界限，在没有明确法律规定的情况下，法官具有自由裁量权，应该审慎把握，综合安全保障义务的内容、范围、损害的来源、侵害的强度以及损害预防的能力等多种因素考虑，加以判断，将安全保障义务定义于合理的区间内。本案认定被告某牛排火锅店已经尽到安全保障义务，不应该承担相应的补充责任更为合理。

编写人：广西壮族自治区岑溪市人民法院　温颖

5

经营者安全保障义务不因参与者自甘风险而免除

——李某龙诉孙某鹏、北京某体育发展中心健康权案

【案件基本信息】

1. 裁判书字号

北京市朝阳区人民法院（2020）京 0105 民初 50135 号民事判决书

2. 案由：健康权纠纷

3. 当事人

原告：李某龙

被告：孔某鹏、北京某体育发展中心（以下简称某中心）

【基本案情】

2019 年 6 月 22 日，李某龙、孔某鹏前往某中心经营场地游玩，二人在进

行充气碰碰球游戏过程中，李某龙受伤倒地，造成右胫腓骨骨折。现场监控视频显示，双方互有进攻、防守。最后一次进攻前，李某龙处于劣势并已倒地。李某龙在起身并未站稳时便发起进攻，碰撞过程中，李某龙再次倒地并受伤。李某龙曾于活动当日签署《安全须知书》，载明入场人“我充分了解我参加场馆运动相关的风险及潜在的风险和责任，知晓不遵守本声明书及馆内安全注意事项可能造成伤害”。

事故发生后，李某龙先后前往中国人民解放军总医院、北京市上地医院住院治疗。经北京中衡司法鉴定所评定，李某龙所受损伤后果符合十级伤残（赔偿指数10%）。现李某龙诉至法院，要求孔某鹏、某中心赔偿医疗费、住院伙食补助费、伤残赔偿金等共计220463.27元。

【案件焦点】

1. 民事主体因参与具有一定风险的身体对抗游戏等活动，是否适用自甘风险规则，其他参与者是否承担责任；2. 经营者能否因参与者构成自甘风险而免除安全保障义务。

【法院裁判要旨】

北京市朝阳区人民法院经审理认为：《中华人民共和国民法典》（以下简称《民法典》）第一千一百七十六条规定，自愿参加具有一定风险的文体活动，因其他参加者的行为受到损害的，受害人不得请求其他参加者承担侵权责任；但是，其他参加者对损害的发生有故意或者重大过失的除外。活动组织者的责任适用本法第一千一百九十八条至第一千二百零一条的规定。涉案碰碰球项目自身具有对抗性、人身危险性的特点，李某龙作为游戏参与者，对于自身和其他参赛者的能力以及此项活动的危险和可能造成的损害，应当有所认知和预见，而仍自愿参加比赛，将自身置于潜在危险之中，应认定为自甘风险的行为。在此情况下，孔某鹏只有对李某龙受伤的损害后果存在故意或重大过失时，才承担侵权赔偿责任。根据事发监控视频，李某龙在活动中本身不占优势，但仍然多次主动进攻。特别是最后一次进攻前，李某龙及其所控制的碰碰球已倒地，在起身但尚未站稳并调整姿势后，贸然发起进攻，最终在进攻过程中倒地受伤。孔某鹏在此过程中并不存在故意或重大过失，不应承担侵权责任。

《民法典》第一千一百九十八条规定，宾馆、商场、银行、车站、机场、体育场馆、娱乐场所等经营场所、公共场所的经营者、管理者或者群众性活动的组织者，未尽到安全保障义务，造成他人损害的，应当承担侵权责任。某中心作为场地经营者，应在合理限度范围内担负安全保障义务，并就此承担举证义务。但根据现有证据，某中心未能证明其在事故发生前向李某龙讲解充气碰碰球游戏过程中的安全注意事项及防范措施，阐述游戏风险，并设置相应的提示标识以及实施相应的具体管理措施，因此应当承担相应侵权责任。另，李某龙参与游戏构成自甘风险，且在活动中未能保持平衡的情况下坚持进攻，对于己方损失应承担主要责任。结合本案案件事实、在案证据以及各方的过错程度等，本院认定某中心承担30%的侵权责任。

北京市朝阳区人民法院依照《民法典》第一千一百七十六条、第一千一百九十八条，《最高人民法院关于适用〈中华人民共和国民法典〉时间效力的若干规定》第十六条规定，作出如下判决：

一、被告某中心于本判决生效后七日内赔偿原告李某龙医疗费882.29元、住院伙食补助费720元、伤残赔偿金44309.4元、鉴定费735元、精神损害抚慰金1500元、误工费9533.79元、护理费1800元、营养费540元、残疾辅助器具费29.69元、交通费300元、复印费4.2元；

二、驳回原告李某龙的其他诉讼请求。

判决后，双方当事人均未上诉，本判决现已生效。

【法官后语】

当前，我国文化体育事业飞速发展，文体活动的种类和参与者逐渐增多，活动者受伤事件随之频发。在此背景下，民法典新增自甘风险规则。自甘风险规则旨在为参加具有一定风险文体活动的爱好者提供价值导向和行为指引，即提示参加者做好相应的准备和防护，遵守活动规则，友善参加活动；也为司法机关提供此类纠纷的裁判规范，使得司法机关可以合理协调权益的保护与行为自由维护之间的关系。本案即是该项制度的司法适用探索。

部分文体活动具有对抗性和危险性等特征，活动参与者的身体依赖性与激烈对抗性，使得参与者处于危险之中，可以说参与者具有危险制造者和危险潜在承受者的双重身份，以致难以完全避免身体受伤，这种风险无法完全消除。基于此，自甘风险规则对于文体活动领域内适用过失归责原则进行修正，成为一种违法阻却性事由。具而言之，参与者对此存在的风险是知道或者应当知道的，其自愿选择参与活动，意味着自愿承担该项风险。如因此造成损害后果，一般应由参与人自己承担。考虑到比赛的精彩性、竞技性，其他参加者除非实施故意伤害或者严重违反比赛道德、规则的行为，否则不应承担责任。本案中，李某龙、孔某鹏自愿参加具有一定危险性的对抗游戏，对此活动产生的风险应当知晓。现有证据难以证明孔某鹏对于李某龙受伤存在故意或重大过失，故不承担责任。

与此同时，自甘风险规则虽然为其他参与者提供了免责事由，但并不当然免除活动组织者、经营者的安全保障义务。民法典规定：经营者、管理者或者群众性活动的组织者，未尽到安全保障义务，造成他人损害的，应当承担相应的侵权责任。前已述及，“碰碰球”等游戏项目日益成为时下流行的娱乐项目，但因具有一定群体性、竞技性、对抗性等特点，参与其中必然存在一定的危险性，容易发生人身损害事故。因此，作为此类项目的组织者、经营者，负有保障参与者基本人身安全的义务。经营者告知活动参与者“安全须知”，仅是履行了提示义务，但是不能排除经营者应当采取的其他防护和救助义务。经营者除了明确管理规范，进行活动安全提示和说明外，还应当根据项目的安全风险程度安排现场管理和指导人员或其他方式，及时发现和制止违反互动规则、危及安全的不当行为，减少或避免参与者受伤的可能性，发生危险后还应及时尽到妥善救助义务。否则，应当对受害人的损失承担赔偿责任。而本案中，某中心并未履行相应安全管理和防护义务，故应当承担一定范围内的侵权责任。

本案基于自甘风险规则，判决参与人自行承担主要责任，让无过错方不为其他参与人的冒险行为买单，重申经营者的安全保障义务，确立了自甘风险规则与经营者安全保障义务责任的衔接适用规则，有利于对文体活动相关的社会行为的积极引导。

编写人：北京市朝阳区人民法院　王乐　高磊

6

经营者提供的餐具破损造成消费者人身损害的应承担赔偿责任

——孔祥某诉张卫某等身体权案

【案件基本信息】

1. 裁判书字号

北京市海淀区人民法院（2021）京0108民初9912号民事判决书

2. 案由：身体权纠纷

3. 当事人

原告：孔祥某

被告：北京某餐饮管理有限公司（以下简称某餐饮公司）、张卫某、何某

【基本案情】

某餐饮公司承接海淀区某某国际地下一层的餐饮。张卫某、何某基于和某餐饮公司的《档口联营合同》，承租了其中美食广场东区A号档口，用于经营淮南牛肉汤。

2020年11月27日12时许，因张卫某、何某提供的取餐盘持板缺损，造成孔祥某在取餐过程中把持不稳，碗中汤汁泼洒至其右手。后孔祥某自行简单处理，但被烫伤部位仍出现水泡。次日孔祥某至医院急诊治疗，经诊断为右手二度—深二度烫伤，医嘱建议全休两周。孔祥某认为某餐饮公司和张卫某、何某

在经营中存在明显过错，应承担损害赔偿责任，故诉至法院，请求判令赔偿医疗费、误工费、护理费、营养费、交通费、经济损失、精神损害抚慰金等费用。

某餐饮公司认为其公司不存在侵权行为，不同意孔祥某的诉讼请求。通过监控查看，事发时是孔祥某自身不慎造成自己被烫伤，孔祥某作为成年人，应自担风险。但出于人道主义，同意适当补偿。张卫某、何某认为孔祥某具备自主能力，仅同意承担一半医疗费，其他费用不同意赔偿。

【案件焦点】

1. 在联营模式下，对于消费者的损害如何确定侵权责任主体；2. 如何认定消费者对自身损害的过错。

【法院裁判要旨】

北京市海淀区人民法院经审理认为：第一，根据法律规定，消费者在展销会、租赁柜台购买商品或者接受服务，其合法权益受到损害的，可以向销售者或服务者要求赔偿。展销会结束或者柜台租赁期满后，也可以向展销会的举办者、柜台的出租者要求赔偿。展销后的举办者、柜台的出租者赔偿后，有权向销售者或者服务者追偿。本案事发时，张卫某、何某向某餐饮公司承租档口进行餐饮服务，孔祥某在接受服务过程中受到的伤害，尚在张卫某、何某与某餐饮公司租赁关系履行期间且尚未终止，故本案适格的被告应为张卫某、何某，某餐饮公司非该阶段适格被告。

第二，经营者应当保证其提供的商品或者服务符合保障人身、财产安全的要求。对可能危及人身、财产安全的商品和服务，应当向消费者作出真实的说明和明确的警示，并说明和标明正确使用商品或者接受服务的方法以及防止危害发生的方法。张卫某、何某提供的服务，除了提供餐食外，其卫生、餐具、设施、设备等也是服务项目的内容。张卫某、何某经营的淮南牛肉汤档口，餐食为温度较高的汤食，存在一定的安全隐患，但由于取餐设备的缺损，造成消费者取餐不便，故张卫某、何某应承担损害赔偿责任。孔祥某虽是完全民事行为能力人，但强加消费者自行消除安全隐患的责任，显然有悖消费者权益保护法的立法宗旨和精神，故对诸被告的抗辩意见不予采信。

关于孔祥某主张的各赔偿项目，结合证据情况分别认定。鉴于伤患在易露外表，对其工作生活造成一定影响，法院酌情判定精神损害抚慰金。

北京市海淀区人民法院依照《中华人民共和国民法典》第一千一百六十五条第一款，《中华人民共和国消费者权益保护法》第五条、第十八条、第三十五条，《中华人民共和国民事诉讼法》第一百一十九条规定，作出如下判决：

一、张卫某、何某赔偿孔祥某医疗费4307.83元、护理费3900元、交通费618.8元、营养费700元、精神损害抚慰金2000元，上述共计11526.63元，于本判决生效后七日内付清；

二、驳回孔祥某对某餐饮公司的起诉；

三、驳回孔祥某对张卫某、何某其他诉讼请求。

判决后，双方当事人均未上诉，本判决现已生效。

【法官后语】

随着经济的发展和人民生活水平的提高，餐饮业蓬勃发展，除了守护舌尖上的安全外，消费者的其他人身财产安全问题亦不容忽视。如何实现经营者安全保障义务与消费者安全注意义务的衡平，是一个值得探讨的法律问题。作为一个典型的案例分析范本，本案的典型意义在于明确了经营者安全保障义务的边界，敦促作为市场经济主体的经营者，自觉规范经营行为，保障消费者合法权益。

一、餐饮经营者安全保障义务的合理限度与边界

经营者应当保证其提供的商品或者服务符合保障人身、财产安全的要求。那么除了商品和服务外，经营者对其经营场所、经营环境和服务设施等是否负有安全保障义务，涉及安全保障义务的合理限度与边界问题，在把握合理限度及边界问题上，一般采用以下原则：

一是行业或者生活经验普遍认知原则。安全保障义务应符合法定标准或诚信善良管理人标准，未超出可合理预判的风险。经营者应根据相关国家、地方或行业标准就商品服务、经营场所、经营环境和服务设施等进行安排；如确无

相关法定标准，应以诚信善良管理人或具有一般生活经验的人可预判的风险履行安全保障义务。国家卫健委、市场监督管理局联合发布的《食品安全国家标准　餐饮服务通用卫生规范》中对于餐用具的标准、食品容器、工具和设备的安全等均有明确详细的规定。故餐饮经营者向消费者提供达到国家安全、卫生标准的餐具，不仅仅是配套服务，同时也是经营者的法定义务和附随义务，并未超出经营者可合理预判的风险范畴，同时也符合日常生活经验法则。

二是一般安全保障原则。安全保障义务应限定在合理限度范围内，关于“合理限度范围”，应按照经营者当下的经营能力，以保障必要性和客观可能性为要求，以能否满足一般安全保障需求予以认定。大型餐饮企业较之小型美食快餐档口而言，拥有更强大、更专业的经营能力和管理控制能力，对其安全保障义务的标准和要求应更高。但不管是大型的餐饮企业，还是小型的美食快餐档口，安全均应是最起码的底线。对于安全隐患的谨慎注意及危险源的消除，并未超出经营者的管理控制能力。故对于餐饮行业而言，除食品安全之外，配套餐具的安全、设施设备及餐饮环境的安全等均应属于经营者安全保障义务的范畴，并未超出“合理限度范围”。

本案的裁判明确了经营者除了提供安全、健康、卫生的食品之外，对于餐饮过程中的配套服务项目，经营者亦负有安全保障义务。对于存在缺损、瑕疵等安全隐患、可能危及人身、财产安全的餐具或其他配套设施，经营者应加强管理，在发现商品或者服务存在缺陷，有危及人身、财产安全危险的，应当立即修复、更换，并采取合理措施或尽到必要提示来消除隐患，以免造成不必要的人身财产损害。

二、能否以消费者未尽安全注意义务为由减轻经营者的责任

消费者在购买、使用商品和接受服务时享有人身、财产安全不受损害的权利。能否以消费者未尽自身安全的注意义务减轻经营者的责任，也即本案中是否适用过失相抵原则，需要审查餐饮经营者与消费者在事故中各自的过错程度及比重，实践中通常采取如下标准：

一是根据行为危险性大小及危险回避能力来判断过错的大小，行为危险性

越大，回避危险能力越强，则过错越大；

二是根据注意义务的内容和注意标准来判断过错的大小。行为人未尽到注意义务的程度越大，则过错越大。同时，对于被侵权人的过错衡量标准应采取较低标准。

本案中，餐饮经营者经营的淮南牛肉汤档口，餐食为温度较高的汤食，端持不稳极容易烫伤，存在一定的安全隐患，但其提供的取餐盘持板缺损，存在质量缺陷，其行为的危险性更大，且作为专业的餐饮经营者，保障其所提供的配套餐具达到国家安全质量标准系其法定义务，其对前述危险的回避能力更强，但对此未予以明确的警示，其未尽注意义务的程度更大，极易给毫无心理准备的消费者造成人身财产损害。对于餐饮经营者提供的餐具存在质量瑕疵和缺陷，超出了善意信赖的消费者的心理预期及危险回避能力，不应苛责于消费者自行消除安全隐患，故餐饮经营者应对消费者的前述合理损失承担损害赔偿责任。

编写人：北京市海淀区人民法院　唐卫京　刘小妹

7

参与“掰手腕”受伤的自甘风险认定及其责任承担

——曾某诉曾某某、某发型沙龙店健康权案

【案件基本信息】

1. 裁判书字号

重庆市第三中级人民法院（2021）渝03民终862号民事判决书

2. 案由：健康权纠纷

3. 当事人

原告（上诉人）：曾某

被告（被上诉人）：曾某某、某发型沙龙店（以下简称某发型店）

【基本案情】

某发型店于2015年12月15日由经营者皮治某登记设立，曾某某系店长，曾某系皮治某的学徒。2020年9月20日18时许，曾某某摆好凳子，与店内他人进行“掰手腕”活动后，邀请曾某“掰手腕”，曾某表示拒绝，曾某某再次邀约曾某，曾某遂参加了掰手腕活动。活动过程中，曾某受伤。曾某某将曾某送至医院接受治疗，曾某住院诊断为右侧肱骨下段骨折，住院30天，共计花费医疗费29054.16元。

经司法鉴定，鉴定意见为曾某右肘关节功能障碍目前属十级伤残；需后续医疗费约13000元；误工时限270日，护理时限为90日，营养时限90日。曾某支付鉴定费2090元。

【案件焦点】

1. 原告曾某参与“掰手腕”的行为是否属于自甘风险；2. 被告曾某某、某发型店是否存在故意或者重大过失，是否应承担责任。

【法院裁判要旨】

重庆市垫江县人民法院经审理认为：“掰手腕”是一种比拼臂力和腕力的运动，双方在角力中展现自身素质及身体爆发力，符合竞技性体育的一般特征。因此，“掰手腕”应认定为文体活动中的一种体育竞技活动。曾某某向曾某发出邀约，该邀请或者反复邀请并不存在违背他人意愿的意思表示，并不存在强迫行为，也未向曾某施加压力，加之该“掰手腕”的活动属于竞技性活动，常人均具有挑战自我、赢得美誉的心理获得感，虽曾某在开始时拒绝了曾某某的邀约，但曾某某再次邀约时，曾某选择迎战，应当属于自愿参加该体育竞技活动。

曾某与曾某某双方在“掰手腕”角力中的僵持状态系双方力量相当，是竞技中的正常行为，曾某某在僵持状态下的突然发力系“掰手腕”活动中的常见行为，符合竞技性体育的一般特征，不能据此认定曾某某突然发力具有过错或者重大过失。在曾某受伤后，曾某某积极将曾某送医治疗，无论是垫付费用或是托朋友借款救治，也尽到了竞技活动参与者的一般义务，不存在过错。加之曾某并未举示足够的证据证明曾某某在“掰手腕”的活动中存在故意或者重大过失的情形。因此，对曾某的受伤，曾某某没有故意或重大过失行为。

曾某与曾某某“掰手腕”系店员在工作之余自发组织的娱乐性体育竞技活动，某发型店享有在工作时间中在法律规定权利范围内行使管理、禁止某些行为的权利，但法律并未苛求其有提醒、禁止、参加非工作活动的义务。因某发型店并非“掰手腕”活动的组织者，且该活动不在某发型店的工作指示范围内，加之曾某并未向本院提交足够的证据证明某发型店存在过错，因此，对曾某的损失某发型店不存在管理上的过错。

重庆市垫江县人民法院依照《中华人民共和国民法典》第一千一百七十六条、《最高人民法院关于适用〈中华人民共和国民法典〉时间效力的若干规定》第十六条、《中华人民共和国民事诉讼法》第六十四条、第一百四十四条规定，判决如下：

驳回原告曾某的全部诉讼请求。

曾某不服原审判决，提起上诉。重庆市第三中级人民法院经审理认为：首先，“掰手腕”活动是一种较为常见的文体活动，该活动本身具有一定的风险性，不为法律所禁止也不违背社会公序良俗。其次，曾某是在曾某某第二次邀请下参加了“掰手腕”活动，未有相应证据证明曾某某存在强迫曾某参加活动的情况发生。最后，曾某与曾某某均系成年人，在本案中并未有证据反映曾某某对曾某损害的发生存在故意或重大过失。综上，曾某在知晓“掰手腕”活动可能存在风险的情况下，自愿参加活动，一审认定曾某某不承担责任并无不当。

关于某发型店是否应承担赔偿责任的问题。“掰手腕”活动是一种较为常见的文体活动，不为法律所禁止也不违背社会公序良俗，某发型店没有禁止的义务，因此不应承担赔偿责任。

综上所述，依照《中华人民共和国民事诉讼法》第一百七十条第一款第一项规定，判决如下：

驳回上诉，维持原判。

【法官后语】

自甘风险是《中华人民共和国民法典》规定的一项新制度。为解决司法实践中日益增长的参与文体活动受害引发的案件，提供了全新的裁判规则。

一、参与“掰手腕”属于自甘风险行为

从《中华人民共和国民法典》第一千一百七十六条规定可知，构成自甘风险应当符合六个要件：文体活动具有高于一般社会生活的固有风险；受害人明知或应知文体活动存在风险；受害人自愿参与并自愿承受该文体活动风险；损害是在参加文体活动中产生；所受损害为文体活动固有风险引发；所受损害因其他参加者的行为引发。本案中，“掰手腕”是一种广泛存在的大众文体活动，具有高于一般社会生活的固有风险，该固有风险容易导致参与人的手臂受伤。而原告曾某作为完全民事行为能力人，在明知或应知“掰手腕”存在风险的情况下，自愿参与并导致右侧肱骨下段骨折的损害后果，符合自甘风险规则的构成要件。

二、其他参加者对造成损害结果没有故意或重大过失的，不承担赔偿责任

自甘风险中的其他参加者，通常包括同场竞技者或共同参与者。按照《中华人民共和国民法典》规定，对文体活动其他参加者的过错认定标准是“故意或者重大过失”。也就是说，如果其他参加者对损害结果的造成仅有一般过失、轻过失，则不应承担损害赔偿责任，而由受害人风险自担。不仅如此，在损害已经发生的情况下，还要审查其他参加者对损害结果扩大有无故意或重大过失。损害发生后，其他参加者对受害人负有救助义务，应当采取恰当、及时的救助举措，防止损害扩大。否则，法院可以认定其他参加者未恰当履行救助义务，从而判决其就扩大的损失承担责任。本案中，被告曾某某是自甘风险活动中的其他参加者，是否承担责任，应考察其对造成曾某损害的后果是否具有故意或重大过失。在双方“掰手腕”的僵持状态下，曾某某的突然发力系该活动中的常见行为，不能认定具有故意或者重大过失。同时，曾某受伤后，被告曾某某积极将其送医治疗，尽到了适当救助义务。

三、用人单位未组织文体活动且无其他过错的，不承担赔偿责任

认定文体活动的组织者，应从主客观两个方面进行：首先，在主观上有策划活动、组织活动、经营活动、召集人员、管理人员以及控制风险的意思。不管是自愿或受指令，公益或营利目的，皆不例外。其次，在客观上有策划活动、组织活动、经营活动、召集人员、管理人员以及控制风险的具体外在行为。符合主客观要件后，即可认定相关民事主体为活动组织者。活动的组织者负有对风险的提示、防范和控制以及提供充分的事后救助义务。曾某与曾某某"掰手腕"系店员在工作之余自发组织的娱乐性体育竞技活动，某发型店主观上对该活动没有策划、组织、控制风险等意思，客观上也无策划、组织、召集人员及控制风险的行为。故其并非"掰手腕"活动的组织者，对损害结果的造成也没有过错，不应承担赔偿责任。

编写人：重庆市第三中级人民法院　张景卫

8

经营者安全保障义务的合理认定

——吕某、顾某某诉上海甲旅行社等生命权案

【案件基本信息】

1. 裁判书字号

上海市第一中级人民法院（2020）沪01民终5685号民事判决书

2. 案由：生命权纠纷

3. 当事人

原告（上诉人）：吕某、顾某某

被告（被上诉人）：上海甲旅行社、上海乙旅行社、上海某商务公司

第三人：戴某某、钟某某

【基本案情】

戴某某、钟某某系某山庄的经营者。2019年2月13日，吕某在上海某商务公司运营的网站上预订某山庄2间双标房并全额支付价款，该房源由上海乙旅行社提供。2月14日下午，吕某、顾某某及亲属共6人入住某山庄，吕某、顾某某及7月龄儿子共同居住一间。2月15日凌晨3时许，顾某某发现儿子卡在床和墙边的缝隙内，已失去呼吸。吕某、顾某某遂对儿子自行施救，无效后拨打120。救护人员到场后，小儿子的心电监护呈直线，无心跳呼吸，应家属要求抢救半小时，后送至医院，仍抢救无效。

根据公安机关出具的勘验检查笔录，吕某与顾某某的儿子于2月15日死于某山庄，死亡原因为机械性窒息可能，尸体表未见明显暴力损伤，事发现场情况为变动现场，右侧床铺的东侧为窗，窗台与床铺之间有一道缝隙。

后经吕某申请政府信息公开获知，事发地市场监督管理局没有与“某山庄、某山庄经营地、钟某某”信息相符的在册市场主体登记信息。经吕某投诉，相关部门对某山庄予以取缔，公安机关向钟某某出具《责令停止非法经营通知书》。

吕某、顾某某认为某山庄事发的二楼房间非标准房间格局，右侧靠窗床铺与窗间的距离不足9厘米，且未设置警示标志。某山庄无照经营，未取得相应消防安全资质、生产安全资质、营业资质，也不符合旅馆建设强制性标准。上海甲旅行社、上海乙旅行社、上海某商务公司实施欺诈，向吕某一方提供无经营资质的某山庄房源。故吕某、顾某某主张其儿子的死亡与上述五经营者的经营行为间具有直接因果关系，该五主体应负赔偿责任。

【案件焦点】

案涉五经营者是否善尽安全保障义务，对于吕某、顾某某儿子的死亡后果是否应承担责任。

【法院裁判要旨】

上海市长宁区人民法院经审理认为：首先，应厘清本案主体。逝者死亡时使用的某山庄房间，系上海乙旅行社作为“农家乐”产品展示在“某旅行网”平台上，吕某预订该“农家乐”住宿产品与上海乙旅行社建立旅游服务合同关系，戴某某、钟某某为吕某一方提供住宿服务，上海甲旅行社、上海某商务公司未与吕某一方建立合同关系。

其次，应判断戴某某、钟某某及上海乙旅行社是否构成侵权。逝者亡故时，与吕某、顾某某同室，顾某某自认与逝者同睡一张床，当时逝者系仅有7个多月大的婴儿，吕某、顾某某作为逝者父母，系具有完全民事行为能力的监护人，且逝者系二胎，吕某、顾某某已有多年为人父母的育儿经验，理应能预见逝者可能存在主动坠落或被动坠落的可能性，其二者或疏忽大意或过于自信，未尽应有的监护职责，其不当监护行为与逝者死亡存在关联。在案证据尚不能证明逝者死亡与上海乙旅行社提供的旅游服务、某山庄经营者提供的住宿服务存在因果关系。上海甲旅行社、上海某商务公司与吕某一方无合同关系，与逝者死亡亦无法律上的因果关系。审理中，上海乙旅行社及戴某某、钟某某分别表示在不承担赔偿责任的前提下出于人道主义自愿补偿吕某、顾某某2万元、10万元，于法不悖，予以准许。

上海市长宁区人民法院依照《中华人民共和国民法通则》第九十八条、《中华人民共和国侵权责任法》第六条、《最高人民法院关于适用〈中华人民共和国民事诉讼法〉的解释》第九十条规定，作出如下判决：

一、驳回吕某、顾某某的全部诉讼请求；

二、上海乙旅行社应于本判决生效之日起十日内补偿吕某、顾某某20000元；

三、戴某某、钟某某应于本判决生效之日起十日内补偿吕某、顾某某100000元。

吕某、顾某某不服一审判决，提起上诉。上海市第一中级人民法院经审理认为：第一，本案系侵权责任纠纷，某山庄不具备合法的经营资质不必然导致逝者死亡结果的发生，与逝者死亡之间不具有因果关系，亦非当然构成其承担损害赔偿责任的过错，吕某、顾某某据此主张各方承担损害赔偿责任，于法无据。第二，东侧床铺与窗户之间存在一道缝隙，未紧贴墙壁及窗台，但未有证据证明该房间床铺设置布局违反旅店行业的安全标准，以第三人的标准判断亦难言对一般人具有安全隐患，吕某、顾某某主张应当设置警示标志或进行提醒，欠缺合理性。第三，吕某、顾某某作为法定监护人，将年仅7个月大的婴儿安置在床铺一侧睡觉，理应查看床铺一侧的设置，确保幼儿安全，其存在未尽监护之责的过失。综上，在案证据不足以证明各被上诉人对逝者死亡后果的发生具有过错。

上海市第一中级人民法院依照《中华人民共和国民事诉讼法》第一百七十条第一款第一项规定，作出如下判决：

驳回上诉，维持原判。

【法官后语】

以特定第三人对于安全隐患的标准要求某山庄应设置警示标志，欠缺合理性。

一、明确安全保障义务限度

本案戴某某、钟某某在经营过程中确存不当行为，但法院能否判定案涉不当行为均违反了安全保障义务的要求，可从以下两个标准加以衡量：一是法定标准。法院应根据法律、法规和规章是否有关于旅馆床铺摆放的规范来判断某山庄布局是否符合法定标准，而事实上旅馆床铺的设置并无法律法规、部门规章等统一规定。二是特别标准，包括行业标准及惯例。本案中某山庄是普通农家乐，经营者只要达到同行业通常的注意义务程度即可，因此其房间非标准格局等情况并不能视为经营者未尽安全保障义务。

二、厘清违法性与过错判断标准

未尽安全保障义务是一种不作为的间接侵权，法院判断其是否成立，既需以违法性标准考量该不作为行为是否为法律所规制，又需以过错标准判断经营者是否具有主观过错。

具体到本案中，从违法性标准来看，某山庄房间内床铺与窗户之间存一道缝隙并未违法违规。但存在缝隙确实蕴含一定的危险性，正基于此，法院即需结合过错标准判断经营者是否具有过错。依常理，消费者入住后会对住宿环境进行大致观察，特别是已有二胎的吕某、顾某某，理应会对婴儿睡觉位置的环境进行观察，不难发觉床铺并非紧靠墙壁。而且旅馆中婴儿因卡在床与窗户的缝隙而发生意外事故的情况并不多见。因此从过错判断标准来看，该缝隙并不能被“善良管理人”或者“合理人”当然地认定为需警示或消除的安全隐患，故而难言戴某某、钟某某在安全保障方面存有疏忽大意或是过于自信的过错。

三、辨析第三因素介入情况

第三因素可分为受害人的自身因素、第三人的因素以及意外事件的因素，尤以后两者易混淆。需严格区分第三人和意外事件的因素，因为并非所有第三人介入因素都会被认定为打破因果关系链条的替代原因，如在安全保障义务人为第三人的故意行为提供了机会等情况下，安全保障义务人仍应承担相应的侵权责任。但意外事件的介入因素会中断安全保障义务人的不作为与损害结果之间的因果关系。

本案中，吕某和顾某某将儿子置于靠窗一侧，深夜发现儿子死于窗户与床之间的缝隙，所以儿子的死亡与该缝隙所在的环境存在关联，而非吕某和顾某某安置行为直接导致，所以该第三因素并非第三人的介入因素。本案事故的发生是由于某山庄经营者难以预见的原因所导致，故该介入因素为意外事件，中断了经营者的不作为与吕某和顾某某之子死亡结果之间的因果关系。

消费者在经营场所的合法权益理应得到保护，经营者应依照法定标准及特别标准最大程度上消除经营场所存在的安全隐患。但各市场主体的合法权益均应依法平等保护。合理认定经营者的安全保障义务，是法治化营商环境建设在司法审判中的重要体现，更有利于引导激励经营者规范经营行为。本案中，消费者对于某山庄经营者注意义务的要求已超过安全保障义务的限度，且经营者不具有主观过错，意外事件的介入亦中断了其不作为与幼儿死亡结果间的因果关系。综上，某山庄经营者无需为幼儿死亡结果承担侵权责任。

编写人：上海市第一中级人民法院　王韶婧　孙凯茜

9

燃气经营者履行安全管理职责不到位应承担侵权责任

——吴某甲诉无锡某某公司等健康权案

【案件基本信息】

1. 裁判书字号

江苏省无锡市中级人民法院（2021）苏02民终5069号民事判决书

2. 案由：健康权纠纷

3. 当事人

原告（上诉人）：吴某甲

被告（上诉人）：宋某某、吴某乙、无锡某某公司

【基本案情】

宋某某、吴某乙系江苏省无锡市某某小区的业主，无锡某某公司系该小区的燃气供应企业。宋某某与无锡某某公司签订的《管道燃气供用气协议》约定，用气方用气设施、用气场所或用气方式存在安全隐患，可能造成供气设施损害或出现安全事故，供气方有权中断供气，直至排除隐患。

2018年6月19日，无锡某某公司对宋某某、吴某乙房屋内的燃气设施进行安全检查，出具房内安全检查情况告知单，载明存在软管松动、热水器燃气连接管老化等安全隐患，并要求整改。吴某乙在该告知单上自行整改栏签名确认，但实际并未自行整改。

2020年4月28日，吴某甲向宋某某、吴某乙租赁上述房屋。5月10日，吴某甲搬入该房屋。5月12日，该房屋发生燃气爆燃事故，造成吴某甲受伤，后产生合理损失合计624874.3元。

事故发生后，无锡某某公司对该房屋内的燃气设施进行了抢修，发现双嘴阀软管脱落。后江苏省特种设备安全监督检验研究院对该房屋内的部分天然气阀门及软管进行了天然气泄漏检测，发现脱落的绿色软管与三通连接处附近存在泄漏报警。无锡市惠山区消防救援大队对起火原因作出认定：此次事故爆燃部位位于该房屋厨房间顶部照明灯处，爆燃原因为厨房间天然气泄漏，在空气中形成爆炸性混合气体达到爆炸极限，开灯时产生电火花发生爆燃。

【案件焦点】

1. 无锡某某公司是否尽到了安全管理职责；2. 无锡某某公司是否应当承担侵权责任。

【法院裁判要旨】

江苏省无锡市惠山区人民法院经审理认为：宋某某、吴某乙作为房屋出租人，应当提供安全、适居的房屋和设施，但实际出租的房屋存在安全隐患，故对事故发生存在较大过错。无锡某某公司作为燃气经营者，发现燃气安全事故隐患的，应当及时采取措施消除隐患，但在业主选择自行整改后，未核查整改情况以确保隐患消除，履行安全管理职责不到位，故对事故发生存在一定的过错。吴某甲作为房屋承租人，应当妥善、安全地使用房屋和设施，但在租赁房屋时未对燃气设施进行全面检查，在用气完毕后未遵守安全用气规则及时关闭阀门以防止天然气泄漏，在发生天然气泄漏并达到相当浓度时未及时发现并妥善处置，故对事故发生也存在一定的过错。综合分析事发原因及各方过错程度，由宋某某、吴某乙承担60%的责任，无锡某某公司承担10%的责任，吴某甲自行承担30%的责任为宜。

江苏省无锡市惠山区人民法院依照《中华人民共和国侵权责任法》第六条第一款、第十二条、第二十六条，《最高人民法院关于适用〈中华人民共和国民法典〉时间效力的若干规定》第一条第二款，《城镇燃气管理条例》第二十七条第一款、第四十一条第一款等规定，作出如下判决：

一、宋某某、吴某乙于本判决发生法律效力之日起十日内向吴某甲赔偿损失374924.58元；

二、无锡某某公司于本判决发生法律效力之日起十日内向吴某甲赔偿损失62487.43元；

三、驳回吴某甲的其他诉讼请求。

吴某甲、宋某某、吴某乙、无锡某某公司均不服一审判决，提出上诉。江苏省无锡市中级人民法院经审理认为：宋某某、吴某乙作为涉案房屋的所有权人，向吴某甲出租房屋时，应确保房屋和其他辅助设施具备安全性、适用性。宋某某、吴某乙在出租房屋时，明知燃气设施存在安全隐患，承诺自行整改但未整改，且未把燃气设施存在安全隐患告知承租人，故对事故的发生，负有较大的责任。吴某甲作为涉案房屋的承租人，在租赁房屋时未对燃气设施进行全面检查，且在用气完毕后未遵守安全用气规则及时关闭阀门以防止天然气泄漏，故对事故的发生也存在一定的过错。

无锡某某公司虽然已对宋某某、吴某乙指出燃气使用中存在的问题，但没有按照规定采取措施消除隐患。燃气安全使用问题，涉及公共安全，责任重大，无锡某某公司不能仅提出隐患，而是应把消除隐患落到实处。无锡某某公司在用户承诺自行整改后，没有进行跟踪回访，检查整改情况，其可以根据《管道燃气供用气协议》赋予的合同权利，对拒不整改的用户，采取中断供气措施。无锡某某公司上诉认为，一审判决未能依法准确区分燃气设施的管理范围，案涉房屋燃气安全事故隐患不属于其管理范围，本着“谁管理，谁负责”的原则，案涉燃气设施管理不当造成的损失，应由用户自行承担。对此，本院认为，如果安全事故隐患发生在无锡某某公司的管理范围，其承担的责任不仅仅是10%，现一审法院判令无锡某某公司承担10%的责任，仅说明无锡某某公司履行安全管理职责不到位。

江苏省无锡市中级人民法院依照《中华人民共和国民事诉讼法》第一百七十条第一款第一项规定，作出如下判决：

驳回上诉，维持原判。

【法官后语】

燃气经营者不仅仅是提供燃气的经营主体，而且是燃气安全的管理主体，对用户负有一定的安全管理职责。在因燃气事故引起的侵权纠纷中，常常涉及燃气经营者是否承担侵权责任，以及责任大小的问题，其争议的核心问题就是燃气经营者是否尽到了合理限度的安全管理职责。

燃气经营者的安全管理职责，其本质上是经营者对消费者的一项安全保障义务。《城镇燃气管理条例》第十七条第一款规定，燃气经营者应当向燃气用户持续、稳定、安全供应符合国家质量标准的燃气，指导燃气用户安全用气、节约用气，并对燃气设施定期进行安全检查。该条例第四十一条第一款还规定，燃气经营者应当建立健全燃气安全评估和风险管理体系，发现燃气安全事故隐患的，应当及时采取措施消除隐患。据此，燃气经营者不仅要指导用户安全用气，定期进行安全检查，而且在发现用户存在安全隐患时，应当积极采取有效措施消除隐患，确保安全隐患被消除。这是燃气经营者应当履行的法定义务，也是燃气经营者应当承担的保障公民生命、财产安全和公共安全，防范燃气安全事故发生的社会责任。

在实践中，应当结合以下几个标准具体把握：一是善良管理人标准，即燃气经营者是否达到一个善良的、理智的人在同等情况下所采取的注意义务的程度；二是专业判断标准，即燃气经营者作为专业的人在其职责范围内所承担合理限度的安全管理职责的要求应当高于非专业的人；三是期待可能性原则，即燃气经营者采取何种措施应对，取决于用户对其采取该措施的期待可能性；四是信赖原则，即应当根据用户对安全隐患的认识和预防能力，来确定燃气经营者的注意水平。根据上述标准，燃气经营者如果未定期进行安全检查，或者发现安全隐患后未及时告知用户，或者用户选择自行整改后未及时复查，或者用户拒绝整改时未予制止，则均属于履行安全管理职责不到位，用户发生安全事故的，燃气经营者应当承担相应的侵权责任。从各地立法的趋势来看，已经有部分地区出台了相应的地方性法规，对燃气经营者的安全管理职责进行了细化，使之更具可操作性。同时，各地的供用气合同示范条款中，大多约定用户存在安全隐患时，燃气经营者有权中断供气，直至排除隐患，也给燃气经营者行使管理职责提供了合同依据。

就本案而言，无锡某某公司在定期安全检查中已经发现用户存在安全隐患，并告知用户需要整改，但在用户选择自行整改后，未及时跟进复查，最终安全隐患变成了安全事故。因此，应当认定燃气经营者履行安全管理职责未到位，对安全事故负有一定的过错。同时，综合考虑燃气经营者履行安全管理职责的具体情况和过错程度，最终判令其承担10%的侵权赔偿责任，符合权责相统一原则。

编写人：江苏省无锡市惠山区人民法院　周腾

10

违反安全保障义务与损害因果关系的判定

——余某某、许某某诉某物业集团股份有限公司生命权案

【案件基本信息】

1. 裁判书字号

广东省深圳市福田区人民法院（2020）粤0304民初18284号民事判决书

2. 案由：生命权纠纷

3. 当事人

原告：余某某、许某某

被告：某物业集团股份有限公司（以下简称某公司）

【基本案情】

余某某、许某某系余某娟的父母。2017年5月22日5时30分许，深圳市福田区某花园1栋D座1507房发生火灾，造成周某、余某娟、周某某、刘某4

人死亡。起火原因为一层客厅西南侧布艺沙发下的电源转换器（电源排插）与手机充电器接触不良，产生高温引燃周边可燃物。公安部门于当日5：34接到火灾报警电话，特情一中队于5：40到达某花园小区1栋入口，因消防通道被私家车堵塞，消防车无法进入小区，消防员遂携带消防器材奔跑到1栋15楼并于5：44开始破拆防盗门，防盗门于5：49破拆；搜救小组于5：50进入室内搜救，于5：54在二层楼梯旁厕所内发现一名男性死者（周某），于5：57在二层北面卧室窗台上搜救出一名女性被困者（刘某），于5：59在二层南面卧室内发现两名死者，一名女性（余某娟），一名儿童（周某某），于6：03扑灭明火。

某花园小区物业管理单位某公司存在以下问题：1. 某公司在日常消防管理中未落实消防车通道管理责任；2. 某花园小区的室内消火栓泵控制柜未按要求设置在自动状态；3. 某花园小区消防控制室内的消防主机时间误差近3个小时；4. 缺少破拆器材和个人防护装备，缺少针对性训练……

涉案人员死因包括：1. 火灾荷载大，产生大量有毒烟气。客厅西南面堆放小孩玩具，起火部位处摆放布艺转角沙发，火灾荷载大，尤其布艺沙发材质是聚氨酯，火灾产生大量有毒气体能迅速致人死亡……5. 死者没有第一时间选择有效避难。

2017年5月24日，派出所对某花园管理处经理汪某进行询问，汪某称："事发当天停在消防车道的汽车约30台左右，管理处把消防车通道用黄色油漆画了出来，未画停车位。管理处对消防车道上的私家车进行收费……我们也会对停在消防车道的车辆进行巡查，并配有车辆移位器。"

被告某公司主张本次火灾发生及死亡结果系因死者个人原因导致，消防通道堵塞与余某娟的死亡结果之间不存在因果关系，某公司无需为此承担责任。

【案件焦点】

某公司违反安全保障义务的行为与余某娟的死亡之间是否具有因果关系。

【法院裁判要旨】

广东省深圳市福田区人民法院经审理认为：一、死者余某娟的责任。一方面，造成余某娟死亡的直接原因系火灾导致的自然力量，而1507房起火原因为余某娟缺乏安全用电常识。另一方面，火情发生后，消防部门接警并赶到现场实施救援需要一定时间，此时火场内人员能否采取合适的避险措施以逃离火场或退缩于相对安全的空间等待消防救援人员的到来是能否在火灾中生还的必要条件。余某娟在火灾发生后的行为表明其欠缺火场逃生知识，此亦属于造成其死亡的原因。故此，余某娟应对其死亡承担主要责任。二、某公司的责任。根据《中华人民共和国侵权责任法》第三十七条第一款和《中华人民共和国消防法》第十六条之规定，在火灾救援过程中，某公司工作人员及时开展救援工作，其行为值得肯定，但在分秒必争的凶猛火势面前，消防车通道的堵塞客观上导致消防车等关键消防器材无法使用，延缓了灭火时间，影响了救援效果。作为小区管理人的某公司收取业主停车费后，放任对消防车通道的管理，且某花园物业管理处未按要求将室内消火栓泵控制柜设置在自动状态、消防控制室内的消防主机时间误差近3个小时、缺少破拆器材和个人防护装备，缺少针对性消防训练，以上行为均违反了消防法的规定，未尽到安全保障义务，与余某娟无法得到及时有效救助存在一定的因果关系，应对余某娟的死亡承担次要责任，酌定某公司对余某娟的死亡承担损失1309300元20%的赔偿责任。

综上，广东省深圳市福田区人民法院判决：

某公司应在本判决发生法律效力之日起十日内赔偿余某某、许某某261860元。

判决后，双方当事人均未上诉，本判决现已生效。

【法官后语】

本案系因物业公司未尽安全保障义务导致业主未得到及时救治而死亡的侵权责任纠纷。事发时小区内消防通道堵塞等事实已经证明某公司对于业主的人身财产未能尽到安全保障义务，但是某公司认为此与余某娟的死亡结果之间不存在因果关系。因此，认定某公司违反安全保障义务的行为与余某娟的死亡结果之间是否具有因果关系为本案审理的关键。

一般而言，作为过错责任的构成要件，因果关系的判定多遵循直接原因规则和相当因果关系规则。直接原因规则是指违法行为与损害结果之间具有直接因果关系；相当因果关系规则是指违法行为系损害结果发生的适当条件。在特别情况下，如果认定因果关系确有困难，可以适用“事实原因+法律原因”的规则。具体而言，首先，确定行为是否构成损害的事实原因，即该行为是产生一个结果的多个前提事实总和中的一个因素；其次，确定行为是否为损害的法律原因，即该行为是一种自然的、未被介入因素打断的原因，没有这样的原因，就不会发生原告受害的结果，且被告对该结果可以预见。行为对于损害而言，既是事实原因，又是法律原因的，即可确定行为与损害之间的因果关系。

具体到本案中，某公司收取业主停车费后，放任对消防车通道的管理，造成消防车通道堵塞，加之存在其他违反消防安全法律法规规定的行为，明显违反了安全保障义务，对余某娟的死亡存在过错。某公司的上述行为并非导致余某娟死亡的直接原因，也并非余某娟死亡的适当条件，故本案不能采用直接原因规则和相当因果关系规则。那么，本案能否适用“事实原因+法律原因”规则？某公司违反安全保障义务与余某娟死亡之间又是否具有事实上和法律上的原因呢？第一，关于事实原因。虽然本案中火灾导致的自然力量是导致余某娟死亡的直接原因，余某娟缺乏安全用电常识和火场逃生知识是造成其死亡的重要原因，但是按照一般社会公众的理解，发生火灾后，倘若能够得到及时、科学的救助，通常可以避免造成人员死亡的后果。因此，某公司违反安全保障义务的行为与余某娟死亡之间具有事实上的原因。第二，关于法律原因。首先，某公司放任消防车通道管理致堵塞、室内消火栓泵控制柜未设置在自动状态、消防控制室内的消防主机时间存在误差等行为与余某娟未得到及时救助之间自然连续，没有外来介入因素，某公司的上述不作为导致余某娟因得不到及时救助而死亡。其次，某公司可以预见到自己的不作为可能会造成火灾现场人员得不到及时救助而死亡，其应对余某娟死亡的后果负责。因此，某公司违反安全保障义务的行为与余某娟死亡之间具有法律上的原因。综上，本案判定某公司违反安全保障义务的行为与余某娟死亡之间具有因果关系。

编写人：广东省深圳市福田区人民法院　杨华鹏

11

游泳馆经营者安全保障义务的界限及责任认定标准

——玛丽、弗雷德里克诉北京某大学生命权、健康权、身体权案

【案件基本信息】

1. 裁判书字号

北京市第一中级人民法院（2021）京01民终471号民事判决书

2. 案由：生命权、健康权、身体权纠纷

3. 当事人

原告（被上诉人）：玛丽（美国籍）、弗雷德里克（美国籍）（以下称二原告）

被告（上诉人）：北京某大学

【基本案情】

二原告是郭某佳的父母。

2018年7月，郭某佳被录取为北京某大学某专业硕士研究生。10月8日，郭某佳在北京某大学涉诉游泳馆内游泳期间溺水，被送往医院经抢救无效死亡。根据现场录像，18时53分26秒，郭某佳在连续游动过程中突然停止，手臂无明显上举动作，4秒钟后身体向左侧偏离泳道中线，身体不受控制地下沉，随即在短时间内出现抽搐。始终在距郭某佳极近的池岸观察救生员2于18时55分53秒自观察台下至地面后径直走向郭某佳，18时56分44秒救生员2抓郭某佳上臂上提时，郭某佳溺水观察区域的当值救生员1发现异常并向郭某佳跑来。

10月12日，北京市公安司法鉴定中心出具《死亡证明书》，认为郭某佳符合溺死（可排除各类烈性传染病）。二原告认为北京某大学没有尽到安全保障义务，故起诉至法院，请求判令北京某大学赔偿死亡赔偿金、丧葬费、误工费、精神损害抚慰金、交通费、律师费。

【案件焦点】

1. 北京某大学是否尽到安全保障义务；2. 如未尽到安全保障义务，北京某大学责任承担的认定标准。

【法院裁判要旨】

北京市海淀区人民法院经审理认为：游泳馆经营者对其消费者负有如下安全保障义务：以醒目的方式设置必要的安全要求及警示；及时发现并正确判断溺水事故的隐患和溺水者；准确选择赴救方式并规范实施技术动作；及时采取并有效实施现场急救。游泳馆经营者如未尽到上述安全保障义务，造成消费者损害的，应承担损害赔偿责任。

一、北京某大学未尽到安全保障义务

（一）事先安全提示不足。结合双方提交的照片、《现场检查笔录》、相关证书等，北京某大学无法举证证明其在事前于醒目位置张贴中英文的警示标识。（二）观察疏漏，判断迟延。救生员值岗期间，应明确自己的责任区，思想要保持高度集中，能够及时发现溺水事故的隐患；做到重点突出（主责区）和兼顾其他（次责区）交叉观察，相互补漏，不留盲区和死角，确保游泳者的安全；在观察时要掌握"池面与地岸，水中与池底，点与面"互相结合的方法。事发时，始终在距郭某佳极近的池岸观察的救生员2自观察台下至地面径直走向郭某佳的时点已距郭某佳实际溺水长达2分27秒。而郭某佳溺水观察区域的当值救生员1发现异常并向郭某佳跑来时，距郭某佳溺水已超过3分钟。（三）赴救方式错误、动作不规范。对无意识溺水者，救生员应立即直接入水施救，如果出现呼吸停滞，应尽快将溺水者带出水面，且在上岸过程中始终保持溺水者口鼻露出水面。事发时，救生员2并非直接入水施救，而是在游泳者丙的协助下救援。从救生员 2 要求游泳者丙协助起至郭某佳头部露出水面，时间间隔长达 21 秒，未能尽快将郭某佳带出水面。且救生员 2 的抓握方式错误，且并未在上提前使溺水者背对池岸，导致面对面抓握、上提、转体、背对池边等连贯的上岸动作，实际操作为面对面抓握、上提、面对池边带离水面等，即整个施救过程从救生员 2 指挥游泳者丙接近郭某佳起至郭某佳仰卧，耗时 34 秒，未能尽快将郭某佳调整为仰卧姿态以便尽快接受心肺复苏。（四）心肺复苏不到位且未连续进行。溺水后的初始处理阶段为基本生命支持阶段。对于溺水者心搏停止或者不能肯定是否有循环的，应立即开始胸外心脏按压。而胸外心脏按压是否有效，取决于按压部位、按压频率、按压力度以及按压与放松时间比例。根据事发现场视频可见，对郭某佳进行现场急救过程中，救生员及工作人员的按压频率明显低于 120 急救人员的按压频率、救生员及工作人员的按压力度亦明显小于 120 急救人员的按压力度，客观上影响了胸外心脏按压效果。在现场抢救中应坚持连续进行心肺复苏，不能简单地作出停止复苏的决定。但事发时，现场急救过程中曾多次中断，均属于不符合心肺复苏终止条件而停止复苏的情形。施救人员应分工明确，措施得当，方法正确，一旦出现险情要保证施救工作能有序展开。但事发时，救生员虽持浮板为郭某佳扇风，但未使用存放于急救站内的氧气袋。

二、北京某大学违反义务的行为与郭某佳溺亡之间存在因果关系

违反安全保障义务造成人身损害的，侵权责任的因果关系要件应适用相当因果关系而非直接因果关系。即违反安全保障义务行为是损害事实发生的适当条件，即构成因果关系要件，应当对该损害事实承担侵权责任。郭某佳死亡的直接原因是溺水。从事发经过可见，其是在无外力作用的情况下突然意识丧失、身体不受控制以致溺水，故其癫痫发作的可能性大。鉴于癫痫发作或者溺水均不必然致死，即使癫痫合并溺水，只要发现及时、抢救得当，仍可避免死亡后果的发生。因此，癫痫与溺亡之间并非直接且唯一的因果关系，应认定北京某大学上述未履行安全保障义务的行为与郭某佳溺亡的损害后果之间具有相当因果关系。

但是，癫痫患者禁忌游泳，以防止因癫痫发作、丧失意识而导致溺水危险。加之，癫痫合并溺水确会增加死亡风险、缩小抢救成功概率。因此，尽管二原告表示郭某佳自2001年开始游泳、2009年确诊患癫痫、涉诉事故发生前一年半未发作，但郭某佳将癫痫药物携带至游泳馆更衣间内，说明其自身能够预见癫痫发作的风险，但其基于以往癫痫发作的规律、长期游泳的经验等忽视上述风险、违反上述禁忌，应认定为构成与有过失，并相应减轻北京某大学的责任程度。

三、北京某大学的责任程度

根据《中华人民共和国侵权责任法》第三十七条规定，违反安全保障义务的侵权责任分为两种：其一，义务人因自身违反安全保障义务的行为造成他人损害时的侵权责任；其二，第三人造成他人损害时义务人未尽到安全保障义务的侵权责任。对于第一种情形，安全保障义务人是第一责任主体；对于第二种情形，实施侵权行为的第三人为第一责任主体，安全保障义务人承担的只是相应的补充责任。北京某大学作为第一责任主体，应承担未尽到安全保障义务的侵权责任。但郭某佳作为癫痫患者，违反禁忌而游泳导致损害发生，其本人应当就损害的发生负有一定过错，根据双方过错程度，并结合癫痫患者溺水预后等因素，判定北京某大学就郭某佳溺亡所应承担的责任比例为40%。

四、北京某大学的具体赔偿项目及金额

死亡赔偿金按照北京市2019年度城镇居民人均可支配收入标准，按二十年计算。北京某大学应赔偿死亡赔偿金590792元（73849元/年×20年×40%=590792元）。

郭某佳接受硕士研究生教育仅月余就溺亡，其父母因骤然痛失爱女而遭受了巨大的精神损害，故北京某大学应赔偿精神损害抚慰金8万元（20万元×40%=8万元）。

尽管郭某佳已在中国火化并举行葬礼，且相关费用已由北京某大学支付，但郭某佳亲友主要集中于美国，其父母有意返美为其再次举行葬礼并安放其骨灰，以利于亲友吊唁、逝者安息，符合公序良俗，本院对此表示尊重，北京某大学应赔偿丧葬费2万元（5万元×40%=2万元）。

侵权责任纠纷中误工费系指被侵权人因侵权行为所遭受的误工损失、交通费系针对被侵权人因就医等所发生的交通费用，而非指被侵权人家属的误工损失、处理丧葬等事宜的费用，故对二原告相应诉讼请求无法予以支持。因二原告聘请律师并非解决涉诉争议的必要费用，故对其主张的律师费亦不予支持。

北京市海淀区人民法院依照《中华人民共和国侵权责任法》第三十七条第一款、《中华人民共和国涉外民事关系法律适用法》第四十四条规定，作出如下判决：

一、北京某大学赔偿玛丽和弗雷德里克死亡赔偿金人民币590792元、精神损害抚慰金人民币8万元、丧葬费人民币2万元，合计人民币690792元，均于本判决生效后十五日内履行；

二、驳回玛丽和弗雷德里克的其他诉讼请求。

北京某大学不服一审判决，提出上诉。北京市第一中级人民法院经审理认为：关于北京某大学是否尽到事前警示提示义务的问题。游泳馆作为具有一定危险的体育活动场馆，作为游泳馆的经营主体，对进入该场馆的人员进行必要的安全警示，是经营主体安全保障义务的体现。赋予经营主体这种安全保障义务，目的是提醒进入有关场所、从事有关活动的人员具有比平时更高的安全防范意识，以避免危险行为的发生。同时，作为游泳活动的参与者对于游泳的危险性应当具有认知，需要根据自身的身体情况尽到相应的注意义务。所以，对于游泳场馆的警示提示义务的判断应以合理范围为限。北京某大学游泳馆取得了《高危险性体育项目经营许可证》《安全生产标准化三级企业证书》，具有经营资质。游泳馆内在明显可见位置张贴了入馆须知和管理规定，对注意事项和禁止性规定作出了明确提示，可以引起人们的关注并提高防范意识，根据北京某大学一审提交的相关证据可以认定北京某大学游泳馆已经尽到安全警示义务。而且，郭某佳长期进行游泳活动，其对于自身患有癫痫病以及癫痫病在游泳中可能引发的风险是知道的，所以郭某佳因癫痫病发作导致溺水，与游泳馆是否尽安全警示义务之间不具有相当因果关系。据此，北京某大学针对其已尽到安全提示义务的上诉理由本院不再逐一评价，其二审提交的证据材料不作为新的证据予以采纳。

关于北京某大学的责任问题。北京某大学承担的责任系基于其违反安全保障义务而产生的侵权责任，其安全保障义务既包括事前的警示提示义务，也包括事后充分、及时的救援义务。即便认定北京某大学尽到了事前的警示提示义务，对其在事故中应承担的侵权责任，应结合其在事故发生后的救援情况综合予以评判。郭某佳长期进行游泳运动，具有一定的水平，并且事发区域为浅水区，其发生溺水事故应当与其自身突发疾病有关。郭某佳在明知自己患有癫痫病的情况下进入游泳馆游泳，将自己置身于比其他人更为危险的处境，理应自负相应的责任。但郭某佳溺水时，如果救援及时并不必然导致其溺亡的后果，故对北京某大学的责任认定，关键在于其救援义务是否妥当。只要北京某大学的救援义务妥当，即便最终发生死亡后果，北京某大学亦不应承担责任。游泳馆作为具有相当危险性的营业场所，每个人在进入游泳池后，都有可能因为各种主客观原因而发生溺水的危险，而正规、科学、规范、严谨的救援人员与救援技术，是审查经营主体是否尽到安全保障义务的核心要素。北京某大学游泳馆内的救援人员未能表现出相当的专业性，在救援时间、赴救方式、心肺复苏等关键环节存在令人质疑的诸多问题，一审法院对此进行的评价适当。就北京某大学在救援过程中存在的过错而言不能导致降低其承担的侵权责任比例。

关于丧葬费。丧葬费虽然是法定赔偿标准，但考虑到郭某佳是美国籍，其父母也需要往来中国与美国处理郭某佳的丧葬事宜，因此产生必要性的支出，所以从填平损失以及损失与丧葬事宜的关联性考虑，一审法院在丧葬费项下酌情判决的费用并无不当，予以维持。

关于精神损害抚慰金。一审法院根据北京某大学的过错程度酌情确认的精神损害抚慰金数额适当，予以维持。

北京市第一中级人民法院依照《中华人民共和国民事诉讼法》第一百七十条第一款第一项，《最高人民法院关于适用〈中华人民共和国民事诉讼法〉的解释》第三百三十四条规定，作出如下判决：

驳回上诉，维持原判。

【法官后语】

本案为游泳馆经营者是否尽到安全保障义务的典型案例，集中体现了此类经营场所安全保障义务履行程度的评价标准。

一、安全保障义务的边界

民法典第一千一百九十八条第一款规定了安全保障义务，在原侵权责任法第三十七条第一款的基础上增加“体育场馆”这一典型的义务主体，但未明确义务限度与边界。理论上，安全保障义务边界可从以下五个方面把握：一是法定标准，如国家法律法规对义务内容有直接规定，则以此为依据；二是行业标准，若无法定标准，则应达到同行业从业者的注意义务，与其管理和控制能力相适应；三是合同标准，应从有利于保障人身、财产安全等角度解读相关条款；四是善良管理人标准；五是特定受众标准，例如针对未成年人应采取更高标准。并应注意，民法典将原侵权责任法中“公共场所”分解为“经营场所+公共场所”，将非营利性场所囊括其中。非营利性场所基于公益性设立，面向不特定人群，其管理人囿于工作时间、内容、性质等，对危险源的控制力有限，其承担的义务标准应较一般安全保障义务人要低。

二、游泳馆经营者履行安全保障义务的评价标准

游泳属于高危险性体育项目，场馆经营者基于其营利性、专业性、风险性等因素应承担更高标准的安全保障义务。游泳馆经营者是否尽到安全保障义务应从两个方面进行评价。一是场馆软硬件是否符合国家法律法规，如游泳场所的开放条件和技术要求、游泳救生员的职业标准等。具体表现为是否具备相应资质、配备急救器材和救生人员、对注意和禁止事项充分告知、履行维修义务以确保场所设施不存在安全缺陷和隐患等。二是保护措施和赴救行为是否积极、及时、得当。其中，救援是否及时需结合发现险情的时间、该时间节点对阻却损害发生和扩大的可能性及意义等因素综合评价。本案中，郭某佳溺水观察区域的当值救生员直至溺水发生超过3分钟才发现险情，即便始终在距郭某佳极近池岸观察的救生员较前一救生员提前近30秒发现异常，但已远超其作为专业人员应引起注意的时间。结合溺水后基本生命支持的情况，应认定赴救行为延

迟。需注意，受害人即便第一时间获救但若以专业医疗手段救治仍回天乏术，即使发现延迟，也不宜要求游泳馆经营者承担责任。救生员在后来的抢救行动中未能高效分工，选择最快将郭某佳带出水面的赴救方式并进行符合职业标准的急救，明显未尽安全保障义务。

三、受害人自身疾病致损可适当减轻安全保障义务人的责任

民法典第一千一百七十三条的与有过失制度与民法典第一千一百七十四条受害人故意可使行为人免责的规定，共同构建了类似英美法上的比较过失制度，填补了违反安全保障义务责任承担的空白。受害人由于自身疾病所致损害不应完全由相关场所的管理人、经营者承担责任，安全保障义务人仅在其过错行为导致的损害扩大范围内承担相应责任。本案中，郭某佳在患有癫痫的情况下长期进行游泳活动并随身携带药物，其对相关风险应有所预见。但癫痫发作并非一定导致溺亡，北京某大学救援延迟、方式方法欠妥客观上扩大了癫痫、溺水甚至二者合并情形下可能导致的损害后果范围，应就扩大的溺亡结果承担责任。但郭某佳知险涉险，应当适用与有过失，适当减轻北京某大学的责任。

编写人：北京市海淀区人民法院　蒙向东

12

体育培训合同免除机构法定侵权责任无效且机构不能以消费者自甘风险进行抗辩

——齐某诉北京某某文化有限公司、郝某某生命权、身体权、健康权案

【案件基本信息】

1. 裁判书字号

北京市西城区人民法院（2021）京0102民初6595号民事判决书

2. 案由：生命权、身体权、健康权纠纷

3. 当事人

原告：齐某

被告：北京某某文化有限公司（以下简称北京某公司）、郝某某

【基本案情】

齐某系北京某公司会员，在该公司经营的拳馆参加拳击及泰拳课程培训。2020年1月3日，齐某前往拳馆参加泰拳训练。开课前，拳馆将泰拳教练更换为散打教练王某某进行授课。课程进行期间，教练安排齐某与郝某某摔跤对练，对练前未告知注意事项，对练中未采取保护措施。对练中，齐某倒地以致右脚脚踝受伤，后前往医院检查，诊断结果为：踝关节扭伤、骨折，踝距腓前韧带断裂，需住院手术治疗。齐某诉至法院，请求判令北京某公司、郝某某共同赔偿医疗费、住院伙食补助费、营养费、护理费、误工费、带薪假损失、精神损害抚慰金。

北京某公司辩称，依照《会籍确认书》明确约定，只有齐某受伤是因公司故意或者重大过失造成的，公司才承担相应赔偿责任。体育运动本身存在受伤风险，齐某对此应当知晓，选择参加就应自行承担相应后果。公司已尽安全保障义务。故对齐某受伤不应承担责任。

被告郝某某辩称，自己按照教练要求与齐某对练，教练事先未告知双方注意事项。对练中，自己系听从教练安排进行练习，动作合规合理，无犯规动作，亦非主动挑衅，故对齐某受伤不应承担责任。

【案件焦点】

1. 如何认定体育培训合同中关于免除培训机构依法应当承担的侵权责任的格式条款效力；2. 体育运动培训机构作为活动组织者，能否以“自甘风险”规则抗辩免除其对学员的安全保障义务；3. 体育运动培训机构作为活动组织者举证不能的后果如何。

【法院裁判要旨】

北京市西城区人民法院经审理认为："协议内容"免除北京某公司法定赔偿责任的格式条款无效。齐某与北京某公司签订的《会籍确认书》相关内容属于格式条款，无论是根据《中华人民共和国合同法》第五十三条，还是根据《中华人民共和国消费者权益保护法》第二十六条的规定，该条款均应认定为无效，北京某公司是否应当承担侵权责任，应依照《中华人民共和国侵权责任法》相关规定予以认定，而免责条款将北京某公司承担责任的前提限定于其存在故意或重大过失的情形，与上述法律规定不符，故该条款依法无效。

北京某公司无权以"自甘风险"规则抗辩免责。齐某系作为学员报名参加体育运动项目的专门培训活动，不属于自愿参加具有一定风险的文体活动的情形，即使按照《中华人民共和国民法典》第一千一百七十六条的规定，北京某公司作为培训活动的组织者而非活动的其他参加者，亦无权以"自甘风险"规则进行抗辩。

北京某公司不能证明已尽到安全保障义务，则应对培训活动中学员人身损害承担赔偿责任。其一，北京某公司对其已尽安保义务负有举证证明责任，然其在事发后却未能妥善保管事发过程监控视频资料，对此应承担相应不利后果。其二，齐某与郝某某就齐某摔伤前后过程的陈述基本一致，证人王某某、李某某相关陈述内容与齐某、郝某某明显不一致，但鉴于证人王某某系北京某公司工作人员、与公司具有利害关系，证人李某某在与齐某微信聊天时就涉事事件的陈述与此后出具的书面证言明显不一致，对齐某、郝某某关于事发前后经过的陈述予以采信。北京某公司未能充分举证证明其已尽安保义务，故其相关抗辩主张不予采纳。

齐某、郝某某作为学员按照教练安排摔跤对练，根据现有在案证据不能证明齐某受伤系齐某、郝某某故意或严重犯规等过错行为导致，故齐某、郝某某均不承担责任。

结合上述分析意见，北京某公司不能证明已尽到安全保障义务，依法应当对齐某的人身损害承担侵权责任；依据现有在案证据不能证明郝某某对齐某的人身损害存在过错，故郝某某不承担责任。

综上，依照《中华人民共和国侵权责任法》第六条第一款、第十六条、第二十二条、第二十六条、第三十七条，《中华人民共和国合同法》第五十三条，《中华人民共和国消费者权益保护法》第二十六条，《最高人民法院关于适用〈中华人民共和国民事诉讼法〉的解释》第九十条，《最高人民法院关于民事诉讼证据的若干规定》第九十五条规定，作出如下判决：

一、本判决生效之日起七日内，被告北京某公司赔偿原告齐某医疗费13044.51元、住院伙食补助费200元、营养费1600元、护理费6400元、误工费4652.20元、精神损害抚慰金3000元，以上合计28896.71元；

二、驳回原告齐某的其他诉讼请求。

判决后，双方当事人均未上诉，本判决现已生效。

【法官后语】

随着生活水平的不断提高，全民运动热潮逐渐形成，体育运动培训市场火爆。由于培训机构未能充分履行自身义务，由此产生的侵权纠纷也日益增加。本案中，北京某公司作为专业体育运动项目培训机构，依约负有对参训学员进行专业指导的义务，依法对参训学员负有安全保障义务。审理中重点涉及三方面法律问题：

第一，体育运动培训合同中免除培训机构依法应当承担的侵权责任的格式条款效力问题。本案中，齐某与北京某公司签订的《会籍确认书》由北京某公司为重复使用而单方事先拟制，提供给学员在报名时直接签署，因此相关约定属于格式条款。《会籍确认书》载明只有学员相关人身损害的发生是培训机构故意或者重大过失造成的，培训机构才承担赔偿责任，换言之，该条款将培训机构存在一般过失导致学员人身损害的法定赔偿责任予以免除。而安全保障义务是培训机构的法定义务，适用过错责任原则，通过合同约定将应当承担的法定责任限定于存在故意或者重大过失的情形，依法应属无效。

第二，体育运动培训机构作为活动组织者能否以"自甘风险"规则抗辩免除其对学员的安全保障义务问题。根据《中华人民共和国民法典》第一千一百七十六条规定，“自甘风险”规则的免责抗辩主体为文体活动的“其他参加者”。活动组织者不是文体活动的“其他参加者”，无权以“自甘风险”规则作为其不承担侵权责任的抗辩事由。此外还应当注意到，齐某系作为学员报名参加体育运动项目培训，日常文体活动与文体项目培训在参加人员的运动技能、经验、风险控制能力等方面均存在显著区别，故在认定相关侵权责任时，不应将接受文体项目培训等同于自愿参加文体活动。

第三，体育运动培训机构举证不能的后果问题。按照一般举证规则，作为履行义务的一方，培训机构应当就其为学员提供了专业指导、安全保障等义务负有证明责任。实际上，因培训场地等由培训机构管理、控制，培训机构可以对培训活动进行视频监控，其亦具备实际举证能力。本案中，北京某公司曾经保有涉案过程的视频资料，只要提交该视频资料，齐某损害发生的经过以及各方行为均可得到“还原”，在客观事实得以查明的基础上，谁是谁非也能得到更合理的判定。然而，北京某公司无正当理由未能妥善保管涉案视频资料这一关键证据，导致案件事实只能通过其他证据予以认定，北京某公司应当承担相应的不利后果。本案中，其他有限证据既不足以证明北京某公司尽到了安全保障义务，也不能证明齐某等学员存在不听从教练指挥、恶意犯规等明显过错，法院也无法认定齐某损害的发生系各方均不存在过错的意外事件。综上，北京某公司应当承担相应的赔偿责任。

本案对于类似案件的裁判可产生一定示范效应，在一定程度上也会促使体育运动培训机构依法依约开展培训活动，提高安保意识、服务质量和教学水平，减少类似纠纷的发生。

编写人：北京市西城区人民法院　马维洪

13

体育场馆的经营者、管理者未尽到安全保障义务的应承担侵权责任

——张某、兰素某诉北京某健身中心生命权、健康权、身体权案

【案件基本信息】

1. 裁判书字号

北京市第三中级人民法院(2021)京 03 民终 16938 号民事判决书

2. 案由:生命权、健康权、身体权纠纷

3. 当事人

原告(被上诉人):张某、兰素某

被告(上诉人):北京某健身中心

【基本案情】

2020 年 11 月 10 日,六旬男子张自某花 5000 元在北京某健身中心办理了健身卡。11 月 18 日,张自某在健身房游泳馆中游泳,游了几个来回后,出现打水求救状态,至其沉入水中 5 分多钟的时间内,在场救生员始终坐在泳池旁边中间位置正前方座位上,未注意到该情况,未及时发现并予以救助,直至张自某打水 6 分钟之后,在泳池的其他人发现张自某溺水后,救生员才入水将其救起,之后张自某的妻子拨打 120 并报警,后张自某经抢救无效死亡。北京某司法鉴定所鉴定结果显示不排除张自某水中猝死或溺水死亡。据此,张自某的家属认为,对于张自某的死亡健身房未尽到安全保障义务存在重大过失,依法应承担相应的赔偿责任,故起诉至法院请求判令北京某健身中心赔偿死亡赔偿金、丧葬费及精神损害抚慰金等共计 150 余万元。

【案件焦点】

受害人死因未确定情况下如何认定体育场馆是否尽到安全保障义务。

【法院裁判要旨】

北京市朝阳区人民法院经审理认为：根据《最高人民法院关于适用〈中华人民共和国民法典〉时间效力的若干规定》的规定，民法典施行前的法律事实行为引起的民事纠纷案件，当时的法律、司法解释没有规定而民法典有规定的，可以适用民法典的规定，但是明显减损当事人合法权益、增加当事人法定义务或者背离当事人合理预期的除外。《中华人民共和国民法典》第一千一百九十八条关于违反安全保障义务责任的规定，明确了责任主体包括宾馆、商场、银行、车站、机场、体育场馆、娱乐场所等经营场所、公共场所的经营者、管理者或者群众性活动的组织者，增加了机场、体育场馆这两类公共场所，因此，本案属于可以适用《中华人民共和国民法典》的情形。

安全保障义务是安全保障义务主体应尽的合理限度范围内的使他人免受人身及财产损害的义务。本案中，从事发现场的监控视频可见，在死者张自某出现打水至沉入水中 5 分多钟的时间内，救生员始终未予以关注，尽管救生员称死者没有呼救、死者可能为潜水行为，但作为场馆内的专业人员、专职人员，其没有尽到应尽的注意义务，在场馆内人员较少时对该异常行为没有尽到应有的关注，除了离死者最近的救生员没有及时救助，在此时间内亦未出现有巡场救生员的巡场行为。虽然鉴定意见为不排除张自某水中猝死或溺死，但本案争议的焦点在于北京某健身中心是否尽到了安全保障义务，作为游泳场馆，救助的及时性应当予以重点考量。尽管在张自某被从水中救出后，救生员实施了救助行为，亦有工作人员及时拨打了急救电话，但就从沉水到救出这一时间而言，仍属偏长，故认定北京某健身中心未尽到安全保障义务。

北京某健身中心提交的《北京市健身服务合同》对健身者提出了一定的健康状况提示，且作为一名较为熟练的健身者，张自某及其家人应对自身状况进行合理评估，事发时张自某年龄已经超过 60 岁，应对从事的运动加以注意。

综合考虑本案事实，北京某健身中心应对张自某的死亡承担主要责任，酌定其承担 80%的赔偿责任，判决如下：

一、被告北京某健身中心于本判决生效之日起十日内赔偿原告张某、兰素某死亡赔偿金 1088669 元、丧葬费 42467 元、精神损害抚慰金 40000 元；

二、驳回原告张某、兰素某其他诉讼请求。

北京某健身中心不服一审判决，提起上诉。北京市第三中级人民法院同意一审法院裁判意见。

【法官后语】

当下，体育健身活动逐渐成为中国人的一种基本生活方式，但是健身活动中人身伤害事故的发生应当引起重视。民法典首次将体育场馆的经营者、管理者作为安全保障义务的主体，而本案争议焦点在于受害人死因未确定情况下如何认定体育场馆是否尽到了安全保障义务。

一、体育场馆的经营者、管理者负有安全保障义务

相较于原《中华人民共和国侵权责任法》第三十七条关于安全保障义务的规定，民法典第一千一百九十八条规定主要有两处变化，一是在列举中增加了机场、体育场馆这两类公共场所，并将安全保障义务主体表述由原来的“公共场所的管理人”调整为“经营场所、公共场所的经营者、管理者”；二是增加规定安全保障义务主体在承担相应的补充责任后有权向实施了直接侵权行为的第三人追偿。因此，体育场馆的经营者、管理者都负有在合理限度内保障他人人身财产安全的注意义务。本案中，体育场馆的经营者从事的是有偿活动，其对进入其经营场所的消费者则负有较高程度的安全保障义务。

二、体育场馆的经营者、管理者安全保障义务范围的厘定

根据民法典相关规定，无论是安全保障义务主体的直接责任还是补充责任，都以其未尽到安全保障义务为前提条件。实践中，在具体界定体育场馆安全保障义务范围时，主要从三个方面考虑：一是是否尽到硬件设备的保障义务，义务人对其经营场地中的建筑物、设施设备、器械工具等的安全性具有保障义务；二是是否尽到提示义务，义务人应当通过管理制度、警示标志、提示牌等对体育场地的器材使用、安全规定、使用者健康状况等进行必要提示；三是是否尽

到注意义务，义务人应当配备适当专业人员为参与体育活动的人员提供专业化保障，建立较为完备的应急体系。本案中，受害人出现打水至沉入水中持续5分多钟的时间，在场救生员作为场馆内的专业人员、专职人员对此异常行为未予关注，属于未尽到应尽的注意义务，应承担相应的侵权责任。同时，考虑到体育场馆在合同中对健身者提出了一定的健康状况提示，以及受害者应根据自身的年纪及身体状况承担相应的注意义务，可减轻体育场馆的责任，综合认定体育场馆应承担主要赔偿责任。

三、安全保障义务合理限度的认定标准

违反安全保障义务产生的是侵权责任，性质上属于过错责任，应当按照一般侵权构成要件进行审查。不同主体应承担的安全保障义务来源可能不同。因此，在认定安全保障义务合理限度时，应当根据义务人是否尽到相关法律规定和相关标准中以保护人身财产安全为目的的要求，从场地的危险程度大小、是否从中获益、侵权行为的性质及后果、义务人的预防与控制能力、侵权行为发生前后采取的措施等方面，综合案件具体情况，对安全保障义务的合理限度进行认定。对于体育场馆等商业运营单位而言，首先应当在日常经营中加强场地设施维护，重视安全提示，对体育活动的风险及可能导致的损害后果予以充分的说明和提示。其次，应当完善安全管理制度，健全救助培训机制，做好救助准备，完善安全救助设施，以避免损害事故发生时求助不当。具体到本案，尽管受害人的死因未确定，但体育场馆从危险发现到事后救助都未尽到注意义务，对事故的发生存在过错，与受害人死亡的后果之间存在因果关系，因此应当承担与其过错相应的侵权责任。

编写人：北京市朝阳区人民法院　付艳　王岩

14

被侵权人亲友代为支付医疗费的不能减轻侵权人的赔偿责任

——张某某诉李某某健康权案

【案件基本信息】

1. 裁判书字号

山东省淄博市中级人民法院（2021）鲁03民终2270号民事判决书

2. 案由：健康权纠纷

3. 当事人

原告（被上诉人）：张某某

被告（上诉人）：李某某

【基本案情】

2020年6月5日7时许，在某石料厂内，张某某、李某某因琐事发生争执，争执中，李某某对张某某进行了殴打，造成张某某受伤。后张某某被送往淄博市第一医院急诊治疗。张某某伤情经医院诊断为：颅脑外伤、面部皮肤挫伤、胸部闭合伤、腹部闭合伤。张某某住院治疗4天。出院后，张某某又到淄博岜山万杰医院进行治疗。以上治疗共发生医疗费4117.43元。该部分医疗费由案外人王某（系张某某原同事）为其垫支。诉讼过程中，张某某主张系因当时无钱治疗为此向王某借款，故由王某代其支付了该部分医疗费，其在本案处理完毕获得赔偿后需偿还王某该部分款项。王某认可其仅系为张某某代垫该部分费用，张某某此后需偿还该部分款项。

张某某伤情经淄博市公安局博山分局鉴定不构成轻微伤。2020年8月29日，淄博市公安局博山分局作出行政处罚决定，对李某某给予行政拘留10日并处罚款500元的行政处罚。

【案件焦点】

亲友为被侵权人垫支的医疗费，是否需从侵权人应承担的赔偿数额中扣除。

【法院裁判要旨】

山东省淄博市博山区人民法院经审理认为：自然人的健康权受法律保护。李某某殴打张某某并致张某某受伤，侵害了张某某的合法权益，故应承担相应的赔偿责任。

本院确认张某某各项损失如下：医疗费4117.43元、误工费1796.96元、护理费、住院伙食补助费、交通费100元，共计6614.39元。张某某另主张的后续治疗费、营养费、精神损害抚慰金，无事实及法律依据，不予支持。

综上，依据《中华人民共和国侵权责任法》第六条、第十六条、第二十条，《最高人民法院关于审理人身损害赔偿案件适用法律若干问题的解释》第六条、第七条、第八条、第九条、第十条，《最高人民法院关于适用〈中华人民共和国民事诉讼法〉的解释》第九十条、第九十一条规定，作出如下判决：

一、李某某于判决生效之日起十日内赔偿张某某医疗费、误工费、护理费、住院伙食补助费、交通费共计6614.39元；

二、驳回张某某的其他诉讼请求。

李某某不服一审判决结果，提起上诉。山东省淄博市中级人民法院经审理认为：案涉医疗费系李某某与张某某因发生纠纷所产生，李某某作为侵权人依法应当予以赔偿。该医疗费系案外人王某垫付，张某某在本案纠纷处理完毕后需要进行偿还。且案外人垫付医疗费并不影响张某某应承担的赔偿责任。判决：

驳回上诉，维持原判。

【法官后语】

在人身损害赔偿纠纷案件中，因侵权人未及时垫付医疗费，受害人亲友为不延误治疗代为垫付医疗费的情形并不少见。具体赔偿中，侵权人承担的人身损害赔偿金额中是否扣减该部分款项存在一定争议。一般认为受害人实际支出或者未来必然支出的费用才能计算为损失获得赔偿，未实际支出或者将来并不必然发生的费用不能计算为受害人的损失，不应由侵权人承担。

本案审理时亦存在该两种不同观点。第一种观点认为，民事赔偿原则为填平受害人的损失，受害人不能因为权益遭受侵害而获得损失外的利益，本案原告作为受害人，其医疗费系由案外人支付，自身并未实际支付，其虽主张该部分费用系向案外人借款，但对此并未向案外人出具借款单据，此后亦未偿还案外人该部分垫支款项，故案外人代为支付的医疗费，实际系案外人对原告的捐赠，该部分医疗费不应算作原告的损失，需从原告损失范围内扣除。否则，即违反了民事赔偿的损失填补原则，使得原告获得了双重补偿，造成原、被告权利义务失衡。

第二种观点认为，案外人作为原告原同事，在知晓原告受伤后为其支付医疗费，无论该部分支付的款项是借款还是捐赠，原告此后是否实际偿还，案外人垫支医疗费的目的是帮助原告尽快获得医疗救助，恢复健康，此与本案的侵权关系基础不同、法律性质不同、主体不同，且不属于同一原因，故没有因果关系，不应适用民事赔偿损失填补原则并实行损益相抵。该部分医疗费应计算在原告的损失范围之内，由被告予以赔偿。

本案采纳了第二种观点作出相应判决，认定亲友代被侵权人支付的款项不应从侵权人应承担的侵权损害赔偿责任范围内扣除。主要理由有以下三个方面：

第一，被侵权人在遭受人身伤害后，因伤住院治疗，对于住院期间的花销，被侵权人亲友出于同情或帮助目的代为先行支付部分医疗费用，基于特殊的身份关系，以及被侵权人正受伤住院治疗的紧急情况，被侵权人并不会就该部分垫支的款项给亲友出具相关单据，但一般被侵权人在恢复健康或获得相关赔偿后，会返还亲友代为支付的这部分款项。故，不应因未出具相关单据即否认双方之间存在的借贷关系。即便有部分款项，亲友基于同情目的不要求被侵权人返还，此构成对被侵权人的赠与。从赠与的目的来说，是亲友帮助受伤的特别是困难的被侵权人寻求解决医疗救助资金，尽快走出困境。其宗旨是帮助被侵权人，而不是减轻侵权人所应承担的赔偿责任，更不是为了袒护有过错的侵权人。因此，没有理由因被侵权人获得赠与或捐助而减轻侵权人所应承担的赔偿责任。

第二，从法律性质上来看，亲友为被侵权人垫支款项，与被侵权人形成的系借贷或者赠与法律关系，其出借资金或者受赠对象是明确的，均属合同之债范畴；而被侵权人与侵权人之间形成的系侵权法律关系，属于侵权之债范畴。二者产生的基础不同、法律性质不同、主体不同，且不属于同一原因，没有因果关系，故不能适用民事赔偿损失填补原则，将被侵权人获得的赠与其遭受的损失进行损益相抵。

第三，从立法目的来看，侵权的赔偿是侵权人因其违法行为及主观上的过错而承担责任限额内的赔偿责任，目的是“预防并制裁侵权行为”，这种预防和制裁性质，如果因被侵权人受到亲友帮助而减少或豁免，将失去意义，此与立法目的和法律精神不相符。

互帮互助是中华民族的传统美德，亲友在被侵权人受到伤害急需治疗时为其垫付医疗费用是公民互助的一种表现，是对困难人群的资助，具有赠与和关爱的性质，不能让这种友情关爱变异为减免侵权人赔偿责任的合法手段，亲友出于爱心垫付的“善款”不应演变为“侵权赔偿款”。本案的裁判让“善款”善始善终，对弘扬中华传统美德和社会善良风俗具有一定示范意义。

编写人：山东省淄博市博山区人民法院　董军戈

15

过失相抵规则适用中被侵权人注意义务的认定

——刘某某诉某市水利局、某市水利局河道管理服务中心生命权、身体权、健康权案

【案件基本信息】

1. 裁判书字号

山东省某市中级人民法院（2021）鲁14民终2775号民事判决书

2. 案由：生命权、身体权、健康权纠纷

3. 当事人

原告（上诉人）：刘某某

被告（上诉人）：某市水利局河道管理服务中心（以下简称河道管理中心）

被告：某市水利局

【基本案情】

2020年8月7日15时许，刘某某去自家玉米地查看玉米长势及有无倒伏情况，土地西头有南北安装的属于河道管理中心所有的电线杆及电线杆拉脚，其中北边的拉脚发生漏电，将刘某某电伤。刘某某共计住院治疗56天，花费医疗费23381.48元，其伤情经法医司法鉴定中心鉴定为：1. 刘某某右手所受伤评定为八级伤残；2. 刘某某因伤需75日，住院期间一个月需二人护理，后需1人护理，误工期限为90日。涉案电线杆的产权所有人、管理人为河道管理中心。现刘某某要求某市水利局和河道管理中心承担赔偿责任，赔偿因电伤造成的残疾赔偿金、医疗费、护理费、伙食补助费、营养费、精神抚慰金及其他费用。

【案件焦点】

1. 侵权纠纷中如何认定被侵权人的注意义务；2. 本案是否适用过失相抵原则。

【法院裁判要旨】

山东省临邑县人民法院经审理认为：双方的争议焦点主要在于刘某某的伤情是否是河道管理中心管理的电线杆拉脚漏电造成的。刘某某提交了村委会出具的证明用以证明受伤的经过，河道管理中心认为村委会没有能力出具证明伤情的证明，但是刘某某的受伤有很大的意外性和偶然性，其受伤的地点在田间，且伤势较重，发生意外后必然先行救治后采取取证措施。结合刘某某所述的受伤地点，以及其就医的时间，综合判断，能够排除其他致伤可能，根据证据的高度盖然性特点，本院认定刘某某的伤情与涉案电线杆拉脚漏电存在关联性。但刘某某自身去田间时，也应尽到一定的注意义务。因此酌定河道管理中心承担70%的赔偿责任。

山东省临邑县人民法院依照《中华人民共和国民法典》第一千一百六十四条、第一千一百七十三条、第一千一百七十九条、第一千一百八十三条，《最高人民法院关于审理人身损害赔偿案件适用法律若干问题的解释》第六条、第八条、第九条、第十条、第十一条、第十二条、第二十二条规定，判决：

一、河道管理中心于本判决生效之日起十日内赔偿刘某某医疗费、护理费、住院伙食补助费、营养费、残疾赔偿金、司法鉴定费、精神损害赔偿金、交通费等各项损失共计250109.68元的70%即175076.78元；

二、驳回刘某某其他诉讼请求。

刘某某及河道管理中心均不服一审判决，提出上诉。山东省德州市中级人民法院经审理认为：河道管理中心及某市水利局虽主张其电线杆拉脚不漏电并进行了检测，但河道管理中心提交的证据不能充分证明其自身无过错，依法其应当承担电线杆拉脚漏电导致刘某某受伤的侵权责任。关于刘某某是否因自身未尽到注意义务而应自行承担部分损失的问题，行为人是否具备过错应当以其是否违反“合理人的注意义务”为标准来判断，也即行为人是否履行了常人的一般注意义务。涉案电线杆立于刘某某的耕地中，刘某某作为农民，其在自家玉米地进行耕种，不应当要求其尽到过高的注意义务；而河道管理中心作为电线杆及拉脚的安装者、使用者，与刘某某相比更具安装和使用的相关专业知识，应尽到较高的注意义务，因此刘某某不应自担损失。

山东省德州市中级人民法院依照《中华人民共和国民法典》第一千一百六十五条、《中华人民共和国民事诉讼法》第一百七十条第一款第二项规定，判决如下：

一、撤销山东省临邑县人民法院（2021）鲁 1424 民初 550 号民事判决；

二、河道管理中心于本判决生效后十日内赔偿刘某某医疗费、护理费、住院伙食补助费、营养费、残疾赔偿金、司法鉴定费、精神损害赔偿金、交通费等各项损失共计 250109. 68 元；

三、驳回刘某某的其他诉讼请求。

【法官后语】

本案是因触电导致的人身损害纠纷案件，主要涉及如何认定被侵权人注意义务以及正确适用过失相抵原则。

在侵权损害赔偿案件中，如果受害人对于损害的发生或者扩大也具有故意或者过失，此时若令侵权人承担全部赔偿责任，有悖公平原则，也不利于督促社会大众对自身安全尽到充分、合理的注意义务。因此侵权法一般允许在一定条件下减轻或者免除侵权人的赔偿责任。《中华人民共和国民法典》第一千一百七十三条规定："被侵权人对同一损害的发生或者扩大有过错的，可以减轻侵权人的责任。"此即侵权法领域的"过失相抵"原则。所谓过失相抵，是指受害人对于损害的发生或者损害结果的扩大具有过错时，依法减轻赔偿义务人的赔偿责任，从而公平合理地分配各方责任。审判实践中，能否适用"过失相抵"原则减轻或免除侵权人的责任，是审理的难点。"过失相抵"原则的适用应当从以下方面进行认定：

一、过失相抵的客观要件

过失相抵的客观要件是指损害的同一性。过失相抵原则本质上是受害人对于损害的发生或者结果的扩大具有过错，基于该过错行为与损害后果之间原因力的大小来评判，适当减轻侵权人的责任。因此，受害人过错造成的损害结果的同一性与原因力的竞合，是过失相抵适用的必要条件。即侵权人和被侵权人的行为均为损害发生的原因，或者被侵权人的行为虽然不是损害发生的原因，但其行为造成了损害结果的扩大。被侵权人的行为对损害的发生和结果的扩大形成助力，即构成了过失相抵的客观要件。本案中，刘某某的受伤系电线杆拉脚漏电所致，并不存在自伤或者第三人伤害的事实。刘某某在自己的玉米地中检查、劳动的行为，既不是损害发生的原因，亦未造成损害结果的扩大。因此本案不具备过失相抵原则适用的客观要件。

二、过失相抵的主观要件

被侵权人主观上有过错，是过失相抵的主观构成要件，也是必备要件之一。否则，即使被侵权人的行为是损害发生或者扩大的共同原因，也不能仅依据其行为与损害结果之间具有因果关系而适用过失相抵原则减轻侵权人的责任。

过错是行为人主观上的一种应受谴责（非难）的心理状态，包括故意和过失两种情形。《中华人民共和国民法典》第一千一百七十四条同时规定了“损害是因受害人故意造成的，行为人不承担责任”。因此《中华人民共和国民法典》第一千一百七十三条所指的“过错”，应当理解为仅针对被侵权人对损害的发生有过失的情形。所谓过失，是指行为人对自己行为的后果应当预见、能够预见而没有预见，或者虽然预见但是轻信能够避免该损害后果发生的心理状态。因此，“注意义务”在现代侵权法视域下已经被确立为过错判断的客观标准。注意义务的程度因当事人的民事行为能力以及职业特性的不同而有所不同，在不同案件中有不同的表现形式。因此，对于当事人是否已经尽到了合理注意义务的认定需要具体案件具体分析。

本案中，被侵害主体为普通百姓，在自家承包地内劳作时被电线杆电击致伤，其显然不能预见到电线杆拉脚漏电的情况，亦无法避免拉脚漏电后被电击的损害。而作为电力设施的所有人、管理人，河道管理中心作为侵权人应当承担较高的注意义务。一是因为电线杆对周围环境具有一定的危险性，产权人对电力设备具有维护管理的职责，应尽到较高的注意义务。二是因为其也享有对电力设施收益的权利，由受益者承担风险也是公平正义的要求，而不应将其疏于管理的风险和后果分摊至被侵权人身上。关于被侵权人是否存在过错可减轻侵权人责任的问题，被侵权人的注意义务判断标准应当为是否尽到了“合理人的注意义务”，即是否符合“一般人”在此情形下的认知和反应，亦应按照衡平、公平、诚信原则予以斟酌，进而判断是否减轻侵权人之赔偿责任。

土地是农民赖以生存和发展的最基本的物质条件，是农民之根，生活之源。本案中，刘某某在恶劣天气之后到自己家的玉米地中查看损失情况并及时采取补救措施，是农民基于经营土地要求和生存需要作出的正常反应，对于普通老百姓而言不具有较高的专业知识背景，不应苛求其在此过程中对于“漏电”这一非平常的突发事件承担过高的预见与注意义务，即“法律不得强人所难”。综上所述，刘某某的行为在主观、客观条件均不符合“过失相抵”原则的适用要件，不应减轻侵权人的赔偿责任。

编写人：山东省德州市中级人民法院　姜南　刘冬

16

民法典自甘风险新规则中“但书”的司法适用

——张某诉韦某生命权、身体权、健康权案

【案件基本信息】

1. 裁判书字号

上海市第一中级人民法院（2021）沪01民终732号民事判决书

2. 案由：生命权、身体权、健康权纠纷

3. 当事人

原告（被上诉人）：张某

被告（上诉人）：韦某

【基本案情】

2019年10月11日，某大学在校学生张某和韦某参加学校组织的篮球比赛，二人分属两队。比赛过程中，张某起跳上篮时，韦某亦起跳防守，双方在空中发生碰撞，张某倒地受伤，韦某被判犯规。事故发生后，张某立即被送往医院，经诊断为左肩外伤。张某诉至法院，请求判令韦某赔偿医疗费等费用。某大学体育教学部于2019年12月及2020年10月分别出具两份《情况说明》，确认事发时当值裁判的吹罚为违体犯规，即违反体育运动精神的犯规。

【案件焦点】

1. 如果体育比赛参加者违反比赛规则，是否因其行为具有违法性而需向受害人负赔偿责任；2. 如何认定自甘风险规则中导致受害人人身损害的其他参加者在主观上是否具有故意或者重大过失。

【法院裁判要旨】

上海市松江区人民法院经审理认为：张某系在进攻过程中因韦某防守双方发生碰撞而受伤，根据现有证据显示韦某的防守行为属犯规行为，故应当承担侵权责任。然篮球运动系高对抗性高风险的体育竞技运动，运动过程中参与者之间发生碰撞是不可避免的运动风险，当事人自愿参加对抗较为激烈的体育运动应视为其自甘风险。张某作为完全民事行为能力人，其明知篮球运动可能存在受伤的风险，仍参加运动，应当对风险本身可能带来的伤害结果承担一定的责任。据此，确定韦某对张某的损伤承担50%的赔偿责任。

上海市松江区人民法院作出如下判决：

一、韦某于判决生效之日起十日内赔偿张某医疗费等共计27397.93元；

二、韦某于判决生效之日起十日内赔偿张某律师费4000元。

韦某不服一审判决，提出上诉。上海市第一中级人民法院经审理认为：本案应当适用《中华人民共和国民法典》第一千一百七十六条规定。自甘风险规则是指受害人自愿承担可能性的损害而将自己置于危险环境或者场合，造成损害的行为人不承担责任。我国法律明文规定自甘风险规则的目的主要有两个方面：一是免除危险文体活动中参加者的一般过失的侵权责任，保障相关文体活动本身所需要的充分的活动自由；二是促进相关文体活动的正常发展，避免过错侵权责任制度对其产生不当抑制。自甘风险规则的构成要件包括以下四个方面：一是受害人自愿参加具有一定风险的文体活动；二是受害人遭受损害；三是其他参加者的行为与受害人所遭受的损害之间存在因果关系；四是其他参加者对受害人所遭受损害的发生在主观上没有故意或者重大过失。

第一，张某作为具有完全民事行为能力的大学生，系自愿参加学校组织的篮球比赛。这表明张某自愿承担篮球比赛中因风险现实化所可能带来的损害，即张某自愿将自己置于可能的危险状况之下。第二，张某自愿参加篮球比赛所承担的风险已经现实化，即张某摔倒受伤，经医院诊断为左肱骨大结节骨折、左肩关节脱位、肩关节盂唇损伤。为治疗伤处，张某支出医疗费、营养费、护理费、残疾辅助器具费等费用。第三，韦某的防守行为与张某所遭受的人身损害之间存在因果关系。张某之所以摔倒受伤，系因韦某于防守时身体与张某在空中发生碰撞所致。第四，韦某的防守行为虽然构成违体犯规，但韦某在主观上仅有一般过失而无故意或者重大过失。在参赛者因其他参赛者的行为受到损害的情况下，该其他参赛者的行为构成犯规，并不必然说明其在主观上存在故意或者重大过失，需要具体情况具体分析，而不能简单地将体育竞技运动中参赛者犯规时的主观心理状态与一般侵权行为构成要件中作为主观要件的故意或者重大过失画等号。因为，故意是指行为人明知其行为会发生侵害他人民事权益的后果，仍有意为之的一种主观心理状态。重大过失是指行为人连最基本的注意义务都没有尽到，或者说行为人是以一种异乎寻常的方式违背了必要的注意。这种行为是特别重大而且在主观上不可宽恕地违反义务的行为，其已经显著地超出了通常的过失程度。韦某在主观上仅有一般过失而无故意或者重大过失。对此，应当从以下四个方面的因素进行判断：首先，其他参赛者的具体行为方面。高强度的篮球比赛中，比赛场上的各种细节转瞬即逝，即便是专业比赛中利用现代化的视频回放技术，有时也无法判断事发时的具体情况。从本案现有证据来看，张某无法证明韦某在对其进行防守时存在用膝盖撞击的行为。因此，相应不利后果应当由张某自行承担。同时，即便参赛者被当值主裁吹罚违体犯规，并不意味着该犯规行为针对的对象是其他参赛者的人身，也有可能是针对其他参赛者所控制的篮球，只不过是被吹罚犯规的参赛者在与对方争抢中有不必要的身体接触。事实上，考虑到篮球比赛中进攻和防守始终是一对基本矛盾，现代篮球运动的发展趋势是要求参赛者在进行防守时具有侵略性，即强调防守队员积极地贴身紧逼，主动给予对手力量压制，再加上参赛者在快速的比赛节奏中不可能有过多考虑和判断技术动作的时间，不应当对参赛者在防守时为阻止对方进攻所造成的一定的身体接触有过多苛责。张某进攻上篮时，韦某立即做出的应对动作是为了进行正常防守而非专门针对张某的人身。换言之，韦某做出的封盖动作所针对的对象是张某所控制的篮球而不是带球进攻上篮的张某的人身。其次，体育活动的种类特性。篮球比赛是具有高度对抗性和风险性的体育竞赛活动。而且，随着社会的进步与篮球运动的发展，“强力对抗”已成为现代篮球运动最为明显的特征。力量与灵巧、勇猛与智慧的矛盾统一是现代篮球如此受到社会大众喜爱的根本原因。高度激烈和紧张的比赛氛围会导致参赛者将全部注意力集中于运动本身，每位参赛者需要在瞬息之间作出思考、判断，然后决定采取何种特定动作。由于人的体力、智力存在上限，参赛者不可能做到每一个决定、每一个动作都合理规范、准确无误和恰到好处，即很难要求参赛者每次动作都经过慎重考虑。因此，应当将此种情况下参赛者的注意义务限定在较一般注意义务更为宽松的范围内。也就是说，不能用平时的一般合理人标准去评判赛场上的每位参赛者。否则，篮球比赛场上的每位参赛者必将畏首畏尾，不能充分展示自身的运动才华，而原本充满力量和美感的篮球比赛也将变得索然无味。基于以上原因，在张某快速进攻上篮的关键时刻，不能苛求韦某在做出封盖的防守动作时经过深思熟虑，且必须做到合理规范。否则，显然有悖于人类自身的自然规律。再次，从体育活动的举办规格方面进行判断。涉案篮球比赛是在某大学体育教学部的指导下、由学生社团具体组织的比赛，从参赛者到裁判员都是该校的在校大学生，纯属业余性质。因此，参赛者无论是对比赛规则的理解，对技术动作的运用，还是对风险的防范准备，都无法与职业参赛者相比。特别是，篮球比赛本身就是一个攻守对抗的动态过程，一切篮球技术都是在动态和对抗中进行运用的。业余参赛者的技术能力实际上是很难满足这种动态对抗过程所要求的合理性的。此外，涉案篮球比赛是学校组织的杯赛，属于校内高级别赛事，为了争夺比赛名次和获得荣誉，双方参赛者必然全力以赴，可谓毫无保留地参与其中，风险性显然高于普通体育课中或者业余时间作为游戏活动的篮球比赛。一方面是业余参赛者能力的相对不足，另一方面是业余参赛者为集体荣誉奋勇而战，两者之间的矛盾必然导致不能以对职业参赛者的要求来衡量业余参赛者。因此，对于作为业余参赛者的韦某的犯规行为不能过于苛责。最后，体育活动开展的目的。随着篮球运动的增智、健身、教育、文化等功能越来越得到认同，校园篮球运动成为活跃校园文化生活、增强学生体质、陶冶学生情操、增强学生荣誉意识的特殊教育形式。目前，篮球运动已成为校园内广受学生们欢迎的体育运动之一。而且，校园篮球是群众性篮球运动的重要组成部分，是提升全民体质的重要途径。在此背景下，为进一步普及学校篮球运动的开展，应当给校园篮球运动的开展创造相对宽松的侵权责任认定的司法环境。

综上所述，张某尽管在涉案篮球比赛中因韦某的防守行为而摔倒受伤，但根据《中华人民共和国民法典》第一千一百七十六条第一款规定，韦某不应当承担侵权责任。一审法院认定有误，依法予以纠正。

上海市第一中级人民法院作出如下判决：

一、撤销上海市松江区人民法院（2020）沪0117民初12479号民事判决；

二、驳回张某的一审诉讼请求。

【法官后语】

《中华人民共和国民法典》第一千一百七十六条在我国首次正式确立自甘风险规则。司法实践所生疑问者为，如果其他参加者违反体育比赛规则而造成受害人受损，其他参加者是否需负赔偿责任。对此，存在不同观点。有的认为，只有当其他参加者不违反比赛规则时，才能对受害人适用自甘风险规则。有的认为，受害人因其他参加者正常或者非严重的违反比赛规则的行为造成人身损害时，不得请求其他参加者赔偿损害，除非其他参加者基于故意或者重大过失而违反比赛规则。第一千一百七十六条在规定自甘风险作为抗辩事由的同时，在“但书部分”规定了其他参加者在主观上存在故意或者重大过失时的当然可归责性。该“但书”体现了社会主义核心价值观和民法基本原则对民事活动的根本要求。体育意义上的犯规行为更倾向于在规则制定时预设的一定“可容忍”“可接受”的不当行为。而其他参加者基于故意或者重大过失所导致的受害人人身损害则已经不属于活动本身所固有的风险范畴，且这种人身损害也不是受害人事先能够预见并自愿承担的。更何况，其他参加者的故意或者重大过失行为本身就具有可非难性。故上述第二种观点更符合本条的立法精神。

相较于自甘风险规则构成要件中的前三项而言，在犯规行为切实存在的情况下，文体活动参加者的主观状态即是否应适用“但书”规定是本案裁决的关键及难点。在司法实践中认定导致受害人损害的其他参加者在主观上是否具有故意或者重大过失，以篮球比赛为例，可从以下方面进行考量：第一，其他参赛者的具体行为。行为时主观状态的判断应首先以该时刻行为人外化的具体行为为基础。具言之，包括该参加者的动作指向、行为强度、是否存在过多不必要的接触等。第二，体育活动的种类特性。多数现代体育活动均存在相当程度的身体对抗，且比赛进程多依赖于参加者的瞬时判断。因此，相较于通常情况下的一般合理人标准，对精神集中于运动本身的参加者所负有的注意义务的衡量尺度应适当放宽。第三，体育活动的举办规格。活动规格与参赛人员的年龄水平、认知判断能力及投入程度密切相关。基于职业运动员和业余参与者控制自身行为规范性的能力和熟练程度明显不同，判断标准应有所区分。此外，日常练习与高规格比赛之间亦应有所差别。第四，体育活动的开展目的。考虑到司法裁决的社会引导性，为促进体育活动尤其是校园各项运动的蓬勃发展，在严格规制运动过程中明显恶意行为致使他人受伤等行为的同时，也不宜从法律层面对体育规则中一般限度内的犯规行为过分苛责。上述考量因素在具体适用时，仍需结合个案案情进行具体判断。

本案中，韦某为防止张某投篮而进行“盖帽”，其身体在空中与张某发生碰撞，导致张某摔倒受伤，而韦某则被吹罚违体犯规。此时，韦某的犯规行为是否必然具有侵害行为的违法性？对此，我们认为，现代体育竞技项目都有自身的一套规则。这些规则体现了对参加者权益的平等保护。体育竞技项目规则是参加者运用运动技能的规范，是惩罚竞技中不当行为的依据，是现代法治理念在竞技中的体现。因此，引入违反比赛规则因素对于合理判断行为人是否存在故意或者重大过失具有一定合理性。但是，我们不能将体育竞技项目中的犯规简单地等同于侵权法上的故意或者重大过失。因为，这种看法不符合长期形成的竞技传统。比赛中，有些“手段”虽然不为规则所允许，但是为了比赛目的，综合考虑参加者在体育竞技中的心理状态，此类行为具有社会相当性，仍然被认为属于正当行为。这也应当是《中华人民共和国民法典》确立自甘风险“但书”规则的意旨。所以，当参加者在体育竞技项目中从事规则所允许范围之外的行为而损害其他参加者时，应进一步判断，如果这种行为是对规则的严重违背，显然系置他人人身安全于不顾，且造成的损害完全超出可预见范围，才符合自甘风险“但书”规则的适用条件，该参加者才需承担侵权责任。本案中，尽管韦某的防守行为构成违体犯规，但这并不必然构成对张某的侵权责任。因为从现有证据来看，韦某在主观上仅有一般过失而无故意或者重大过失，不能依据自甘风险“但书”规则认定其侵权责任。

编写人：上海市第一中级人民法院　韩朝炜

17

院前医疗急救机构违反就近、就急原则致患者病情加重应承担相应赔偿责任

——赵秀某诉某卫生院、胡守某生命权、身体权、健康权案

【案件基本信息】

1. 裁判书字号

北京市大兴区人民法院（2020）京 0115 民初 4120 号民事判决书

2. 案由：生命权、身体权、健康权纠纷

3. 当事人

原告：赵秀某

被告：胡守某、某卫生院

【基本案情】

2019 年 3 月 20 日 18 时 50 分许，某输油站北侧，胡守某驾驶无号牌的电动四轮车由南向北行驶时，将前方同方向行走的赵秀某撞出，造成赵秀某受伤，车辆损坏。某交通支队出具事故认定书，认为胡守某未依法取得机动车驾驶证未按操作规范安全驾驶机动车发生交通事故的违法行为，与本起道路交通事故的发生有因果关系，是事故发生的原因，胡守某负事故全部责任，赵秀某无责任。

事故发生后，某卫生院派出急救车辆将赵秀某送往朝阳抢救中心，赵秀某经诊断为急性内开放性颅脑损伤（特重型）等。赵秀某的监护人认为某卫生院抢救行为存在过错，导致赵秀某丧失最佳救治时机，使其伤情加重成植物人状态。

司法鉴定意见认为赵秀某伤情为一级伤残，误工期、护理期、营养期至伤残评定前一日，护理人数建议2人，后续治疗费用建议以实际产生为准，赵秀某属完全护理依赖，残疾辅助器具费用建议以实际产生为准。

关于某卫生院急救时将赵秀某送至朝阳抢救中心是否有延误救治过错、是否导致申请人病情加重（因果关系）及参与度，司法鉴定意见为：1. 离开事故现场时间19：23，到达医院时间20：10，用时47分；离开事故现场时间19：30，到达医院时间20：10，用时40分；离开事故现场时间19：23，到达医院时间19：59，用时36分：某卫生院将被鉴定人送至朝阳抢救中心存在一定的延误，存在过错，该过错与被鉴定人的损害后果有因果关系，属轻微原因。2. 离开事故现场时间19：30，到达医院时间19：59，用时29分，某卫生院将被鉴定人送至朝阳抢救中心与送至北京同仁医院（亦庄院区）（以下简称亦庄同仁医院）用时相差较小，医方不存在延误，与被鉴定人的损害后果没有因果关系。

【案件焦点】

1. 院前医疗急救机构的急救行为是否存在过错；2. 院前医疗急救行为与患者的损害后果是否存在因果关系。

【法院裁判要旨】

北京市大兴区人民法院经审理认为：关于争议焦点一，根据鉴定意见书，某卫生院院前记录中对急救车离开事故现场时间、到达医院时间记录不够准确，不符合病历书写规范，事故地点与朝阳抢救中心及亦庄同仁医院存在距离差异，根据就近、就急的原则，某卫生院未举证证实当时客观上存在不能及时到达亦庄同仁医院的不利因素，故其选择距离较远的朝阳抢救中心存在过错。

关于争议焦点二，根据现有证据证实的离开事故现场时间、到达医院时间，证实急救车辆将原告送往朝阳抢救中心用时至少36分钟，故某卫生院将原告送往朝阳抢救中心存在一定延误，存在过错，该过错与原告的损害后果有因果关系，属轻微原因。某卫生院虽提交胡守某儿媳王某签字的交接记录单，但未证明将原告送往朝阳抢救中心取得了原告或其近亲属的明确意见，故某卫生院关于无过错的抗辩理由，不予采纳。

关于赔偿责任比例，本院综合考虑原告交通事故所致损害后果的根本原因、某卫生院的院前急救行为与损害后果的原因力大小、原告病情的紧急程度等因素，酌情确定某卫生院负担原告总损失中10%的赔偿责任，胡守某负担90%的赔偿责任。

本院认定原告损失为1947701.79元，加上胡守某垫付的费用，原告总损失为2068431.99元，根据赔偿责任比例，某卫生院负担206843.20元，胡守某负担的部分扣除其已垫付的费用后，胡守某还应负担1740858.59元。

北京市大兴区人民法院依照《最高人民法院关于适用〈中华人民共和国民法典〉时间效力的若干规定》第一条，《中华人民共和国侵权责任法》第六条、第十六条、第五十四条，《诉讼费用交纳办法》第四十五条、第五十条，《最高人民法院关于适用〈中华人民共和国民事诉讼法〉的解释》第九十条规定，作出如下判决：

一、胡守某赔偿赵秀某1740858.59元（于本判决书生效后十日内履行）；

二、某卫生院赔偿赵秀某206843.20元（于本判决书生效后十日内履行）；

三、驳回赵秀某的其他诉讼请求。

判决后，双方当事人均未上诉，本判决现已生效。

【法官后语】

一、院前医疗急救机构因不规范的医疗行为与危急重症病人构成民事侵权法律关系

我国法律规定，侵权人承担侵权责任的构成要件为侵权人的侵权行为，受害人的损害事实以及侵权行为和损害事实之间具有因果关系。院前医疗急救是指在院外对危急重症病人的急救，即具有通信器材、运输工具和医疗基本要素所构成的专业急救机构，在病人到达医院前所实施的现场抢救和途中监护的医疗活动，不包括见义勇为的目击者等实施的救助行为。院前医疗急救机构所实施的医疗活动如存在出诊不及时、延误治疗情况，导致病人病情加重，院前医疗急救机构因不规范的医疗行为对于危急重症病人而言就构成侵权。

二、违反相关院前医疗急救规定是构成侵权行为的认定依据

院前医疗急救机构构成侵权的前提是其违反相关急救规定，即急救行为存在不当。我国《院前医疗急救管理办法》第五条规定："院前医疗急救以急救中心（站）为主体，与急救网络医院组成院前医疗急救网络共同实施。"第二十三条规定："急救中心（站）和急救网络医院应当按照就近、就急、满足专业需要、兼顾患者意愿的原则，将患者转运至医疗机构救治。"《北京市院前医疗急救转运与院内衔接工作管理办法》第七条第一款第一项规定："院前医疗急救机构职责：（一）严格落实就近、就急、满足专业需要、兼顾患者及家属意愿的转运原则，将患者及时转运至具有相应急诊抢救能力的医疗机构，并对患者及家属做好解释工作，引导其树立科学合理的就诊观念。"急救机构采取专业、规范的院前医疗急救行为，不仅有助于院前医疗机构进一步改善相关工作机制，保护院前医疗机构自身权益，也有利于每一位危急重症病人在紧急情况下能够得到及时、准确的救助与治疗。急救相关规定要求急救机构将患者送往距离最近、用时最短且有救治能力的医院。院前医疗急救机构和急救人员不得为谋取本单位利益或者个人利益，违反患者转运原则。本案中，某卫生院无正当理由将赵秀某送往距离更远的医院，违反就近、救急原则，故某卫生院的院前医疗急救行为存在过错。

三、综合考虑院前急救行为与损害后果的参与度，判定院前医疗急救机构的民事赔偿责任

院前医疗急救机构除实施侵权行为外，还要与病人的损害后果之间存在因果关系，即因延误治疗导致危急重症病人病情的加重。因果关系作为构成民事侵权责任的要件之一，在侵权责任的四个构成要件中最复杂。本案中，赵秀某是在交通事故中被车撞击导致颅脑损伤，其后又在院前医疗急救中存在延误治疗情况，故需要将交通事故、病人伤情、医疗急救等因素在颅脑损伤后果构成中予以综合考虑。因交通事故是导致赵秀某颅脑损伤的根本、直接原因，颅脑损伤病情发展迅速，而某卫生院的延误治疗属于轻微原因，故酌情确定某卫生院负担10%赔偿责任。

综上，某卫生院违反就近、救急的院前医疗急救原则，未将赵秀某送往就近的亦庄同仁医院，而选择距离较远且实际用时较长的朝阳抢救中心，故某卫生院的院前医疗急救行为存在一定延误，该过错与原告的颅脑损伤后果有轻微因果关系，应当承担相应的赔偿责任。

编写人：北京市大兴区人民法院　郭艳飞

18

自杀类生命权纠纷中的关联方责任认定

——张某科、王某诉重庆甲药房连锁有限公司、重庆乙药房连锁有限责任公司生命权案

【案件基本信息】

1. 裁判书字号

重庆市第一中级人民法院（2020）渝 01 民终 7007 号民事判决书

2. 案由：生命权纠纷

3. 当事人

原告（上诉人）：张某科、王某

被告（被上诉人）：重庆甲药房连锁有限公司（以下简称甲药房）、重庆乙药房连锁有限责任公司（以下简称乙药房）

【基本案情】

何某原系重庆某医院规培全科医生，患有抑郁症。张某科系何某的丈夫，王某系何某的母亲。2019 年 2 月 12 日，何某先后到甲药房、乙药房购买了秋水仙碱片。其后，何某在一酒店房间内吞服秋水仙碱 300 片及其他药物自杀，被发现后送医治疗。2 月 14 日，何某经抢救无效死亡，死亡原因为药物中毒

（秋水仙碱、奥氮平）。4月8日，重庆市沙坪坝区市场监督管理局对案涉数家药店进行调查后向王某作出《关于何某案所涉药品调查情况的回复》，内容包括：一、对涉及药房的检查情况。（一）对甲药房调查情况。甲药房于2019年2月12日销售“秋水仙碱片”5盒，未收集处方，但在《处方药销售登记表》上作了登记。（二）对乙药房调查情况。乙药房于2019年2月12日销售“秋水仙碱片”5盒，未收集处方，在《处方药销售登记表》上作了登记。二、药房涉嫌违法违规情况。根据重庆市食品药品监督管理局《关于进一步加强零售药店处方药经营监管的通知》（渝食药监药流通〔2018〕4号）精神，“秋水仙碱片”未在必须凭处方销售的药品类别及名单中，可以登记销售，甲药房、乙药房的登记销售行为未违反相关规定。张某科、王某认为，两药房作为有专业医学资质的机构，未凭处方大量销售处方药的行为违反法律规定，侵害了自然人的生命健康权，应当承担侵权赔偿责任。

【案件焦点】

何某以服用大量处方药的方式自杀，向其销售处方药的药房是否需要承担民事法律责任。

【法院裁判要旨】

重庆市沙坪坝区人民法院经审理认为：乙药房和甲药房在何某死亡前向其销售了秋水仙碱片。但何某作为完全民事行为能力人且系重庆某医院规培全科医生，明知过量服用秋水仙碱片、奥氮平将致人死亡的严重后果，却在主观上仍故意为之。乙药房和甲药房没有侵害何某生命权的主观故意，且经重庆市沙坪坝区市场监督管理局调查核实秋水仙碱片未在必须凭处方销售的药品类别及名单中，可以登记销售，乙药房和甲药房的登记销售行为未违反相关规定。即便乙药房和甲药房存在未按照相关规定销售秋水仙碱片的行为，该行为应由相应的主管部门按照规定予以处理，也与何某死亡后果之间没有法律上的因果关系，不能认定为系对何某实施的加害行为。故对张某科、王某主张由乙药房和甲药房承担何某死亡损害赔偿责任的诉讼请求，不予支持。值得强调的是，生命权是法律保护的最高权利形态，生命权不得受任何人的不法侵害，同样也应当受到权利人自己的高度尊重和敬畏，在受害人决意放弃自身生命，一心追求自杀后果的情况下，将其生命权丧失的损害后果转嫁到虽然可能存在一定过失，但该过失通常并不导致他人生命权丧失的行为人身上，违背公平理念和社会正义。遂判决：

驳回张某科、王某的诉讼请求。

张某科、王某不服一审判决，提起上诉。

重庆市第一中级人民法院经审理认为：本案的争议焦点是相关药店向何某销售秋水仙碱片的行为与何某死亡之间是否具有法律意义上的因果关系。何某系重庆某医院规培全科医生，对于大量服用秋水仙碱药物的后果是明知的，其在极短的时间内采取分别到不同药店分散购买的方式购得大量秋水仙碱药物，在酒店内服用后经送医不治死亡，结合其患有抑郁症和其丈夫报警称何某向王某转账并怀疑其在酒店内自杀的事实，可以认定何某主观上决意放弃自己的生命，客观上服用大量秋水仙碱导致其自杀不治身亡。故何某并非因治疗疾病需要误服秋水仙碱或用量不当导致其不治身亡，其死亡结果与相关药店向其销售秋水仙碱药物不具有法律上的因果关系。由此，相关药店的销售行为并不构成对何某死亡的侵权行为。至于相关药店向何某销售药物是否违反法律法规及政策性文件的问题，应由行政主管部门予以查处。遂判决：

驳回上诉，维持原判。

【法官后语】

自杀，是指有意识地剥夺自己生命的行为。一切权利的取得都有赖于生命权的拥有，失去生命权，一切权利将不复存在。正因为生命权具有最高价值，所以对自杀的法律后果才需要特别关注。现实生活中，自杀不仅仅是自杀者的个人行为，往往牵涉关联方的行为。如何评价关联方的行为，是否需要为自杀死亡后果承担民事法律责任，是司法实践无法回避的问题。

一、自杀是对生命权的侵犯

依公认的社会道德观，自杀并非完全意义上的个人行为。个人作为社会的个体，个人的行为不仅关乎个人利益，还必然隐含和体现社会利益，也即个人不能脱离社会而独立存在。个人生命权背负着众多的社会义务和责任。因此，自杀往往被看作社会病态的一种现象。①

当前，随着生命伦理学的发展，一方面，由于自杀行为产生的巨大不良社会影响，对自杀的否定性评价将在未来很长一段时间都将是主流。另一方面，对于部分生命质量严重下降、生命尊严得不到保证的人，社会对其自杀行为也渐渐给予理解和尊重。但无论社会的态度如何变化，自杀绝不是权利，更不是自由，自杀是对生命权的侵犯！从这个角度说，行为人始终是自杀死亡结果的第一责任人，这也是行为人承担全部或者主要责任的理论根源。

本案中，何某身患抑郁症，精神痛苦让人感同身受。何某完全可以通过积极地治疗寻求恢复身体健康，但其却以服用超大剂量处方药这一极端方式结束自己的生命，给家庭带来巨大痛苦，也给社会造成创伤。因此，何某死亡结果的最主要责任人只能是其自己，主要责任只能由行为人何某自行承担。如果不坚持这种认定前提，无异于变相鼓励自杀。

二、以相当因果关系说认定关联方的责任

相当因果关系以事实因果关系为前提，又人为主观地限制因果关系的范围。其判断逻辑是，如果某项事实仅于现实情形下发生该项结果，还不足以判断有因果关系，必须在通常情形下，依社会一般见解亦认为有发生该结果之可能性，才能认定有因果关系，那些依人们日常生活经验看来是偶然的条件行为则不是法律的原因。

本案中，药房向何某出售处方药，何某故意超剂量服用所购处方药，最终因药物过量中毒死亡，显然药房的行为与何某死亡之间具有事实因果关系。但从一般生活经验看，患者到药房购买处方药，一般是出于治疗疾病的目的，通常会按照药品说明书或医嘱推荐的剂量服用。一般人，即使是专业从事药品销售的药房，也无法预见何某是为自杀而买药，更无法预见一个正常人会一次性

---

① 陈雪理：《自杀行为法律地位解析——以民法生命权理论为视角》，载《湖北广播电视大学学报》2008年第2期。

服用300片之多的药品，这是典型的偶然事件。因此，药房卖药行为只能认为是何某死亡的偶然条件，而不属法律上的原因，也即二者不形成法律上的因果关系。

三、法律技术在因果关系认定中的应用

因果关系本是客观存在的，但因在法律适用时加上了“相当性”的要件，使得主观色彩浓厚。因果关系这种介乎客观与主观之间的概念，常常让人难以捉摸，容易在法官与当事人之间产生认识偏差。对关联方行为以适当标准进行分类，有助于更准确、更快速识别法律因果关系，也便于建立统一适用的裁判规则。

（一）以关联方的行为合法与否分类

合法行为。行为人遵照法律规定实施行为，当然受到法律保护。即使该行为造成了损害，也不应当承担侵权责任。因此，合法行为与自杀死亡结果之间不具有法律因果关系。例如老师对学生进行正常的教育管理，完全符合教师法、教育法的规定，且为教师职业道德所要求，该行为完全合法。如果学生自尊心过强，不接受教育管理而自杀死亡，学校和老师均绝无需对死亡后果承担责任。

违法行为。行为与法律的要求相悖，就可认定为违法行为。在侵权民事诉讼中，违法行为应该作广义理解，即关联方实施的行为是否违反法定义务，是否违反保护他人的法律，以及是否违背公序良俗，符合其中一项即具有违法性。从实践经验看，关联方的行为违法，就可能与行为人自杀死亡具有法律因果关系，但最终是否具有法律因果关系，则需要借助其他规则予以认定。

（二）以行为对自杀死亡结果的作用分类

工具型行为。工具原本是指工作时所需用到的器具，也可理解为达到、完成或促进某一事物的手段。在自杀类生命权纠纷中，工具型行为是指关联方的行为充当了行为人实施自杀行为所使用的“工具”角色。当行为人决意自杀死亡，其不借助工具难以实现死亡结果，其为自杀而使用的刀、枪、药、毒品均属自杀工具，关联方无论是出卖、出借、丢失这些物品而最终被自杀行为人加以利用，那么关联方的行为即可归类为工具型行为。工具角色，本身是中性的，只有使用、利用工具的人的行为才有评价价值。关联方出卖、出借工具即使有过错，但并不改变工具本身的中立属性。因此，如果关联方仅仅是被自杀者利用的工具，关联方行为只能评价为自杀死亡结果的偶然条件，二者不具有法律因果关系，关联方不应为此承担责任。

引起型行为。自杀行为人本没有自杀意图，但因关联方行为的介入导致行为人产生了自杀的行动理由或者制造了机会，这种关联方行为可称为引起型行为。[①] 引起型行为的最显著特征是关联方的行为对自杀死亡结果的出现贡献了积极的、现实的作用力，只不过这种作用力较小，最大的作用力仍是行为人自身原因。由于引起型行为为行为人自杀提供了理由、制造了机会，施加了作用力，因此关联方的引起型行为与行为人自杀死亡结果具有法律因果关系最显而易见，让其对结果承担一定责任具有正当性。

义务型行为。这种行为的典型特征是，关联方本来存在一定的作为义务，能够通过自己的干预给自杀死亡结果带来转折的可能性；但由于其不作为，使得自杀死亡结果的危险增加。关联方的行为虽然没有直接操纵因果的发展流程，而只是对既有的因果发展流程不去干预，放任潜在的危险转变为自杀行为人最终死亡的后果，这种行为可归类为义务型行为。如行为人因个人原因筹划到酒店房间烧炭自杀，家属知晓这一情况后要求酒店配合说出行为人的入住房间号，以便进行施救，但酒店以保护客人隐私为由拒绝提供房间号，最终行为人死亡。这里的酒店拒绝提供房间号的行为即属于不履行义务型行为。酒店在遇到如此危急事务的时候，若其积极配合家属，自杀死亡的进程可能会就此中断。酒店的不作为，使得行为人死亡的危险显著增加。显然，义务型行为也与行为人自杀死亡结果具有因果关系，应对自杀死亡结果承担责任。

（三）关联方行为分类在本案中的适用

从合法性看，药品零售企业凭处方销售处方药，且在销售时需要登记造册。两药房违反上述规定向何某销售处方药秋水仙碱片，违反了法律规定，具有明显的违法性，故不能排除结果归责的可能性。

---

① 劳东燕：《事实因果与刑法中的结果归责》，载《中国法学》2015年第2期。

从作用力看，何某因患抑郁症而悲观厌世，决意以自杀方式结束自己的生命，其采用的方法是，陆续向多家药房购买处方药秋水仙碱片，然后一次性服下300片。何某死亡的直接作用力是其自杀思想及行为，药房销售处方药只是其为完成自杀目标而被其利用的“工具”，药房行为属于被行为人利用的工具型行为。因此，药房虽在销售处方药过程中存在过错，但不能认为该行为与行为人死亡后果存在法律因果关系。

四、因果关系的价值判断和妥当性追问

从事实与规范角度证明因果关系后，还应将结论纳入社会价值进行审视，以防因果关系证明结论与日常认知过分背离。

归因必须符合基本的价值判断。依据形式推理所得出的因果关系证明结论是否适当，还应当进行法律价值上的考量，因为法律是一种目的性存在而不仅仅是一种逻辑性表达。无论得出什么样的结论，判断都必须契合立法意图、人类理性、法政策和法价值。[①]

归责必须进行正当性追问。有因就有果，归因以后，必须对归因而引发的归责结果的正当性进行追问。如果对关联方的归责结果过分偏离大众常识，或者严重背离法律正义，那么就应当回顾、反思归因是否恰当，反常的归责可能意味着归因错误，因为通常正确的归因和归责应当与长期实践形成的社会价值观相一致。

编写人：重庆市第一中级人民法院　江满意

① 杨建军：《刑法因果关系的司法证明》，载《比较法研究》2020年第6期。

19

男方隐瞒已婚事实致交往女性怀孕流产的责任认定

——梁某诉肖某健康权、身体权案

【案件基本信息】

1. 裁判书字号

北京市顺义区人民法院（2021）京0113民初6085号民事判决书

2. 案由：健康权、身体权纠纷

3. 当事人

原告：梁某

被告：肖某

【基本案情】

2020年8月，梁某与肖某通过婚恋网站相识，后以男女朋友关系交往。肖某在婚恋网站注册的个人资料显示婚姻状态为离异，愿意要孩子，一年内结婚。在交往期间，梁某怀孕，并于2020年12月7日告知肖某。2020年12月13日，梁某到医院进行孕检，支出医疗费253.72元。12月21日，肖某陪同梁某在某妇儿医院办理入院手续做流产手术，诊断为宫内孕，12+周。12月24日，梁某出院，支出医疗费16460.3元。就上述检查和治疗，肖某共计向梁某转账13500元。梁某术后与肖某不再往来。

梁某表示与肖某第一次见面是2020年9月12日，双方见面后肖某没有说过自己已再婚，是在12月7日得知梁某怀孕才告知他已婚，没有办法离婚，并要求梁某打掉孩子。梁某认为肖某在已婚的情况下仍以未婚的名义在征婚网站发布信息，与梁某建立恋爱关系，梁某在被欺骗的情况下，错误处分性权利，肖某的欺骗行为导致梁某怀孕及流产等损害事实的发生，使得梁某身体上和精神上均受到严重伤害，故起诉至法院，请求法院判令：肖某向梁某以书面形式赔礼道歉、赔偿梁某医疗费用损失和精神损害抚慰金。

【案件焦点】

已婚男性在婚恋网站上登记未婚，造成女方作出错误判断与其交往后怀孕流产，男方是否构成侵权、应否承担侵权赔偿责任以及承担何种程度责任。

【法院裁判要旨】

北京市顺义区人民法院经审理认为：肖某存在隐瞒婚史的情形，进而使梁某在与其交往过程中作出错误判断，肖某在有配偶的情况下与梁某以男女朋友关系交往有违国家法律、社会公德所倡导的价值观。关于梁某怀孕流产一节，梁某认可肖某陈述的双方发生关系的过程，梁某和肖某均系完全民事行为能力人，双方对发生两性关系的事实及后果有明确认知，现双方均不以怀孕为目的发生性关系，梁某怀孕后，双方均无主动承担后果的意思表示，故双方对结果发生均应承担责任。结合上述查明情况，本院确认肖某就此应承担主要过错，梁某应承担次要过错。现根据梁某支出的医疗费以及肖某已负担的部分，肖某所承担的部分与其过错程度相当，梁某现主张的医疗费剩余款项，结合其自身过错，此部分应由其自行负担，故就其该项请求，不予支持。关于梁某请求肖某赔礼道歉及赔偿精神损失，考虑到在婚恋网站登记注册信息是以结婚为目的的交往行为，肖某应就其在婚恋网站未如实登记婚姻状况，造成梁某作出错误判断进行赔礼道歉并赔偿精神损失，就梁某该两项请求酌情予以支持。综上，判决如下：

一、被告肖某于本判决生效之日起七日内以书面形式向原告梁某赔礼道歉，致歉内容须经本院审核；如逾期不执行上述内容，则由本院选择一家北京市发行范围的报纸刊登本判决书主要内容，刊登费用由被告肖某负担；

二、被告肖某于本判决生效之日起七日内赔偿原告梁某精神损失费3000元；

三、驳回原告梁某的其他诉讼请求。

判决后，双方当事人均未上诉，本判决现已生效。

【法官后语】

男方隐瞒已婚事实，女方与其交往后怀孕流产，男方是否构成侵权、应否承担侵权赔偿责任以及承担何种程度责任，是该类案件的焦点，需根据侵权法律规范进行考量。

一、侵害权益的认定

该类案件的案由主要为身体、健康权纠纷或人格权纠纷。女方怀孕后进行流产手术，确实使身体受到损害，但这一后果并非男方欺骗行为、双方发生性关系的直接后果，因此，不宜认定男方的行为侵害了女方的健康权。关于男方侵犯了女方的何种权利，学术界进行过相关讨论，存在性权利、贞操权被侵犯等观点。但此学术观点均未得到我国法律的明确规定，在司法实践中若直接认定上述权利受到侵犯并不妥当。一般而言，性选择权属于一般人格权的范畴。人格权是自然人与生俱来而固有的法定权利，包括人格独立、人格自由、人格尊严及人格安全为全部内容的一般人格利益。其在原民法总则、侵权责任法及相关司法解释均有直接或间接的体现，民法典更是直接将人格权独立成编，以第九百九十条第二款确立了一般人格权保护的请求权基础。故此，本案中肖某隐瞒已婚事实，与梁某恋爱交往，导致梁某不当处分自己的性权利，进而怀孕、流产，侵害了梁某的人格权。故本案判决肖某应当承担赔礼道歉的民事责任。

二、侵权损害责任的构成要件

一般侵权民事责任成立的前提是行为人有过错、有侵权行为、有损害事实的存在、侵权行为与损害后果之间具有因果关系。本案双方作为具有完全民事行为能力的成年人，恋爱期间的性行为是双方自愿发生，法律对此并不干涉。但肖某隐瞒已婚事实，且在婚恋网站注册信息显示愿意要孩子，一年内结婚，使梁某作出错误判断。双方发展并确定恋爱关系，进而发生性行为。肖某明知极大可能不会与女方结婚生子，仍未采取合理的避孕措施，放任自己的行为，可以认定具有明显过错。肖某的隐瞒行为，造成梁某对自己性权利及生育权利作出不利处分，身心受到伤害，两者之间具有法律上的因果关系，肖某应承担侵权责任。

三、过失相抵原则的适用

2004 年 5 月 1 日起实施的《最高人民法院关于审理人身损害赔偿案件适用法律若干问题的解释》（现已修改）第二条关于过失相抵的规定，现已被纳入民法典中（第一千一百七十三条）。如果损害的发生是由于加害人和受害人双方的违法行为引起的，应根据过错的性质、程度来确定双方各应承担的民事责任。受害人明知可能的损害后果而采取放任态度，也应当承担一定责任。梁某作为完全民事行为能力人，在男女交往过程中，应对对方的婚姻状况等信息进行审慎审查，并对处分自身性权利而产生的后果具备一定认识和预见。双方均不以怀孕为目的发生性关系，梁某怀孕后流产，梁某对其自身损害亦负有部分责任。就责任比例而言，肖某应承担主要责任，梁某承担次要责任。基于此，肖某应当承担与其过错相当的赔偿责任，包括梁某的医疗费损失和精神损害。

编写人：北京市顺义区人民法院　王雅菲

20

受害人因侵权行为发生的医疗费用经医疗保险报销后仍可向侵权人主张赔偿

——李某诉宋某健康权案

【案件基本信息】

1. 裁判书字号

山东省沂源县人民法院（2021）鲁 0323 民初 2295 号民事判决书

2. 案由：健康权纠纷

3. 当事人

原告：李某

被告：宋某

【基本案情】

李某与宋某系前后邻居。2020年10月21日10时左右，李某与宋某因邻里琐事发生争吵，进而矛盾升级，宋某至李某家门口将李某打伤，致李某肋骨骨折。经公安司法鉴定中心鉴定，李某之损伤程度为轻微伤。沂源县公安局作出行政处罚决定，对宋某行政拘留五日并处罚款200元。李某因伤在医院住院治疗5天，花费医疗费用3900元，后李某通过新型农村合作医疗报销医疗费2400元。后经公安机关调解未果，李某诉至法院要求判令宋某赔偿医疗费、护理费、住院伙食补助费、误工费、交通费、营养费等各项支出共计14750元。宋某则辩称李某已通过医疗保险报销的医疗费不是其实际支出，应当予以扣除。

【案件焦点】

受害人因侵权行为发生的医疗费用经医疗保险报销后是否仍可向侵权人主张赔偿。

【法院裁判要旨】

山东省沂源县人民法院经审理认为：行为人因过错侵害他人民事权益，应当承担侵权责任。被侵权人对损害的发生也有过错的，可以减轻侵权人的责任。侵害他人造成人身损害的，应当赔偿医疗费、护理费、交通费、营养费、住院伙食补助费等为治疗支出的合理费用，以及因务工减少的收入。李某主张的因此次伤害造成的经济损失经认定为医疗费3900元、护理费800元、交通费100元、营养费1300元、住院伙食补助费150元、误工费3474元，合计9724元。双方之间针对存在的邻里矛盾，应当立足问题解决，以化解矛盾为目标，以冷静的态度，通过适当方式加以解决。但双方均未冷静处置，导致矛盾升级，发生本案损害。双方对损害发生均有过错，可以适当减轻宋某责任，综合本案事发原因、双方过错程度等因素，宋某对李某的损害应当负主要责任，以承担80%为宜，李某对其损害负次要责任，以承担20%为宜。据此判决：

一、被告宋某赔偿原告李某医疗费3900元、护理费800元、交通费100元、营养费1300元、住院伙食补助费150元、误工费3474元合计9724元的80%，计款7779.2元；

二、驳回原告李某的其他诉讼请求。

判决后，双方当事人均未上诉，本判决现已生效。

【法官后语】

《中华人民共和国民法典》第一千一百七十九条规定："侵害他人造成人身损害的，应当赔偿医疗费、护理费、交通费、营养费、住院伙食补助费等为治疗和康复支出的合理费用，以及因误工减少的收入。"根据《最高人民法院关于审理人身损害赔偿案件适用法律若干问题的解释》第六条的规定，医疗费根据医疗机构出具的医药费、住院费等收款凭证，结合病历和诊断证明等相关证据确定。医疗费的赔偿数额，按照一审法庭辩论终结前实际发生的数额确定。现实中，要求赔偿医疗费几乎是每一起因人身损害赔偿而引发的健康权纠纷案件所必有的一项诉讼请求。司法实践中，根据医疗机构出具的医药费、住院费等收款凭证，结合病历和诊断证明等相关证据确定受害人医疗费的司法逻辑已成定式，但在社会保险体系日臻完善的新形势下，也逐渐产生了"受害人实际支出的医疗费用"与"一审法庭辩论终结前实际发生的数额"不一致的现象。根据上述规定，可以得出医疗费应当"按照一审法庭辩论终结前实际发生的数额确定"，而非按"受害人实际支出的费用"来确定的结论。其中，受害人通过医疗保险这一社会保险报销的部分依然属于"实际发生的数额"。对此可从以下三个方面予以正确理解与把握。

首先，医疗保险报销与人身损害赔偿是两种不同的法律关系，受不同的法律调整，二者从法律上来讲并行不悖。医保报销是受害人与医疗保险机构之间的合同关系，人身损害赔偿是侵权人与受害人之间的侵权法律关系。两者法律关系不同，赔偿依据不同，所主张的权利也不相同。如果贸然进行所谓的"扣减”，不符合法律规定，也不符合法律逻辑。因此，受害人报销医疗费是受害人与医疗保险机构之间的合同法律关系，与侵权人无关，并不能相互抵销。

其次，医疗保险作为社会保险的设立初衷在于实现公民的基本医疗保障，而非为了减轻有过错侵权人的赔偿责任。即医疗保险并不具有减轻或免除侵权人侵权责任的功能属性，侵权人的侵权责任不能因为受害人获得医疗保险的给付而减轻或免除。因此，即便是受害人已经通过医疗保险获得部分医疗费用，也并不妨碍受害人继续向侵权人主张赔偿。在受害人向侵权人主张了医保报销部分医疗费用后，社会保险机构可以根据《中华人民共和国社会保险法》第三十条之规定，以受害人已不符合“医疗费用依法应当由第三人负担，第三人不支付或者无法确定第三人的，由基本医疗保险基金先行支付”这一条件为由，向受害人追偿。因此，受害人并不会双重获益，且对于侵权人来说，也并未加重其赔偿责任。

最后，医疗保险作为社会保险具有公共福利的性质。如果将受害人已由医疗保险报销的医疗费从侵权人的赔偿数额中予以扣除，既会使社会基本医疗保险基金的利益受损，又将明显降低侵权人的违法成本。换言之这等于让全社会为侵权人的行为买单。这在一定程度上是对侵权行为的一种纵容，易引发侵害别人不需要自己买单的道德风险。

综上所述，受害人因侵权行为发生的医疗费用经医疗保险报销后，其仍有权向侵权人主张赔偿。如在本案中，原告因被告的侵权行为造成人身伤害，在住院期间共发生医药费、住院费等医疗费用3900元，该3900元即原告在一审法庭辩论终结前实际发生的医疗费数额。原告虽经医疗保险报销2400元，但医保报销与侵权赔偿分属不同的法律关系，医疗保险的目的在于实现公民的基本医疗保障，而非为了减轻有过错侵权人的侵权赔偿责任。故对于原告而言，其因被告侵权产生的医疗费用在经医疗保险报销后，其仍可就此向被告主张赔偿。

编写人：山东省淄博市中级人民法院　荣明潇

山东省沂源县人民法院　王连合

21

自甘风险情形中的风险认定及责任承担

——赵某1诉赵某2、北京科技公司生命权、身体权、健康权案

【案件基本信息】

1. 裁判书字号

北京市昌平区人民法院（2021）京0114民初2006号民事判决书

2. 案由：生命权、身体权、健康权纠纷

3. 当事人

原告（反诉被告）：赵某1

被告（反诉原告）：赵某2

被告（反诉第三人）：北京科技公司（以下简称某公司）

【基本案情】

2020年9月27日晚，赵某1与赵某2在某公司经营的回龙观足球场踢球。该场地对外出租，每两个小时500元，费用由参加报名活动的人员进行分担。活动期间赵某1与赵某2发生碰撞，赵某1面部撞到场边的防护网及立柱，随后，赵某2陪同赵某1前往医院进行治疗，诊断为："面部外伤，患者于2020年9月27日因踢球时面部撞伤2小时就诊于我院急诊，并进行美容清创缝合术。处理：破伤风人免疫球蛋白肌注，清创缝合。"赵某1共产生治疗费17939.06元，由赵某2先行垫付。经现场勘验，事发球场四周由方形铁柱支撑的弹性铁网与其他公共空间隔离；隔离的铁丝网与场地边线之间的距离在一米左右；场地内及四周未见任何明显提示信息；场地四周立柱均设立在场地内侧，未作包裹处理。赵某1面部伤害主要是与场地边隔网的方形铁柱的棱角处发生

碰撞所致。

【案件焦点】

1. 案涉踢球活动是否属于民法典第一千一百七十六条中“具有一定风险的文体活动”，赵某 1 的损害是否属于此种风险；2. 活动管理者是否承担责任及承担何种责任。

【法院裁判要旨】

北京市昌平区人民法院经审理认为：自愿参加具有一定风险的文体活动，因其他参加者的行为受到损害的，受害人不得请求其他参加者承担侵权责任；但是，其他参加者对损害的发生有故意或者重大过失的除外。足球运动具有群体性、对抗性及人身危险性，出现人身伤害事件属于正常现象，应在意料之中。赵某 1 作为完全民事行为能力主体，在参加足球活动时应当预测到活动中存在的风险，并自愿承担比赛过程中的危险。赵某 1 未能提交证据证明赵某 2 在与其发生冲撞的过程中存在违反体育规则的行为，因此应当认定赵某 2 与赵某 1 之间的碰撞属于合理冲撞。赵某 2 对于损害结果的发生不存在故意或者重大过失，不构成侵权。故赵某 1 依据侵权主张赵某 2 承担医药费的诉讼请求，无法律和事实依据，不予支持。故对于赵某 2 要求赵某 1 返还垫付医疗费用的反诉请求，有事实基础与法律依据，予以支持。

某公司作为损害发生的足球场地的经营者和管理人，应该承担安全保障的义务。依据赵某 1 提供的照片以及对于球场的现场勘验，可知，某公司提供场地周围的护网以及栏杆为金属材质，虽然某公司考虑到安全性，使用弹性铁网作为护网，但事实上发生碰撞的栏杆上有金属的棱角突出，且球场栏杆未进行安全包裹。关于安全警示，某公司虽然在足球场门口有场地使用规定，但未在球场护网及栏杆周围提供警示标语，现场工作人员未针对安全问题进行提示，损害发生后，某公司的工作人员未对受伤人员进行必要救助。从赵某 1 以及赵某 2 现场指认的碰撞地点与护网及栏杆的距离，二者发生碰撞后，赵某 1 很容易冲撞到栏杆上，造成人身伤害。故某公司作为特殊责任的主体，未尽到合理的安全保障义务。某公司主张以自甘风险作为抗辩事由，但依据《中华人民共和国民法典》规定，自甘风险的承担应为活动本身的风险，而并未因此免除场所经营者的安全保障义务。故赵某1主张某公司承担相应的责任，有事实和法律依据。但因赵某1是因为球员之间发生身体碰撞之后再撞到立柱致使损害发生，且赵某1在参加足球活动中，对于风险有一定的认知，自身应有一定的保护意识，故其自身行为对于损害的发生亦应承担一部分责任，本院认为某公司对于损害结果应承担70%的责任。根据赵某1的治疗情况，目前暂无后续治疗发生，故赵某1主张后续治疗费无事实依据，不予支持。如赵某1在以后发生必要的治疗费，可另行主张。

北京市昌平区人民法院依照《中华人民共和国民法典》第一千一百七十六条、第一千一百九十八条，《中华人民共和国民法总则》第一百二十二条，《中华人民共和国侵权责任法》第二十六条，《中华人民共和国民事诉讼法》第六十四条，《最高人民法院关于适用〈中华人民共和国民法典〉时间效力的若干规定》第一条、第三条规定作出如下判决：

一、某公司应赔偿赵某1医疗费12557.34元，于本判决生效之日起七日内给付。

二、赵某1应返还赵某2垫付医疗费17939.06元，于本判决生效之日起七日内给付。

三、驳回赵某1的全部诉讼请求。

判决后，双方当事人均未上诉，本判决现已生效。

【法官后语】

自甘风险，指“被害人原可以预见损害之发生而又自愿冒损害发生之危险，而损害结果真不幸发生”的情形。在世界各国立法例上，自甘风险一般属于减轻或免除责任的事由，民法典第一千一百七十六条亦正式确认自甘风险为免责事由。构成自甘风险须符合以下条件：(1) 文体活动具有一定风险，例如本案的足球运动；(2) 行为人对文体活动存在的危险有意识，但是自愿参加；(3) 行为人在活动中因其他参加者的行为受到损害；(4) 其他参加者对损害的发生没有故意或者重大过失。鉴于实践情形复杂多样，法律条款较为概括抽象，适用自甘风险规则尤需注意以下几点：

一、具有一定风险文体活动的司法认定

民法典规定自甘风险适用于“具有一定风险的文体活动”，从文义解释的角度，适用自甘风险需要先行判断待决案件是否属于“具有一定风险的文体活动”情形。因该表述概括抽象，在理解适用时需要结合具体案件事实予以细化和明确，如，对足球、蹦极、密室逃脱、闯关节目、驴友出行等诸多类型活动是否属于文体活动、是否带有一定危险等需要进行具体判断。判断中，应掌握整个条款文义后的立法意旨。一方面，自甘风险之所以作为减轻或免除责任的事由，其立法意旨在于：自愿冒险者，自食风险之果。风险无处不在，不区分（文体）活动类型，本身带有可能发生与不确定性的特质。在自甘风险情形，区分是否属于“具有一定风险的文体活动”本身并不具有实质性意义，具有实质性意义的是判断行为人对于危险或可能损害有预见和认知。受害人之所以不得请求他人承担侵权责任，不是基于文体等活动存在的风险本身，而是自甘冒此风险使然。

另一方面，民法典施行后“自甘风险”在日常中已经成为第一千一百七十六条规定的指称，但这一指称带有一定误导性，仿佛意味着“在明知风险的情况下依然冒险行事，应自行承担相应的损害，不得归咎于他人”，形成免责事由适用范围宽泛的错觉，并造成司法实践中“自甘风险”免责抗辩被滥用。“具有一定风险的文体活动”在立法意旨中，不仅指向行为人对于活动存在的危险或可能损害有预见和认知，更指向这一危险或可能损害系由其他活动参加者行为引发或导致，后者限定了风险或损害发生的原因，也就意味着限定了免责抗辩的适用场域——并非“自甘风险即免责”。

综上，“具有一定风险的文体活动”应结合整个条文内容进行理解，其意义体现在与该条款其他部分的内在联系之中，一是注意判断行为人对于所参加活动中的危险是否有预见和认知，二是注意判断这一危险是否系由其他活动参加者的行为引发或导致。

二、自甘风险责任的承担

民法典对自甘风险的法律后果表述为受害人“不得请求其他参加者承担侵权责任”，对于造成损害的其他参加者而言可提出免责抗辩。这一法律后果意味着，自甘风险规则不同于不可抗力、意外事件等免责事由，自甘风险并非首先是一种法律事实而后再根据其他法律规则产生责任免除的效果，其规则自身就包含阻却归责的效果。受害人之所以“不得请求其他参加者承担侵权责任”，首先因其对损害已“自甘”，不能再追究他人；再者致害行为不具有违法性，不产生侵权责任。

（一）冒险人已甘承风险

自甘风险意味着甘愿自行承受冒险之果，既系出于冒险人自由意志支配，后果就应由其自行承受，不能再请求他人承担赔偿责任或分担损失。对于已有预见和认知，并非要求行为人必须真实预见并自愿接受某一特定损害，而是指行为人认识到其行为属于“冒险”，仍然将自己置于危险或潜在损害之中，即便发生的损害超出其预见情况。

判断行为人对于危险已有预见和认知，一般需要结合受害人的事前同意情况、特定文体活动规则和社会日常经验法则综合判断。具体而言，第一，当事人在从事某项文体活动前签署风险须知确认书，准备医护用品、防护用具、进行特殊的热身运动等行为，可以佐证其对相关风险存在预知。第二，文体活动一般自有规则，司法认定“冒险”不能脱离规则。例如足球运动竞赛规则，规则使得合理冲撞能够免责。第三，认定冒险还需要借助社会日常经验法则，以防止认定结果超出受害人合理预期和可接受范围，避免得出有违常识、缺乏社会认同的裁判结果。

（二）致害行为不具有违法性

受害人所受损害虽然系其他活动参加者导致，但因为活动本身存在危险，其他活动参加者的致害行为，如非故意或者重大过失为之，仍处于自甘风险规则的“风险”内涵之中，而非侵权行为，并不产生侵权责任，故无法请求其他活动参加者承担。之所以将故意或重大过失所致损害排除于自甘风险之“风险”范畴，不是因为受害人不能预见危险、不能自主支配承担损害，而是因致害人属于权利滥用，其结果违反公序良俗，对促进具有一定危险性文体活动有序发展亦构成妨害。

由此，适用自甘风险规则时，须界定致害行为是否属于风险——其他活动参加者对损害的发生无过错或仅有一般过失的，致害行为不具有违法性，属于风险范畴，可适用自甘风险免责；其他活动参加者对损害的发生有故意或者重大过失的，致害行为不属于风险，属于侵权行为，不能适用自甘风险免责。判断其他活动参加者对损害发生是否存在故意或重大过失，一般需要结合特定文体活动规则和社会日常经验法则综合判断。例如本案中，需要考量冲撞行为是否违反足球运动体育规则、“合理冲撞”情形在足球这类竞技比赛中发生频率、造成损害结果等日常认知。

三、活动组织者的责任

文体活动不仅有参加者，也有组织者或管理者，在归责时也牵涉活动组织者或管理者是否承担相应责任问题，由此产生自甘风险与安全保障义务的交叉或衔接适用。例如，本案行为引发损害的其他活动参加者免除了责任，但活动组织者却不能免除责任。究其原因在于自甘风险一般只适用活动参加者的归责，并不免除活动组织者或管理者违反安全保障义务之责。民法典第一千一百七十六条第二款规定：“活动组织者的责任适用本法第一千一百九十八条至第一千二百零一条的规定。”在自甘风险与安全保障义务交叉情形下，归责需要注意以下几点：

（一）活动组织者承担的是单独责任、过错责任。当造成损害的活动参与者对损害结果免责时，活动的组织者、管理者如未尽到相应的安全保障义务，仍须单独承担相应责任。这一责任并非对其他活动参加者致害行为所承担的替代责任或特殊补充责任，而是因其过错承担的直接责任。

（二）在活动参与者存在故意或重大过失时，活动组织者责任需单独判断。因其他参加者的行为构成侵权，应当承担侵权责任，此时如活动组织者、管理者未尽安全保障义务，应根据其过错行为对损害产生的影响，来判断其应当承担直接责任还是补充责任。

（三）关于活动的组织者、管理者是否存在过错的认定，需要结合案件具体情况来判断，尤其是其管理、保护措施是否符合相应的法律法规、行业规范、通常防护和救助要求等，且一般认为营利性活动的组织者、管理者要尽到的保护、管理等义务，原则上要高于非营利性的活动组织者、管理者。本案中案涉场地栏杆为棱角突出、未进行安全包裹，某公司缺乏安全警示和提醒告知，损害发生后工作人员亦未进行必要救助，足以认定存在明显过错。

编写人：北京市昌平区人民法院　王磊　李安国　吴鹏莹

22

侵权类案件中损害后果成因不确定时举证责任的分配

——王某某诉北京市某养老照料中心生命权、健康权、身体权案

【案件基本信息】

1. 裁判书字号

北京市第二中级人民法院（2021）京02民终14249号民事判决书

2. 案由：生命权、健康权、身体权纠纷

3. 当事人

原告（上诉人）：王某某

被告（被上诉人）：北京市某养老照料中心（以下简称养老中心）

【基本案情】

2016年3月，王某某与养老中心签订《某养老服务合同》，开始入住养老中心。入住时，双方在《某养老服务合同》及其他附属文件中明确约定，王某某为3级护理，即按完全不能自理老人护理级别照顾护理。2020年9月12日

21：13，王某某自行走出房间后，一直处于行走状态，步态较匆忙，于21：18在休息三区过道突然身体前扑式摔倒，未能自行起来。21：34护理人员发现老人摔倒，后将老人推回房间，由护士进行基础检查，并致电老人家属。关于双方沟通情况，2020年9月13日早上及次日上午，王某某女儿鲍某某至养老中心看望王某某；9月14日上午、下午，养老中心工作人员将王某某身体状况视频、照片发送至家属微信群，家属未予回复，遂于15：28致电家属；9月14日16：47，养老中心致电999，家属在现场，王某某被送医治疗。2020年9月14日，王某某头部CT诊断报告显示左侧额顶叶大脑镰旁脑出血、多发腔隙性脑梗死、脑白质变性。当日，王某某入住北京某某医院监护病房，初步和确定诊断均为脑内血肿（顶，左）、高血压3级很高危、额部头皮血肿、右膝左手皮肤擦伤；后王某某从该医院出院当日入住北京某某国际医院，医院考虑患者淀粉样脑血管病可能，本病可导致反复脑叶出血，继续对症治疗。王某某于2020年12月4日出院。出院诊断：脑出血（右侧额叶、左侧额顶枕叶）等。王某某主张，养老中心在审慎管理、安全保障、救治服务等各方面，均存在严重过错，要求其按照80%的比例承担赔偿责任。

【案件焦点】

1. 养老中心对王某某的摔倒及摔倒后的处理是否具有过错；2. 该案的举证责任如何分配；3. 王某某的损害结果与养老中心的过错行为是否具有因果关系。

【法院裁判要旨】

北京市西城区人民法院经审理认为：王某某方主张其脑出血是摔倒造成的，未举证证明两者存在因果关系，应承担举证不能的责任。根据王某某9月14日的脑部CT报告及其摔倒时的动作，又基于老人自身身体条件，其摔倒前已经脑出血的可能性很大。但是摔倒行为及摔倒后延迟送医，很可能会加重老人脑出血症状。在此过程中，养老中心存在一定过错，具体表现在养老中心已明知老人存在脑血管病、中度痴呆、高血压等多种疾病，且摔倒前一周大小便失禁的情况下，应对老人平时的行为更加关注，但没有尽到相关义务。虽然其主张24小时值班制并非24小时贴身服务，但是其在值班过程中应关注相关监控，及时发现老人离开床位，对于此种身体状况的老人要给予必要的帮扶。结合王某某每月的护理费支出，本院认为相关服务并未超出其合同所约定的标准。另外，《某养老服务合同》约定“如果乙方在入住期间突发疾病或身体伤害事故，甲方应及时通知丙方，并尽自身所能立即采取必要救助措施，及时联系120或999急救车辆”。故在王某某老人摔倒后，其系掌握老人身体状况的直接责任人，养老中心及时通知家属的情况下，也应及时联系急救送医。但需要指出的是在延迟送医方面，家属也具有较大的责任，面对高龄老人摔伤，应该第一时间要求养老中心将老人送医。另外，受害人系高龄，本身患有脑血管、高血压、中度痴呆等多种疾病的老人，淀粉样脑血管病亦是一种可导致反复脑叶出血的疾病，故其摔倒后的病情与养老中心的过错不具有完全的因果关系，本院酌定养老中心承担20%的赔偿责任。

综上所述，依照《最高人民法院关于适用〈中华人民共和国民法典〉时间效力的若干规定》第一条第二款，《中华人民共和国侵权责任法》第六条、第十六条、第二十二条、第三十四条，《最高人民法院关于适用〈中华人民共和国民事诉讼法〉的解释》第九十条规定，判决如下：

一、本判决生效之日起七日内，被告养老中心赔偿原告王某某医疗费、交通费、住院伙食补助费、营养费、护理费（截至2023年7月14日）、残疾赔偿金、鉴定费、精神损害抚慰金，合计165204.04元；

二、驳回原告王某某的其他诉讼请求。

王某某不服一审判决，提起上诉。北京市第二中级人民法院同意一审法院裁判意见。依照《中华人民共和国民事诉讼法》第一百七十条第一款第一项规定，判决如下：

驳回上诉，维持原判。

【法官后语】

被送往养老中心的老年人往往都有基础疾病以及行动不便等问题，故对养老机构关于老年人的看护及保障都有更高的标准。本案虽只是老人在养老中心摔伤而产生的纠纷，但是案件的细节审理有很多考量之处，对于其他类似案件的审理可供借鉴。

一、举证责任分配制度的“灵活”运用

（一）侵权类案件中，举证责任的分配直接决定了案件的走向及最后的审判结果。而举证责任的分配不应“死板”，而应“灵活”运用。本案是一般侵权类案件，遵循过错责任原则。本案在事实方面的争议焦点为：王某某现在的损害后果（脑出血）是其摔倒后导致，还是先脑出血后摔倒？根据以往的审判经验，一般受害人只需要证明摔倒事实即可，如果实际侵权人认为受害人伤情与侵权行为无关则需要申请因果关系鉴定。但本案王某某系高龄老人，自身患有多种疾病，且自身疾病极易引发脑出血等危重疾病，结合王某某受伤后的头部CT报告，再结合王某某事发时并未有滑倒、被绊倒等外力作用，故综合现有证据来看，可基本推断王某某摔倒行为可能系自身疾病诱发脑出血疾病从而摔倒。而王某某如果想证明其系摔倒后引发脑出血，则应由其承担举证责任。本案承办人也向王某某释明需要鉴定以及如果不鉴定所需承担的举证不能后果，在此基础上原告依然不申请因果关系的鉴定，故无法认定其脑出血系摔倒造成。

（二）原告无法证明其脑出血系摔倒造成，但是养老中心对于其损害后果是否有过错亦需要养老中心提供相关证据证明。尽管王某某脑出血等伤情并非摔倒所致，但是脑出血系高风险疾病，对于送医抢救的时间要求比一般疾病要高，虽然无法量化延误时间导致的具体损害加重程度，但是送医延迟、抢救不及时均会导致病情的加重。庭审中，养老中心提供了一系列证据证明其对王某某家属进行告知，但是在其与王某某签订合同中均写明如遇特殊情形是需要及时拨打急救电话并送医治疗的，故养老中心不能以王某某家属不配合等为由免除自身的法律责任。

侵权类案件的举证责任分配，需要具体案件具体分析，灵活运用举证责任的分配。具体来说，案件中需要结合受害人自身状况、侵权行为发生并结合一定的医学常识进行举证责任的分配。

二、养老机构作为管理者的责任认定

虽然本案王某某起诉的案由为生命权、健康权、身体权纠纷，但在认定养老中心存在过错时亦应考虑其作为公共管理者的安全保障义务。原侵权责任法规定的安全保障义务主体范围是“宾馆、商场、银行、车站、娱乐场所等公共场所的管理人或者群众性活动的组织者”，但是实践中关于“公共场所”的范畴一直存在争议。民法典对于安全保障义务主体的范围进一步明确，将安全保障义务主体范围规定为“宾馆、商场、银行、车站、机场、体育场馆、娱乐场所等经营场所、公共场所的经营者、管理者或者群众性活动的组织者”。无论依据侵权责任法还是依据民法典，本案的养老中心均应属于安全保障义务的主体。故作为安全保障义务的主体不仅仅对王某某事发时的安全负有保障义务，对于事前的防范、事后的送医就诊，均负有一定的保障义务。本案在认定养老中心责任时，进行了全面的考虑，最终认定其对于王某某损害后果承担一定的责任。

三、该判决将社会主义核心价值观融入裁判文书释法说理

本案符合《最高人民法院关于深入推进社会主义核心价值观融入裁判文书释法说理的指导意见》规定的应当强化运用社会主义核心价值观释法说理的案件类型。该判决在释法说理中充分将社会主义核心价值观融入其中，案件涉及两方当事人，一方是年老多病的王某某，另一方是需要承担社会养老压力的养老中心，判决中做到了以事实为依据，结合法律规定以及社会主义核心价值观进行判断、权衡，最终确定适用于本案的价值取向，并在裁判文书中详细阐明依据及其理由。

综上，本案分别从举证责任的分配、作为管理人的责任承担等两方面最终确定养老中心对受害人王某某的损害后果应承担的责任，同时将社会主义核心价值观融入裁判文书释法说理中，不但对今后类似案件的审理起到参考作用，也取得很好的社会效果。

编写人：北京市西城区人民法院　任杰

23

醉酒伤害应根据参与人行为的原因力判断各自相应的民事责任

——黄某华诉沈甲等健康权案

【案件基本信息】

1. 裁判书字号

湖北省竹溪县人民法院（2020）鄂0324民初1246号民事判决书

2. 案由：健康权纠纷

3. 当事人

原告：黄某华

被告：沈甲、吴某龙、沈某龙、沈乙、曾某、李某、钟某

【基本案情】

沈甲与吴某龙系夫妻关系，沈某龙系沈甲父亲、沈乙系沈甲弟弟、曾某系沈甲表弟，黄某华、李某、钟某、沈甲系同事。

2019年12月13日晚，沈甲为庆祝自己生日接亲朋同事一起到某山庄餐馆聚餐。席间黄某华、李某、钟某、吴某龙、沈甲、沈某龙、沈乙、曾某八人饮酒，共饮白酒二瓶（一斤装）、沈甲让李某从家中带来的自制桑葚酒二斤多，黄某华分别向其余七人敬酒，尤其是为感谢沈某龙过去的帮忙，黄某华用一次性塑料杯敬沈某龙半杯，沈某龙回敬黄某华半杯。后经他人劝阻才停止喝酒。当晚近21时许散席，谌某峰开车载着黄某华和李某，其他人分别坐车回到单位，途中黄某华呕吐在谌某峰车上。回到单位，谌某峰和李某扶黄某华下车，在篮球架处，黄某华摔倒。沈甲带路将黄某华送回寝室休息，其间，有人间断

探望。次日17时左右，钟某听到黄某华的寝室传来哼声，上去看到黄某华趴在床上没有盖被子，准备帮其翻身，发现黄某华的脸上有擦伤已肿，就去找沈甲安排送医，后行左上肢截肢治疗，安装了假肢并需要定期更换。

【案件焦点】

1. 黄某华因醉酒压迫导致截肢的各项损失数额如何认定；2. 当事人主体是否适格、是否应该担责及承担多少责任。

【法院裁判要旨】

湖北省竹溪县人民法院经审理认为：

关于焦点一。关于残疾辅助器具费，经鉴定，黄某华安装普通适用型右上臂肌电手假肢目前售价是35000元，假肢使用年限3年一个更换周期，每个周期内假肢维修费用是其价格的10%—20%，初、再次装配假肢及功能训练的时间分别是20天、10天左右；假肢的更换次数，按诉讼法院当地人均寿命计算。黄某华于1995年9月10日出生，并已于2020年7月6日安装假肢，现年龄为25岁，参照《2017我国卫生健康事业发展统计公报》中显示2017年我国人均预期寿命为76.7岁，因此残疾辅助器具的使用期限应按51.7年计算，首次已安装，总计还需购买安装16次，残疾辅助器具费为35000元×16=560000元。假肢维修费酌定为其价格的10%为35000元×10%×16=56000元。假肢安装及功能训练期间的误工费为42677元/365天×10天×16=18707.73元。无论将来科技如何发展、价格是否变动，黄某华需要安装假肢是确定的，更换假肢不同于护理期限，分期解决无法律依据，应一次性解决。法院认定各项损失共计1287744.74元。

关于焦点二。双方在本次聚餐中都有喝酒行为，诉讼主体适格无遗漏。宴请相互饮酒系情谊行为，属道德范畴。我国自古有待客饮酒的习俗，不被我国法律禁止。但饮酒过量易醉，醉酒后意识控制能力减弱，且可能造成醉酒者或他人人身、财产损害，是常人都应具备的生活常识。基于各种原因同桌一起饮酒的先行行为，彼此之间形成了“特殊关系”并互负安全注意义务。同饮者提醒、劝阻、照顾、注意义务，来源于其先行行为导致的可预见危险状态，如明知饮酒者已醉酒却未采取合理有效的方式使醉酒者脱离危险状态，则同桌共饮者负有因先行行为导致的不作为义务。沈甲为庆祝自己生日邀请组织亲人及同事聚餐，本是一个增进情感，加强交流的良好愿望，但导致黄某华饮酒致醉压迫上肢引起截肢的悲伤后果，教训深刻，参与者都应深入反思。原告以各被告没有在第一时间对原告采取必要救治措施而未尽合理注意义务为由要求各被告承担相应责任。从查明的事实看，各被告已发现原告醉酒，从醉酒到送医间隔近20个小时。其间，尽管有部分被告查看探视，但从原告离席摔倒—车上呕吐—下车摔跤受伤出血发肿—无法正常走路言语—长睡不醒—滚落床下，直到钟某听到哼声才建议沈甲送医，到组织送医。各被告以一个常人而不是按专业人员尽到了合理的看护醒酒义务为由抗辩，尽管做了查看，但未使原告摆脱危险状态，未及时制止损害后果的发生。在长达20个小时中，作为同桌饮酒的七被告都是成年人，尤其是沈甲作为聚餐行为的邀请召集组织者，有很多选项可以选择，如及时报警强制醒酒，及时通知原告家人，及时报告单位领导，及早送往医院治疗，可惜因各种原因让一个年轻的同事因饮酒致残。沈甲在公安机关询问中答复“一个是因为黄某华还要上班，还没有休假，还有一个就是平时我们有的时候也喝成了那样，大家睡一觉第二天就没事了”的解释难以让人信服。故，各被告作为同桌饮酒者的成年人都有因同桌饮酒后的安全注意义务，而各被告的查看照顾行为未帮助醉酒的黄某华脱离危险，未采取合理适当的方式履行注意义务，应共同对黄某华截肢的损害后果承担相应的过失责任。

就黄某华的伤情现状来看固然值得同情，但其作为具有完全民事行为能力的成年人，对自己身体状况有充分的了解，应当预见饮酒可能对自己造成的伤害，包括引发身体疾病发作以及酒后判断力、控制力下降所造成的伤害，但事发当日黄某华大量饮酒，意识控制力极度减弱，自身压迫上肢最终导致截肢，其对损害的发生具有非常明显的过错，对其自身伤害应承担主要责任。

综合黄某华自身的过错和各被告在黄某华醉酒后的注意义务履行情况，醉酒与截肢之间存在直接因果关系，即截肢因醉酒失控长期受压直接引起。而黄某华醉酒失控是引起截肢的主要原因，各被告未采取合理适当的措施致其左上肢长期受压，未能脱离危险状态是引起截肢的次要原因。酌定黄某华自担80%的责任，七被告共担20%的责任较符合导致黄某华截肢的原因力。

本案各被告要求内部责任分担，根据《中华人民共和国侵权责任法》第十二条的规定，二人以上分别实施侵权行为造成同一损害，能够确定责任大小的，各自承担相应的责任；难以确定责任大小的，平均承担赔偿责任。沈甲作为召集亲人、同事聚餐行为的邀请召集者，较其他人具有更多的确保参与者安全的组织和注意义务，而在聚餐饮酒中未作好引导，在黄某华醉酒后未尽到适当的注意义务，疏于以最佳的方式让黄某华脱离危险，反而是钟某首先提出并带头送医，应承担黄某华总损失的5%的责任。沈某龙作为同桌中最年长者，生活阅历应最丰富，不仅未发现黄某华的饮酒醉态，反而与黄某华大杯大口对饮，致此严重损害后果，应承担黄某华总损失的3.5%的责任。吴某龙、沈乙、曾某作为同桌饮酒者和召集者沈甲的亲人，未妥当协助沈甲帮同桌醉酒的黄某华脱离危险，也未尽到适当的注意义务，各自应承担黄某华总损失的2.5%的责任。钟某、李某作为同桌饮酒者和黄某华的同事，未妥当尽到帮黄某华醒酒或脱离危险的注意义务，但钟某及时发现并首先提出送医，李某积极配合，各自可承担黄某华总损失的2%的责任。

湖北省竹溪县人民法院依照《中华人民共和国侵权责任法》第六条第二款、第十二条、第十六条、第二十二条、第二十六条，《最高人民法院关于审理人身损害赔偿案件适用法律若干问题的解释》第十七条、第十八条、第十九条、第二十一条、第二十二条、第二十三条第一款、第二十四条、第二十五条、第二十六条，《中华人民共和国民事诉讼法》第六十四条第一款的规定，判决如下：

一、原告黄某华因饮酒致醉导致截肢造成的各项经济损失共计1275744.74元及精神损害抚慰金为12000元。由被告沈甲赔付66287.24元；由被告沈某龙赔付46651.07元；由被告吴某龙、沈乙、曾某各赔付33393.60元；由被告钟某、李某各赔付27014.89元。原告黄某华应自行负担1020595.79元

（1275744.74元×80%）；

二、驳回原告黄某华的其他诉讼请求。

判决后，双方当事人均未上诉，本判决现已生效。

【法官后语】

席间敬酒是我国人情社会表达情意的主要方式之一，但饮酒致伤、致残甚至致死事件偶有发生。司法实践中，同桌饮酒导致承担责任的主要有以下情形：

一是强迫劝酒型。“酒文化”中形成了“不喝醉不喝倒就是没喝好、心不诚”的不良风气，酒席间相互强迫劝酒已成习惯。有的语言激将，有的强行灌酒，有的明知对方身体健康状况不适宜饮酒仍劝酒，导致损害后果的发生。此类行为可认定具有主观过错，应根据劝酒者的过错程度，依法承担相应的赔偿责任。

二是未尽劝阻型。席间明知同饮者患有某种疾病或酒量有限或饮酒中有不良反应，却不履行劝阻义务；散席后对于饮酒人自行驾驶车辆离开，同饮者应尽到劝阻义务，如未劝阻而酒后驾车导致驾驶者或他人伤害，应当履行劝阻义务而未劝阻者，属于置该酒友的生命和安全于不顾，导致损害后果发生的，应认定同饮者具有过错，根据其过错程度，依法承担相应的赔偿责任。

三是未尽帮助型。同饮者之间相互发现有不良反应情况后，均具有及时通知、协助、救助等法律义务。如果同饮者没尽到其应尽义务或所尽义务不当，导致损害结果发生的，应认定同饮者的行为对损害后果的发生具有原因力，应按原因力的比例承担相应的赔偿责任。

四是均无过错型。当劝酒者不知同饮者先前有不能饮酒的病情，而与其少量饮酒，被劝者也认为少量饮酒不会发生危险而未告知病情，结果诱发疾病或其他损害的，因同饮者无过错，不承担赔偿责任，由饮酒者自行承担损害后果。需要提醒的是，任何时候酒局的组织者都要承担饮酒适度和对酒后有不适反应者的安全护送的义务，否则对于其他饮酒者产生的损害要承担相应的法律责任。

同席饮酒本为增进情感，加强交流。基于同饮的先行行为延伸出相互的安全保障注意义务，包括可能导致损害后果的注意义务和为避免损害后果发生而应积极采取措施的避免义务，这也是诚信友善的社会主义核心价值观的体现。如果注意不够、避免不当极易引起人身损害、亲友反目的悲剧后果。审理此类案件应以查明聚餐经过和事发进展为前提。当事故发生后，应及时通过公安机关锁定基本事实的证据，尤其是在饮酒者死亡而无亲人在场时，更应通过视频监控、参与者笔录、同席者对质等方式固定证据，再据事发细节分清责任。

本案是未尽帮助型的一种特殊情形，即帮助行为不当导致损害后果发生。本案通过详细分析论述各参与者的地位和行为，分清聚餐组织者、对饮者、同饮者、参与者各自的责任，各方服判息诉，并自觉履行，也对社会交往起到了教育引导作用。

编写人：湖北省竹溪县人民法院　梁祖奎

24

共同饮酒侵权纠纷中同饮人责任的认定

——左某云诉姜某等生命权、健康权、身体权案

【案件基本信息】

1. 裁判书字号

北京市第一中级人民法院（2021）京01民终1617号民事判决书

2. 案由：生命权、健康权、身体权纠纷

3. 当事人

原告（被上诉人）：左某云

被告（上诉人）：姜某、陶某

被告（被上诉人）：远某民

【基本案情】

左某云是死者王某刚之母，王某刚无子女，其父于1998年死亡。

2020年1月21日晚，王某刚、远某民、姜某、陶某在海淀区永定路某烧烤店内聚餐饮酒。依据事发当天的监控，23时20分左右，在饭店门口，王某刚右手搭在姜某肩上，二人交谈中，姜某站立不稳倒地，王某刚顺势搀扶，二人站立不稳分别后仰倒地。23时23分，远某民至饭店门口，后返回饭店拿物品垫在王某刚身下。23时28分，陶某来到饭店门口。23时43分，远某民陪同王某刚乘救护车离开。在此过程中，姜某或在周围走路或独坐饭店门口。事发后王某刚被送至医院。

1月26日，经司法鉴定中心鉴定，王某刚血液酒精含量为298mg/100ml；王某刚主要损伤为额部大片状头皮下血肿、枕顶部多处挫伤和一处头皮创口；CT检验显示颅骨多发骨折，颅内出血，脑挫裂伤；符合颅脑损伤死亡。

根据派出所的询问笔录，陶某陈述其首先给王某刚打电话邀请王某刚赴约，同时王某刚电话告知陶某已经喝了八两白酒。陶某表示，姜某和王某刚在饭局中出去上了两趟厕所，自己不能预料也没法预料意外发生。远某民陈述，陶某打电话约其聚一下，四人点了一瓶42度的白酒和几瓶啤酒。姜某在事故发生后经医院诊断为酒精中毒。

【案件焦点】

1. 姜某、陶某、远某民是否应对王某刚的死亡负相应的侵权责任；2. 如果成立侵权责任，则姜某、陶某、远某民之间的责任如何划分。

【法院裁判要旨】

北京市石景山区人民法院经审理认为：王某刚倒地不起后，姜某并未搀扶亦未查看王某刚伤情，长时间未进行救助，致使错过了抢救时机，最终导致王某刚颅脑损伤死亡。姜某就王某刚的死亡明显存在过错，应当承担主要的民事责任。

陶某作为组织者没有履行提醒和劝告的义务，同时放任两名醉酒者外出，致使发生事故后没有人在现场以致耽搁了黄金救助时间。陶某作为组织者对损害的发生存在过错，应当承担相应的责任。

远某民仅是参与者，且对王某刚不甚了解。远某民没有违反法定义务，并未达到法律上的过错行为，且在事故发生后，远某民积极履行了施救。远某民无需承担法律责任。

法院综合上述情况酌情确定各方的责任比例。其中，王某刚承担40%的责任比例，姜某承担57%的责任比例，陶某因作为组织者承担3%的责任比例。

北京市石景山区人民法院根据《中华人民共和国侵权责任法》第六条、第十二条、第十六条、第十八条、第二十六条，《最高人民法院关于审理人身损害赔偿案件适用法律若干问题的解释》第十七条、第十八条之规定，作出如下判决：

一、姜某于本判决生效后十五日内赔偿左某云丧葬费、死亡赔偿金、医疗费、尸检材料费、精神损害抚慰金等共计930413.28元；

二、陶某于本判决生效后十五日内赔偿左某云丧葬费、死亡赔偿金、医疗费、尸检材料费、精神损害抚慰金等共计48969.12元；

三、驳回左某云其他之诉讼请求。

姜某、陶某不服原审判决，提起上诉。北京市第一中级人民法院经审理认为：首先，王某刚和姜某二人在醉酒状态下，均已部分丧失对自己行为的控制力，二人放纵饮酒将自身置于危险状态，且王某刚站立在姜某身后，与姜某存在肢体接触，并不能苛求姜某能够预见到后仰倒地会造成身后王某刚的死亡后果，王某刚对自身的死亡负有主要责任。姜某作为同饮人和同行人，没有在与王某刚共同外出过程中尽到提醒、劝告义务，在王某刚倒地不起后始终未能意识到事态的严重性，未能尽到相应的查看、呼救、帮助义务，对于王某刚的死亡存在一定过错，应当承担相应的责任。

其次，陶某对于其他三人的情况更为熟悉，且在陶某明知王某刚参与酒局前已经大量饮酒的前提下，其注意义务应当进一步提高，陶某理应预见到姜某和王某刚二人醉酒出门可能产生危险而未有证据表明其尽到相应提醒、劝告义务，其对于事故的发生具有过错。

最后，远某民对于姜某和王某刚二人均不熟悉，且在事故发生后，远某民存在积极救助的行为，远某民已经尽到同饮人的作为义务，不应当对王某刚的死亡后果承担责任。

综上所述，综合考虑各方应负的注意义务、过错程度、事发后参与救助情况，法院酌情确定姜某承担20%的责任，陶某承担5%的责任，远某民不承担责任，王某刚自负75%的责任。

北京市第一中级人民法院依照《最高人民法院关于适用〈中华人民共和国民法典〉时间效力的若干规定》第一条第二款，《中华人民共和国侵权责任法》第六条第一款，《中华人民共和国民事诉讼法》第一百七十条第一款第三项规定，作出如下判决：

一、撤销北京市石景山区人民法院（2020）京0107民初7988号民事判决；

二、姜某于本判决生效后十五日内赔偿左某云丧葬费、死亡赔偿金、医疗费、尸检材料费、精神损害抚慰金等共计326460.8元；

三、陶某于本判决生效后十五日内赔偿左某云丧葬费、死亡赔偿金、医疗费、尸检材料费、精神损害抚慰金等共计81615.2元；

四、驳回姜某、陶某其他上诉请求；

五、驳回左某云其他诉讼请求。

【法官后语】

本案为因饮酒产生人身损害后果，权利人起诉共同饮酒人要求赔偿的案件。面对共同饮酒导致人身损害侵权责任的司法实务问题，厘清同饮人的归责基础、责任承担方式、责任范围，并对赔偿责任比例的自由裁量权加以限定成为必要。

一、同饮人责任承担的正当性基础

共同饮酒行为是典型的情谊行为，同饮人并不因参与饮酒行为就互负权利义务，但是，一旦饮酒者处于醉酒的危险状态，同饮人基于相聚饮酒的在先行为而产生一定的权利义务关系，同饮人的情谊行为则有可能转化为“情谊侵权”，并承担相应的侵权赔偿责任。

共同饮酒人基于感情上的熟悉和彼此的信赖相聚饮酒，他们之间形成了一种特殊亲密关系，作为共同参与的社会交往活动，该在先行为诱发或开启了醉酒的危险状态，从而使同饮人负有了消除该危险状态或救助因此而受害之人的义务。在饮酒过程中，共同饮酒人能够预见其作为或不作为可能会使饮酒者陷入醉酒的危险状态，因此共同饮酒人相互之间负有合理提醒、必要劝阻其他饮酒人的注意义务；在事故发生后，共同饮酒人需就其先行行为负有消除危险或救助陷入危险之人的作为义务。共同饮酒人的过错正是来源于对注意义务的违反，注意义务内容和标准的判断是责任认定的关键。

二、同饮人注意义务的内容和责任承担方式

聚会饮酒人数往往较多，角色不一，时间跨度较长，注意义务的内容因参与者角色、时间段而有所不同。二人以上的同饮人违反注意义务导致损害后果则会面临承担连带责任还是按份责任的问题。

（一）同饮人注意义务的内容

1. 喝酒过程中的合理提醒、必要劝阻义务。在共同饮酒行为中，召集人、组织者应当提醒所有同饮人适量饮酒，不得以酒局召集人、组织者身份强行劝酒、罚酒，其他同饮人不得斗酒、拼酒；而一旦发现某饮酒者过量饮酒出现醉酒状态时，包括召集人、组织者在内的其他同饮人应当合理劝阻过量饮酒者再行饮酒，当然，该义务是否履行并不以劝阻成功与否进行判断。

2. 酒后或事故发生后的通知、照顾、救助义务。为了避免醉酒者人身或财产遭受损害，此时其他同饮人需要尽到通知家人或救护机构、护送到达安全区域的义务，而一旦发生受伤事故，此时同饮人需要尽快尽到照顾、救助义务以使醉酒者能够得到医治。

（二）同饮人的责任承担方式

民法典第一千一百七十一条和第一千一百七十二条分别规定：(1) 二人以上分别实施侵权行为造成同一损害，每个人的侵权行为都足以造成全部损害的，行为人承担连带责任。(2) 二人以上分别实施侵权行为造成同一损害，能够确定责任大小的，各自承担相应的责任；难以确定责任大小的，平均承担责任。因此，判断侵权人承担连带责任还是按份责任，需要判断侵权行为与损害后果之间的因果关系。在共同饮酒行为中，由于侵权人的侵权行为在于违反注意义务，而单个同饮人违反注意义务的行为并不必然导致全部损害后果的发生，即任何一个同饮人的不作为行为都不具有100%的原因力。[①] 多个同饮人违反注意义务与损害后果之间形成聚合的因果关系，同饮人基于不同的角色、时间段而对损害后果的发生具有不同的原因力，故在共同饮酒人侵权案件中共同侵权人的责任形式以按份责任为宜。

三、受害方与同饮人赔偿比例的确定

（一）饮酒者应自负主要责任

饮酒本是情谊行为，饮酒者对于饮酒过程享有自主选择的权利，饮酒者对于自身是否应当饮酒以及饮酒量的多少有完全的判断力和控制力，对于饮酒的后果也具有清醒、明确的认知，在饮酒行为自由的前提下，饮酒者对于自行大量饮酒而使自身陷入危险状态具有过错，民法典第一千一百六十五条第一款规定，被侵权人对损害的发生也有过错的，可以减轻侵权人的责任。综合来看，在无强制饮酒等特殊情形下，饮酒者应自负主要责任，而违反注意义务的其他同饮人应在承担次要责任的范围中去确定按份责任。其他同饮人不存在违反注意义务情形的，饮酒者应自负全部责任。

（二）同饮人赔偿比例的确定

在共同饮酒侵权赔偿纠纷的责任判断中，饮酒发生的时间和空间、参与饮酒的人数、共同饮酒的原因、共同饮酒人的身份角色、行为的危险程度、损害预防的成本等因素对于注意义务的判断均产生影响，通过因素间的互动综合考量，结合利益衡量的方法，在动态调整中确立同饮人的赔偿比例。比如冬季外出的危险性较大、同饮人应预见到饭店外道路或厕所发生危险的可能性、召集人或组织者应当负有更高的注意义务等。

编写人：北京市第一中级人民法院　陈大林

---

① 李怡雯：《共同饮酒行为中同饮人的注意义务及侵权责任》，载《法律适用》2019年第15期。

25

共同饮酒构成侵权时，同饮人的注意义务分配规则

——林晓某等诉白利某等生命权、健康权、身体权案

【案件基本信息】

1. 裁判书字号

北京市第三中级人民法院（2021）京 03 民终 5256 号民事判决书

2. 案由：生命权、健康权、身体权纠纷

3. 当事人

原告（上诉人）：林晓某、曹艳某、郑思某

被告（被上诉人）：白利某、赵建某、李占某、贾凤某、侯向某

【基本案情】

死者郑某生前从事展览展销相关工作。白利某与郑某相识十年之久，其为给郑某介绍业务，2019 年 12 月 23 日 19 时许，安排郑某与白利某、赵建某、李占某、贾凤某、侯向某在位于北京市朝阳区皮村环岛附近的某饭店吃饭。李占某与郑某是老乡，亦有合作往来。赵建某、贾凤某、侯向某与郑某都是初次见面。席间除侯向某未饮酒外，其他五人共饮约一瓶白酒。饭后郑某邀请白利某、赵建某、李占某、贾凤某、侯向某前往 KTV 唱歌，六人均在 KTV 喝了啤酒。李占某在散场前先行离开。KTV 活动结束后，贾凤某自己叫车离开，由赵建某打车与白利某、侯向某、郑某回到皮村环岛附近某饭店，白利某、赵建某、郑某下车，侯向某未下车继续乘坐该车辆离开。后白利某让赵建某先走，后白利某与郑某走到皮村环岛时，郑某让白利某回去，白利某就自行离开了，之后白利某给郑某打了两三次电话。白利某称打电话的目

的是告知郑某不要酒后驾车。次日0时25分，郑某醉酒驾车发生单方事故死亡，当时郑某处于醉酒状态，其驾驶的车辆行驶速度高于73.7千米/小时。北京市公安局公安交通管理局朝阳交通支队出具的《道路交通事故认定书》认定郑某为全部责任。

【案件焦点】

郑某的同饮者就郑某的死亡是否应当承担赔偿责任，责任比例如何认定。

【法院裁判要旨】

北京市朝阳区人民法院经审理认为：宴请与接受宴请是一种正常的、普通的社会交往活动，通常情况下，同饮者并不负有法律上的义务，只存在道德上的义务，但有两种例外情形使同饮者产生作为义务：一是同饮者在共同饮酒中有不当先行行为，例如强行劝酒、灌酒、逼迫饮酒等，如果不当先行行为使有的饮酒者陷入危险状态，有不当行为的同饮者应当负有高度注意义务，以避免危险的发生，因不作为未尽注意义务，可以认定存在过错；二是同饮者没有不当先行行为，但有饮酒者陷入醉酒的危险状态，其他同饮者有一定注意义务，此种情况下只有重大过失才需承担责任。郑某因醉酒驾车引发单方交通事故，造成死亡的严重后果。现有证据不能证明五被告在饭局或者KTV活动中对郑某有劝酒、灌酒、逼迫饮酒等不当先行行为，郑某作为完全民事行为能力人，对自身的酒量应当有明确认识，适度而有节制地饮酒是一个成年人自己应当尽到的注意义务。发生交通事故时郑某处于醉酒状态，其同饮者负有一定注意义务，以便妥善安置醉酒人，避免醉酒人人身或财产遭受损害。从现场视频来看，KTV活动结束时郑某的肢体活动受到酒精影响不能有效自控，发生交通事故时郑某处于醉酒状态，其同饮者负有一定注意义务，以便妥善安置醉酒人，避免醉酒人人身或财产遭受损害。然而，此时同饮者的注意义务依据其角色定位、亲疏关系等因素呈现出差异，在实践中应当根据具体情况进行分析。从事发当日的实际情况来看，李占某在KTV活动结束前就已经离开，其未参与饮酒的全过程，不应过分要求其承担酒后注意义务，因此李占某对郑某醉酒驾车致死不存在过错，无需承担责任。贾凤某自行叫车离开，且其与郑某是在当日首次见面，亦不应过分要求其承担酒后注意义务，对郑某的醉酒驾车致死不存在过错，亦无需承担责任。白利某、赵建某、侯向某与郑某一同前往皮村，该事件本身不存在危险性，其中赵建某、侯向某陆续离开，且其都与郑某系初识，既不是活动的组织者，也没有证据表明对郑某有劝酒、灌酒等不当行为，在白利某在场的情况下，两位初识者有理由相信白利某可以护送、照顾郑某，要求侯向某、赵建某亲自护送、照顾郑某未免要求过高，与日常生活经验、伦理相背离，法律不应当赋予正常社交活动的参与人过重的注意义务，影响正常社交活动的进行，因此侯向某、赵建某不存在过错，无需对郑某的死亡承担责任。白利某作为饭局的组织者，与郑某是相识多年的朋友，在所有人中与郑某关系最为亲密，其让赵建某先行离开，使护送、照顾郑某的义务归于其一人，白利某在《询问笔录》中称其给郑某打电话提示、劝阻郑某酒后驾车，可见白利某已经预见到了郑某有酒后驾车的可能及危险性，其未将郑某安全护送，而是在就餐处与郑某分开、自行离开，疏忽大意、放任醉酒的郑某驾车，对郑某的死亡有一定的过错。

任何有完全民事行为能力的成年人都应当对自己的行为负责，不能将受到酒精的影响作为减轻自己责任的理由，郑某作为 KTV 活动的组织者，饮酒过量、酒后驾车究其根源是其自行选择的结果，因醉酒驾车发生死亡的严重后果，其本人应当承担主要责任。白利某虽因不作为未尽到注意义务，但这种过失不作为对郑某死亡这一损害结果的原因力较小，白利某应当承担责任的比例不宜过高，根据案件具体情况酌定白利某承担 5%的责任。

综上，依照《中华人民共和国侵权责任法》第六条、第十六条、第十八条，《最高人民法院关于适用〈中华人民共和国侵权责任法〉若干问题的通知》第四条，《最高人民法院关于审理人身损害赔偿案件适用法律若干问题的解释》第十七条、第二十七条、第二十八条、第二十九条、第三十五条，《最高人民法院关于确定民事侵权精神损害赔偿责任若干问题的解释》第十一条，作出如下判决：

一、被告白利某于本判决生效后七日内赔偿原告林晓某、曹艳某、郑思某死亡赔偿金86597.45元、丧葬费2500元；

二、驳回原告林晓某、原告曹艳某、原告郑思某的其他诉讼请求。

林晓某、曹艳某、郑思某不服一审判决，提起上诉。北京市第三中级人民法院经审理同意一审法院的裁判意见。依照《中华人民共和国民事诉讼法》第一百七十条第一款第一项规定，判决如下：

驳回上诉，维持原判。

【法官后语】

共同饮酒是一种情谊行为，同饮人之间一般只有道德义务。在特定条件下，才会因同饮人实施的不当先行行为产生注意义务。共同饮酒致人损害，未尽注意义务、主观上有过错，符合不作为侵权的构成要件，应当承担赔偿责任。在侵权人赔偿责任的承担比例上，需要综合考虑过错程度、原因力大小和过失相抵规则三个因素。同时，鉴于同饮人之间在角色定位、亲疏关系、酒后状态、参与阶段等方面有差异，在划分同饮人的内部责任时，应视案件具体情况差别化分配注意义务。

一、共同饮酒行为性质的界定

情谊行为是人与人之间以增进私人情谊为主要目的，或者由于善良风俗而为他人善意、无偿提供财产或者服务的行为。[①] 情谊行为没有法律约束力，是当事人之间自愿形成的法律调整之外的社会关系。共同饮酒是一种以增进感情、联络关系为目的的社交活动，不用支付对价，不以意思表示为核心，也不会在当事人之间产生法律约束力，是一种典型的情谊行为。

二、同饮人构成侵权的要件

情谊行为亦有致人损害的可能。共同饮酒产生的损害，符合加害行为、损害结果、加害行为与损害结果的因果关系、行为人的主观过错四个侵权构成要

---

① 董万程：《我国民法典制定中的情谊行为立法问题研究》，载《政法论丛》2015年第5期。

件的，受害人有权请求侵权人承担侵权责任。在共同饮酒引发的侵权纠纷中，重点在于主观过错和加害行为的认定。

（一）同饮人作为义务的来源

同饮人是否有过错，核心在于同饮人是否有避免或者减轻损害结果的作为义务。同饮人之间通常不负有法律上的义务，仅有道德上的义务，只有在特定条件下，同饮人才产生作为义务。同饮人作为义务的来源，学理上存在不同观点：一是共同危险行为产生的义务；二是安全保障义务；三是法定附随义务；[①]四是一般注意义务。[②]

（二）不当先行行为产生的注意义务

注意义务的来源有法律规定、当事人约定、先行行为或者基于客观事实、智力、经验、习惯等产生。先行行为最早出现于刑法上的不作为犯罪，行为人的在先行为诱发或者开启了某种危险状态，从而使其负有了消除该危险状态或救助因此而受害之人的义务。[③] 同饮人的注意义务，应当限定在特定先行行为的范围内，主要包含以下类型：一是同饮人在共同饮酒中有不当先行行为，例如强行劝酒、灌酒、逼迫饮酒等，如果不当先行行为使有的饮酒人陷入危险状态，该行为的实施者应当负有高度注意义务，对饮酒人安全护送、加以照顾、通知亲属接送等；二是同饮人没有不当先行行为，但有饮酒人陷入醉酒的危险状态，同饮人有一定注意义务，违反注意义务造成损害需承担赔偿责任。[④]

三、影响同饮人赔偿责任比例的因素

认定同饮人应承担赔偿责任的比例，主要考虑以下几个因素：

（一）过失的程度

同饮人的过错仅限于过失，即过于自信的过失和疏忽大意的过失。依据过失的程度，又可以分为重大过失、一般过失和轻微过失，不同程度的过失，影

---

① 陈晔：《共同饮酒人侵权责任研究》，载《法制与社会》2019 年第 12 期（上）。
② 胡岩：《共同饮酒法律责任实证研究》，载《法律适用》2017 年第 2 期。
③ 程啸：《侵权责任法》，法律出版社 2015 年版，第 213 页。
④ 毛学梅、范文婷：《共同饮酒的法律责任分析》，载《楚天法治》2019 年第 33 期。

响到赔偿责任承担的比例。如果同饮人没有尽到普通人的注意义务，构成重大过失，承担责任的比例就要大于有轻微过失的情况。

（二）原因力的大小

同饮人的行为与损害结果是否存在因果关系，主要看同饮人的行为是否为受害人损害发生的条件。如果行为是损害发生的条件，就可以认定行为与损害之间有相当因果关系。[①] 侵权人承担赔偿责任的多少取决于加害行为对损害结果的发生所起的原因力大小。

（三）过失相抵规则的运用空间

过失相抵规则体现在民法典第一千一百七十三条，被侵权人对同一损害的发生或者扩大有过错的，可以减轻侵权人的责任。过失相抵规则适用的法律效果，是减轻侵权人的责任，需要在具体案件中根据受害人和侵权人过失的大小，判断是否有过失相抵规则的运用空间。

四、注意义务在同饮人之间的分配规则

注意义务的违反是认定加害行为之过错程度的依据。在共同饮酒中，将注意义务不区分具体情况无差别地分配给每位同饮人，不仅不近人情，也会导致实质上的不公平。在共同饮酒中注意义务的分配，需要考虑同饮人在一般普通人的观念中是否具备客观的履行条件，今天可以从以下几个方面衡量：

（一）同饮人的角色定位

同饮人在角色地位上会有差别，有的人是聚会宴请的组织者，有的人是接受邀请的参与者。现实生活中，组织者在共同饮酒活动中处于主导地位，在提供酒品、控制饮酒量、酒后护送安排等方面，都有一定的掌控能力，可以要求组织者负有比一般参与者更高的注意义务。

（二）同饮人的亲疏关系

聚会宴请的参与者，包括熟识的亲朋好友，也包括初识者。如果不加区别地要求初识者和熟识者一样负有劝解他人少饮酒、酒后亲自护送、照顾醉酒人

---

① 杨立新：《共同饮酒引发醉酒死亡侵权案件的法律适用界限》，载《法律适用》2019年第15期。

的义务，该要求明显过高。从亲疏关系的角度来说，熟识者与受害人的关系最近，所负有的注意义务程度应当最高；初识者与受害人的关系最远，所负有的注意义务程度应当最低。

（三）同饮人的酒后状态

每位饮酒人的酒量、实际饮酒数量种类不同，所以共同饮酒后有的人仍然处于清醒自理的状态，而有的人达到醉酒的程度，出现意识不清、身体不受控制等明显的醉酒特征。要求处于醉酒状态的人对受害人尽到与其他同饮人一样的注意义务不具有现实性。自己醉酒能否成为减轻或者免除注意义务的理由，要根据醉酒人对受害人是否实施不当先行行为而有所区分。

（四）同饮人的参与阶段

在聚众型饮酒活动中，有的同饮人会在活动结束前提前离开，如果其不清楚活动结束后各位饮酒人的情况，就不能要求其对一个普通人无法预见的损害后果承担法律责任。因此，对酒后发生的损害缺乏可预见性、没有不当先行行为、提前离场的饮酒人，对活动结束后的醉酒者不负有酒后的注意义务。

编写人：北京市朝阳区人民法院　刘茵茵

26

共同饮酒人对同饮者不作为侵权赔偿责任的认定

——谢某、冯甲诉崔某等生命权案

【案件基本信息】

1. 裁判书字号

山东省淄博市中级人民法院（2022）鲁 03 民终 888 号民事判决书

2. 案由：生命权纠纷

3. 当事人

原告（上诉人）：谢某、冯甲

被告（被上诉人）：崔某、罗某等九人

【基本案情】

2021年1月24日中午，崔某按照当地风俗习惯为其孙子举办送米宴，死者冯乙及罗某等九人均是崔某的战友，受邀参加并共坐一席。宴席中有四人提前离席，两人没有饮酒。宴席结束后，冯乙自行骑电动车回家，途中与孙某驾驶的小型轿车相撞，经抢救无效死亡。经交警认定，冯乙因醉酒驾驶等问题承担事故的主要责任。谢某、冯甲作为死者冯乙第一顺序继承人，向法院提起诉讼，主张崔某是宴席的组织者、共饮者，席间冯乙被多次敬酒及劝酒，崔某、罗某等九人在酒后未对冯乙加以劝阻和照顾，致使冯乙发生交通事故死亡。崔某、罗某等九人对冯乙的死亡负有重大过错，请求判令赔偿死亡赔偿金、丧葬费、医疗费、精神损害抚慰金等各项经济损失。

崔某、罗某等九人作为死者的战友，判断其在饮酒后的言语、行动等能受自身意识控制，其提供的证人证言亦能证明宴后崔某提出要开车送冯乙回家，并拔下电动车钥匙，但冯乙强行驾车而去。事后，崔某、罗某等九人参加了冯乙的葬礼并凑11000元转交给谢某。

【案件焦点】

共同饮酒人对同饮者不作为侵权赔偿责任应如何认定。

【法院裁判要旨】

山东省淄博市博山区人民法院经审理认为：共同饮酒者的赔偿责任认定应当符合过错侵权责任的构成要件，即行为人实施了违法行为、行为人主观上存在过错、被侵权人有损害事实、违法行为与损害事实之间有因果关系，具备以上要件时行为人应当承担侵权责任。组织饮酒或同饮行为本身不具有违法性，但是，若组织者或同饮者有强制劝酒等行为而未将饮酒者安全送回，此时的

“先前行为”是强制劝酒、灌酒等，对被侵权人自身而言具有一定的危险性，行为人负有救助义务；若饮酒者达到不能辨别意识、无法安全回家的“醉酒”状态时，这种组织饮酒或同饮行为作为“先前行为”，对饮酒者自身而言即具有一定的危险性，行为人负有救助义务。在判断饮酒者是否“醉酒”时应以普通人的一般性认识为合理限度，比如饮酒者的言语、行动等是否还能受到自身意识的控制，组织者或同饮者作为饮酒者亲朋好友对其酒量的认识等。这种“醉酒”状态的判断有别于以酒精在血液中含量为依据的医学上“醉酒”状态的认定。谢某、冯甲提供的证据不能证明崔某、罗某等九人存在强制劝酒、灌酒等侵权行为；同时崔某、罗某等九人作为死者的战友，判断其在饮酒后的言语、行动等能受自身意识控制；崔某、罗某等九人提供的证人证言亦能够证明，死者拒绝同饮者的送回行为。因此，崔某、罗某等九人未将死者送回的行为不属于违法行为。

侵权责任中因果关系中的原因是违法行为，崔某、罗某等九人的行为不是违法行为。冯乙死亡的直接原因是交通事故，显然崔某组织聚会的行为、其间同饮者的行为与交通事故不存在因果关系。依照《中华人民共和国民法典》第一千一百六十五条，《中华人民共和国民事诉讼法》第六十四条、第一百四十四条，判决：

驳回谢某、冯甲的诉讼请求。

谢某、冯甲不服一审判决，持原审起诉意见提出上诉。山东省淄博市中级人民法院经审理认为：本案争议焦点为谢某、冯甲关于崔某、罗某等九人违反了共同饮酒所产生的安全保障义务的赔偿责任是否成立。第一，没有证据证明崔某、罗某等九人存在强制性劝酒等过错行为。第二，宴席时间亦在正常范围内，没有证据证明冯乙酒后表现为不能自制的醉酒状态，虽然事后的司法鉴定以及交通事故认定书显示冯乙为醉酒，但是不能以此苛求崔某、罗某等九人作为普通人作出专业性的判断；且有证据证明宴席结束后，崔某、罗某等九人对冯乙进行了劝说并主张送其回家，但均被冯乙拒绝，崔某、罗某等九人已经尽到合理的注意义务。第三，本案损害后果的发生系冯乙违反交通信号规定通行的行为以及案外人观察不够造成的，与崔某、罗某等九人的不作为行为并无法律上的因果关系。谢某、冯甲关于崔某、罗某等九人违反安全保障义务的主张缺乏事实和法律依据，其请求崔某、罗某等九人承担赔偿责任不成立，不予支持。据此，二审判决：

驳回上诉，维持原判。

【法官后语】

关于共同饮酒行为法律属性的认定问题，理论界众说纷纭。目前主流观点认为，共同饮酒属情谊行为，正常的组织饮酒或共同饮酒行为属于道德范畴，并不属于法律规范所调整的范围，不产生法律上的权利义务关系。但如在组织饮酒或共同饮酒过程中发生受伤、死亡等情形，就会使道德层面的情谊问题转化为法律层面的侵权问题。如果造成损害的原因是由组织者或者共同饮酒者的不当行为所引起，例如饮酒过程中的劝酒、敬酒、赌酒、灌酒等行为，明知以上行为可能会导致受害人陷入危险状态从而导致人身财产遭受损失，仍然放任结果的发生，其行为具有明显过错，达到侵权行为所要求具备的故意或过失要素，应当承担侵权赔偿责任。[①]

关于共同饮酒侵权责任归责原则的适用问题。过错责任原则属于一般侵权责任的归责原则，也是最基本的归责原则。民法典第一千一百六十五条对过错责任原则的具体内容作出明确清晰的认定，它以过错作为价值判断和考量的基本要素。在共同饮酒侵权纠纷中，侵权人和受害人对损害后果的发生均可能存在一定过错，对于受害人而言，缺乏对自身行为的判断可谓存在过错；对侵权人来说，未尽到合理的注意义务也存在一定过错。因此以过错责任为原则，符合公平正义的标准，也符合法律的社会价值。

过错责任构成要件：一是违法行为；二是主观过错；三是损害事实；四是因果关系，四个要件缺一不可。在判断共同饮酒人对同饮者不作为义务赔偿责任是否成立时，首先要明确共同饮酒人之间负有的作为义务主要有：（1）提

---

① 王雷：《情谊行为基础理论研究》，载《法学评论》2014年第3期。

醒、劝阻义务，指明知同饮人有不宜饮酒的疾病、同饮人酒后可能驾车或从事其他有危险的行为，或发现同饮人已出现“醉酒”状态时，共同饮酒人应该尽到提醒与劝阻的义务。(2) 照顾、救助、通知、护送义务。对共同饮酒过程中出现醉酒或明显不适的饮酒人，其他共饮人应采取细心照顾、及时送医治疗或护送回家并通知饮酒人家属等措施。

具体到本案中，判断组织者和共同饮酒人的行为是否具有违法性，一方面从不应作为而作为的角度分析，认定各被告有无积极的强制劝酒、灌酒等违法行为，原告提供的证据不能证明各被告存在此类等侵权行为，因此不构成积极作为的侵权。另一方面，从应作为而不作为的角度分析，有证据证明宴席结束后，共同饮酒人对饮酒人要求骑电动车上路进行了积极劝说并提出送其回家，但均被饮酒人予以拒绝，在此情形下，共同饮酒人亦不构成不作为的侵权。

在判断共同饮酒人主观上是否存在过错时，主要从是否存在过失层面考量。过失又可分为疏忽和懈怠。对于行为的损害结果应当预见或能够预见而未预见称为疏忽，虽然预见但认为可以避免称为懈怠。在司法实践中，通常倾向于采取“理性人”“合理人”等相对客观的标准来判断行为人有无过失。在共同饮酒侵权纠纷中，共同饮酒人的过失多为疏忽大意的过失，即应当预见或能够预见而未预见。判断预见可能性是否存在时，除了考虑行为人的年龄、职业、能力等因素外，同时也要结合当时的场合、饮酒人的状态、行动等因素。具体在本案中，判断组织者和共同饮酒人是否具有过失，应当以理性人、合理人的标准进行衡量，在考虑宴会持续的时间（1.5个小时）、宴会中途多人提前离席的事实、饮酒人平常酒量的认识及饮酒后诸多表现等多种因素的考量基础上，认定饮酒人并未达到醉酒状态，对饮酒人酒后驾车发生交通事故这种意外事件的发生不具有预见性。退一步讲，即便共同饮酒人认为酒后驾驶电动车存在潜在危险性，共同饮酒人也以积极的作为对饮酒人进行了劝阻，其主观上并不存在懈怠，虽然事后的司法鉴定以及交通事故认定书显示饮酒人为醉酒状态，但是不能以此苛求共同饮酒人作为普通人作出专业性的判断。综上认定，共同饮酒人已尽到合理的注意义务，在主观上并无过错。

关于共同饮酒侵权责任因果关系的认定问题。认定因果关系的前提是不作为行为是违法行为，通过前文分析，本案中共同饮酒人的行为并不具有违法性，因此饮酒者损害事实的发生无法与共同饮酒人的行为之间建立因果关系。假如本案案情是：有证据证实共同饮酒人酒席之间存在积极的劝酒行为，或饮酒人已达到明显的醉酒状态，而共同饮酒人未履行积极的救助、护送或通知义务，导致饮酒人因发生交通事故而亡。此时就出现了其他介入因素导致损害事实发生的情形，在此情形下就要分析造成损害事实的各种因素所占的原因力有多少，进而对各方主体承担的责任比例作出划分。

编写人：山东省淄博市中级人民法院　荣明潇

山东省淄博市博山区人民法院　孙雪萍

27

民事自助行为“不得超过必要限度”的司法认定

——王某军、王某娟诉广州某超市有限公司翡翠绿洲店生命权、健康权、身体权案

【案件基本信息】

1. 裁判书字号

广东省广州市中级人民法院（2021）粤01民终14843号民事判决书

2. 案由：生命权、健康权、身体权纠纷

3. 当事人

原告（上诉人）：王某军、王某娟

被告（被上诉人）：广州某超市有限公司翡翠绿洲店（以下简称某超市翡翠绿洲店）

【基本案情】

王某军、王某娟之母闫某在某超市翡翠绿洲店从货物架将小商品放入自行携带的包内后径行走过收银通道欲离开超市，在超市警报响起后，返回超市，将小商品从包内取出放回货物架。在店内女店员怀疑闫某存在盗窃行为并与其沟通时，闫某推开女店员，奔离超市，女店员和另一名男员工紧紧跟随，其间有与闫某拉扯推搡的动作，以阻止闫某离开。男员工告知闫某已报警，需原地等待警察到来。后闫某倒地，120到来后发现闫某死亡。经鉴定，闫某死亡原因为冠心病急性发作致心源性猝死，其猝死与生前的剧烈运动、情绪激动或有关联。

【案件焦点】

某超市翡翠绿洲店对于闫某的死亡是否具有过错，应否承担侵权责任。

【法院裁判要旨】

广东省广州市增城区人民法院经审理认为：某超市翡翠绿洲店员工在发现闫某可能存在店内盗窃行为时，进行追随及阻拦行为均在合理限度内，该行为在通常情况下并不足以导致猝死结果发生，亦无法预见该结果，为此，某超市翡翠绿洲店员工的行为与案涉死亡结果并无法律上的因果关系。且在闫某不适倒地后，某超市翡翠绿洲店积极履行了救助义务。为此，某超市翡翠绿洲店对案涉损害的发生并无存在过错，且不存在法律上的因果关系，不应当对王某军、王某娟的损失承担赔偿责任。王某军、王某娟要求某超市翡翠绿洲店赔偿损失的诉讼请求，于法无据。

广东省广州市增城区人民法院依照《中华人民共和国民法典》第一千一百七十七条，作出如下判决：

驳回王某军、王某娟的全部诉讼请求。

王某军、王某娟不服一审判决，提出上诉。广东省广州市中级人民法院经审理认为：自助行为，是指权利人为保护自己的权利，在情事紧迫而又不能及时请求国家机关予以救助的情形下，对他人的财产或人身施加扣押、约束或其他措施，而为法律或社会公德所认可的行为。首先，虽然闫某在超市警报响起后，返回超市，将小商品从包内取出放回货物架，但其行为已经属于盗窃。某超市翡翠绿洲店员工为查明事实，免予自身权益受到损害，紧随闫某并要求闫某留下等待公安机关到来，某超市翡翠绿洲店员工的行为具有正当性。其次，某超市翡翠绿洲店店员在之后的过程中，仅是追随、跟随，为阻拦闫某进一步离开采取的推搡、拉扯动作亦比较克制，男员工亦劝闫某不用跑，仅需要在原地等警察过来调查即可。综上，某超市翡翠绿洲店员工所有行为的目的仅系阻止闫某离开，以便警方进行调查，并没有侵害其合法权益的目的和动机，也未进行追赶、驱逐或强力（暴力）限制人身行动自由等过激行为，其行为在合理正当限度内，不存在过错。最后，在闫某不适躺下后，某超市翡翠绿洲店及时履行了救助义务。综上，闫某因患冠心病急性发作致心源性猝死，其猝死与生前的剧烈运动、情绪激动或有关联，但某超市翡翠绿洲店员工的追随及阻拦行为具有正当性，均在合理限度内，不存在过错，在整个过程中，某超市翡翠绿洲店均无侵害闫某生命权的故意或过失，亦无法预料到闫某死亡的后果。因此，某超市翡翠绿洲店员工的行为与损害结果之间不存在法律上的因果关系，不应对王某军、王某娟的损失承担赔偿责任。

广州市中级人民法院依照《中华人民共和国民事诉讼法》第一百七十条第一款第一项规定，作出如下判决：

驳回上诉，维持原判。

【法官后语】

随着市场经济的发展，人们的经济活动日益频繁，不可避免地会产生各类纠纷。司法是解决纠纷的最后一条路径，而非唯一路径。人们在发生纠纷后往往并非第一时间想到寻求公权力的介入，而是更倾向于自发解决。民法中的私力救济主要包括自卫行为和自助行为，其中自卫行为包括正当防卫和紧急避险。

在我国，正当防卫和紧急避险作为侵权免责事由最早被规定在原《中华人民共和国民法通则》第一百二十八条和第一百二十九条，且被后来的《中华人民共和国侵权责任法》《中华人民共和国民法总则》和《中华人民共和国民法典》（以下简称《民法典》）所延续。而有关自助行为，尽管理论界对此积累了较多的研究成果，司法实践中也有相应的适用，但此前一直未被纳入立法规定。《民法典》第一千一百七十七条规定："合法权益受到侵害，情况紧迫且不能及时获得国家机关保护，不立即采取措施将使其合法权益受到难以弥补的损害的，受害人可以在保护自己合法权益的必要范围内采取扣留侵权人的财物等合理措施；但是，应当立即请求有关国家机关处理。受害人采取的措施不当造成他人损害的，应当承担侵权责任。"此为《民法典》新增条款，填补了自主行为的立法空白。从规定看，民事主体所实施行为的"合理限度"是认定行为性质的标准之一，但是该条对于"合理限度"的认定、侵权行为与自助行为的边界、自助行为与自卫行为的竞合等问题，并未明确，尚需进一步解释。

所谓"不得超过必要限度"，简单地讲，就是指自助行为的方法、手段不得明显超过足以保全自身合法权益的范畴。"不得超过必要限度"是判断行为人的行为是否构成免责事由的关键，也是行为人行为合法与违法的平衡点。在《民法典》仅有概括性规定的情况下，对于"必要限度"的认定需要在个案中予以把握。笔者认为，"谁弱谁有理""谁闹谁有理"已不符合当下的价值观和司法理念，在认定行为人的行为是否超过必要限度时，应防止"唯结果论"，避免只要造成不法侵害人重伤或者死亡的就一律认定行为人的行为超过必要限度。具体而言，在认定行为人的行为是否超过必要限度时可以从以下几方面考量：1. 行为人的主观意图。即行为人采取相应行为应是为了保全自己的合法权益，是情势紧迫、不得已而为之的行为，并不具有侵害他人的故意。2. 行为对象。即行为人在实施自助行为时仅能针对侵害人本人的财产或人身采取暂时性的扣留或限制措施，而不能针对第三人采取，否则属于超过必要限度，构成侵权。3. 行为手段。即行为人仅能对不法侵害人或债务人的财产予以扣留或对其人身自由予以约束。自助行为并非为了直接实现行为人的权利，而是对其将来实现自身权益的一种证据或行为的保全。例如，超市对于偷拿商品的嫌疑人，可以通过监控核实并暂时约束其人身自由以待警察来调查，而不能直接对相关人员"私设公堂"。此外，行为人采取的自助手段不得违反法律、公共道德和善良风俗。例如不得以堵人门店、泼洒赃物等方式进行所谓的自助行为。4. 行为强度。即行为人的行为不能超越意欲保护的权利的限度，否则可能构成侵权。对于仅扣留财物即可达到自助目的时则不应毁损财物或者限制其人身自由，对于扣留部分财物即可达到自助目的时则不应扣留全部财物。

具体到本案中，第一，从起因条件看，监控视频可见死者闫某存在偷拿超市东西的行为，在店员与其沟通时试图离开超市，使超市面临无法核实行为人及相关事实的风险；第二，从意图条件看，某超市翡翠绿洲店店员仅为查明事实，免于自身权益受到损害，才紧随闫某、阻止闫某离开，不具有违法性；第三，从时间条件看，在店员上前询问时闫某就存在奔离的行为，若店员不及时跟随并阻拦，一旦闫某离开，作为受害人的超市很难再找到闫某，超市具有阻拦闫某离开的紧迫性；第四，从手段条件看，某超市翡翠绿洲店员工仅是追随、跟随，且告知闫某仅需原地等待警察来即可，并无进行追赶、驱逐或强力（暴力）限制人身行动自由等过激行为，其行为在合理正当限度内，不存在过错；第五，从事后程序条件看，事后超市及时报警，警察也来到现场进行了相应处理，超市的自助行为符合及时求助公权力的程序要件。综上，某超市翡翠绿洲店员工的行为完全符合自助行为的构成条件，且并未超过明显的限度，与案涉死亡结果并无法律上的因果关系。

编写人：广东省广州市中级人民法院　康玉衡　赵洋洋

二、姓名权纠纷

28

冒名办理工商登记侵犯自然人姓名权的责任认定

——刘某诉北京某技术公司姓名权案

【案件基本信息】

1. 裁判书字号

北京市丰台区人民法院（2021）京0106民初11608号民事判决书

2. 案由：姓名权纠纷

3. 当事人

原告：刘某

被告：北京某技术公司

【基本案情】

北京某技术公司由曹某、刘某两方共同出资于2011年3月25日成立。2016年3月28日，北京某技术公司召开股东会议并形成书面股东会决议，内容为：在公司会议室召开北京某技术公司股东会会议，会议应到2人，实到2人，会议在召集和表决程序上符合《中华人民共和国公司法》及公司章程的有关规定，会议形成决议如下：1. 同意原股东曹某退出股东会。2. 同意股东曹某将其持有的出资99万元转让给刘某。3. 同意免去曹某的执行董事职务。4. 同意免去刘某的监事职务。5. 同意修改公司章程。同日，北京某技术公司的法定代表人、董事、经理等工商登记三项信息均由曹某变更为刘某。

刘某称2020年11月18日，其在外出购买高铁票时发现本人被限制购买高铁车票，后得知其于2016年3月28日被擅自变更登记为北京某技术公司法定代表人，并因该公司被强制执行后未清偿债务而被北京市海淀区人民法院限制消费。刘某主张其于2012年6月丢失身份证，7月23日补办，2013年2月其从北京某技术公司辞职，后回老家工作，2015年2月至2018年12月期间在某广告公司工作，在办理工商变更登记时并不在北京某技术公司工作，办理工商变更登记使用的身份证复印件系其丢失作废的身份证，工商变更登记材料中所有的签字并非其本人所签。北京某技术公司对于刘某主张的事实予以认可，表示办理工商登记时系使用刘某在公司工作期间的材料，找中介公司办理的相应手续，工商变更手续中的材料亦非刘某所签。

【案件焦点】

冒名者通过冒用姓名及身份信息等侵害姓名权的方式进行工商登记，被冒名者是否有权向其主张撤销工商登记信息的民事责任，如何分配举证责任。

【法院裁判要旨】

北京市丰台区人民法院经审理认为：自然人享有姓名权，有权决定、使用和依照规定改变自己的姓名，禁止他人干涉、盗用、假冒。北京某技术公司以股东会形式作出将刘某登记为该公司法定代表人、董事、经理的决定，但上述决定并未经过刘某本人同意，故北京某技术公司系擅自使用了刘某的姓名用于工商登记，其行为侵犯了刘某的姓名权，刘某关于要求北京某技术公司停止侵权、撤销工商变更登记的诉讼请求，于法有据，予以支持。《最高人民法院关于适用〈中华人民共和国民法典〉时间效力的若干规定》第一条第三款规定，民法典施行前的法律事实持续至民法典施行后，该法律事实引起的民事纠纷案件，适用民法典的规定，但是法律、司法解释另有规定的除外。因此，本案适用《中华人民共和国民法典》的相关规定进行裁判。

北京市丰台区人民法院依照《中华人民共和国民法典》第一百一十条，《最高人民法院关于适用〈中华人民共和国民法典〉时间效力的若干规定》第一条规定，作出如下判决：

北京某技术公司于本判决生效后七日内办理工商登记变更手续，撤销刘某作为北京某技术公司法定代表人、担任北京某技术公司经理职务的登记信息。

判决后，双方当事人均未上诉，本判决现已生效。

【法官后语】

冒用他人姓名进行工商登记，一般指盗用他人名义并将该主体作为公司股东或高管在公司登记机关进行登记的行为。日常生活中，自然人不慎丢失身份证件或因办理各种事务不可避免地会被第三方留存身份信息，这些都有可能发生各种身份信息被盗用的法律风险，本案即为未经姓名权本人同意、公司擅自将姓名等身份信息用于公司工商登记的典型案件。

一、自然人的姓名权受法律保护，冒用他人姓名进行工商登记侵犯了姓名权。我国民法典第九百九十条、第一千零一十二条规定了自然人享有姓名权，自然人有权依法决定、使用、变更或者许可他人使用自己的姓名。第一千零一十四条专门就自然人姓名权的保护作出了规定，即任何组织或者个人不得以干涉、盗用、假冒等方式侵害他人的姓名权。姓名系自然人区分的标示，亦是自然人法律人格的重要组成部分，甚至某些情况下还具有一定的经济价值，因此姓名权是民事主体享有的仅次于生命权、健康权、身体权的重要的传统人格权。冒用他人姓名进行工商登记，属于典型的侵权行为，侵害了被冒名者的姓名权。

二、被冒名者需对特定行为未经本人同意或授权、相关签名非本人签署等冒名事实、冒名行为发生的可能性及合理性等关键事实承担举证责任。法律规定，当事人对自己提出的诉讼请求所依据的事实有责任提供证据加以证明，没有证据或者证据不足以证明当事人的事实主张的，由负有举证责任的当事人承担不利后果。根据商事外观主义原则，工商登记具有公示性，市场交易对象对于公司登记的信息有高度信赖，并根据此种信赖作出交易决策，法律亦保护这种信赖利益，工商登记信息非经法律程序不得随意变更。因此在自然人主张被冒用姓名进行工商登记的案件中，既要考虑被冒名一方的权利，又要充分保护公司债权人的利益，尤其是公司股东认为自己被冒名登记的案件中，存在公司与股东达成一致意见，损害公司债权人利益、令股东脱责的法律风险。因此被冒名者必须提供充分的证据予以证明冒用的事实及冒名行为发生的可能性及合理性，形成完整的证据锁链，仅凭公司认可其被冒名登记不足以达到定案的证明力。判断冒名行为成立最主要的法律特征是被冒名者对其名字被冒用是否知情，一般考虑从以下方面予以认定，如工商登记的签名非本人所签、本人身份证丢失或被他人冒用、工商登记经办人未取得本人授权、未签署过公司相关章程、冒用人及被冒名者是否有亲属、朋友关系等。

本案中，刘某主张北京某技术公司冒用其姓名，应对冒用的事实承担举证责任。刘某提供证据证明其2012年身份证曾丢失并于当年补办，其于2016年北京某技术公司更改章程、办理工商变更登记信息时已不在该公司工作，且经过对比其工商变更登记信息中使用的身份证件复印件为其丢失作废的证件复印件，结合北京某技术公司陈述等证据，能够证明冒用行为发生的可能性及合理性、冒用行为未经刘某同意或授权等关键事实，刘某的举证能够形成完整的证据锁链，其已尽到相关举证责任。

三、被冒名者的权利救济途径。被冒名登记从民事侵权的角度，可依据民法典提起侵权之诉；从行政行为的角度，被冒名者可以向行政机关投诉、举报或者以相关的行政机关为被告直接向人民法院提起行政诉讼。本案原告选择了民事诉讼的方式，提起姓名权纠纷的侵权之诉，主张被侵权者的民事责任。根据民法典的相关规定，侵害人格权的相关民事责任主要包括停止侵害、消除影响、恢复名誉、赔礼道歉等，且以上责任方式属于人格权请求权范畴，不适用三年诉讼时效的规定。本案中刘某请求判令侵权人办理工商登记变更手续，即要求侵权人承担停止侵害的民事责任，北京某技术公司应当及时变更工商登记信息以停止侵害。

编写人：北京市丰台区人民法院　肖荣　柴海燕

29

未成年人请求变更姓名的裁判考量因素

——向小某诉向某某姓名权案

【案件基本信息】

1. 裁判书字号

重庆市合川区人民法院（2020）渝0117民初字第7038号民事判决书

2. 案由：姓名权纠纷

3. 当事人

原告：向小某

被告：向某某

【基本案情】

向某某与郑某某原系夫妻关系，婚后于2008年3月25日生育一子向小某。向某某与郑某某于2011年10月离婚，约定向小某由母亲郑某某抚养。2012年9月，郑某某独自持署名为“郑某某、向某某”（均为郑某某书写）的申请书以“父母已离异”为由向派出所申请将向小某姓名变更为郑小某。2014年9月17日，郑某某与向某某以“出生医学证明与户籍不相符，生活带来不便”为由向派出所申请将郑小某的姓名变更为向小某。2015年4月24日，郑某某又以“学籍姓名以及城乡医保等所有相关手续的档案都是用的郑小某”为由向派出所申请将向小某的姓名变更为郑小某。2018年12月27日，向某某以“前妻在我本人不知情况下私自将本人小孩名字向小某改为郑小某，其提供的申请书上的签字不是我本人签字”为由向派出所申请将郑小某名字恢复为向小某。2014年9月至2020年7月，向小某读小学期间一直使用郑小某这一姓名，并以该姓名先后多次获得校内、校外比赛多个奖项。2020年9月，向小某以郑小某这一学籍姓名从小学毕业考入重庆八中就读。

因向小某在日常生活和学习中一直使用郑小某的名字已有七年时间，而其户籍姓名为向小某，其以郑小某名字办理的身份证于2020年11月到期后将无法正常使用，会严重影响其生活、学习及健康成长，为继续使用郑小某的名字，向小某诉至法院，要求向某某配合将向小某姓名变更为郑小某。向小某向法庭明确表示自己的诸多奖项都是使用郑小某这个姓名，如果不能将姓名改为郑小某，意味着其将失去那些奖项，也意味着当时参赛付出的金钱、精力和努力都会白费。向某某认为应待向小某成年后再由其自己决定自己的姓名。

【案件焦点】

当未成年人的户籍登记姓名与实际使用姓名不一致，而父母双方无法就未成年人的姓名变更协商一致时，如何保护未成年人的姓名变更权。

【法院裁判要旨】

重庆市合川区人民法院经审理认为：自然人依法享有姓名权，自然人的姓名权既包括命名权，也包括姓名使用权或许可他人使用权，还应当包括更名权，也就是自然人有权决定、使用和依照规定变更自己的姓名。郑某某、向某某作为向小某的父母，在孩子出生时经过商议为其命名为向小某，但向小某从小学到中学，长达7年之久，生活和学习都是使用“郑小某”这一姓名，虽然母亲郑某某擅自将孩子姓名予以变更不值得提倡，但向小某这七年间在学业和艺术修养等各方面均有所成，该姓名既已为亲友、老师、同学所熟知，也已经成为其人格的标志，已成为其稳定的生活、学习环境的重要组成部分，继续使用该姓名，有利于向小某的身心健康和成长。且向小某虽未成年，但已经年满12周岁，属限制民事行为能力人，按其目前的年龄和智力水平，已经能够理解姓名的文字含义及社会意义。同时，向小某使用“郑小某”的姓名，不会改变其系母亲郑某某与父亲向某某子女的事实，不会损害生父、生母及他人的合法权益，故在变更姓名权问题上应当充分考虑未成年子女的意见。故向小某要求向某某配合其将姓名变更为郑小某的诉请符合法律规定，依法应予以支持。

综上，依照《中华人民共和国民法典》第一千零一十二条、第一千零一十五条、第一千零一十六条，《中华人民共和国未成年人保护法》第五条，《中华人民共和国民事诉讼法》第一百四十二条、第一百四十四条的规定，判决如下：

向某某于本判决生效后七日内配合向小某将户籍登记姓名变更为郑小某。

判决后，双方当事人均未上诉，本判决现已生效。

【法官后语】

未成年人姓名的变更关涉未成年人的人格利益，姓名变更权的行使对未成年人的人格利益影响重大。“经父母双方同意”是变更未成年人姓名的行政管理条件，而该条件极易被滥用，使得未成年人姓名的变更常成为离异夫妻的意气之争，最终导致未成年人在姓名变更上无法获得最大利益。本案系因夫妻离异后一方擅自变更未成年子女的姓名，户籍登记机关应另一方要求恢复了原姓名，导致未成年人实际使用姓名与户籍登记姓名不一致而引发的纠纷。为审慎保护未成年人的姓名变更权，基于未成年人利益最大化原则，本案确立了以下裁判规则：一是变更未成年人姓名一般应经父母双方同意，但决定性因素应是未成年人利益最大化。二是若一方擅自变更未成年人姓名的事实已发生，则需综合考虑未成年人的真实意愿，实际使用姓名的时长、认可与知晓度等因素，本着最利于未成年人的原则来决定是否变更姓名。

一、未成年人的姓名变更权属于人格权保护范畴

（一）未成年人系姓名权的权利主体

姓名权，是自然人决定、使用、变更或许可他人使用自己姓名，并要求他人尊重自己姓名的一种权利，属于人格权的保护范畴。未成年人因不享有完全的民事行为能力，只能独立实施纯获利益或与其年龄、智力相适应的民事法律行为。未成年人虽系姓名权的权利主体，但未成年人的姓名权由监护人代理行使。因未成年人的姓名权权利主体与行使主体不同，极易引发监护权人利益与姓名权人利益的冲突。但父母对孩子的命名权从本质上来说仍属于未成年子女

姓名权的延伸，未成年人姓名权的权利主体与行使主体虽不同，但未成年人才是其姓名权的权利主体。

（二）姓名变更权的行使对未成年人人格利益影响重大

姓名权关涉未成年人的人格利益，姓名变更权的行使对未成年人人格利益的影响重大。相较于对成年人改名的严格控制，未成年人在姓名变更上享有更多的权利。各省公安机关一般将“未成年子女父母离婚、再婚”作为可以申请变更姓名的情形之一。实践中，离异夫妻难免就未成年子女的姓名变更产生分歧，未成年子女的姓名变更常成为离异夫妻的意气之争，最终损害的是未成年人的人格利益。正如本案，夫妻离异后，双方对子女姓名变更的任性，导致未成年人实际使用多年的姓名与户籍登记姓名不一致。自然人的姓名权具有“个人人格基本特征”。变更姓名对未成年人的人格利益和身心健康影响较大，应审慎保护未成年人的姓名变更权。

二、变更未成年人姓名的裁判考量因素

姓名，不仅具有身份识别功能，还具有社会管理功能。当自然人被命名后，其姓名便通过户籍管理、身份证件、人事档案等进入社会管理体系，从而完成自然人的社会定位和社会化转型。姓名权是人格权，虽属私法自治范畴，但变更姓名也应遵循行政管理规定，否则有破坏社会管理秩序之虞。“经父母双方同意”是变更未成年人姓名的行政管理条件，但极易被滥用，成为离异双方争执中的筹码。因此，变更未成年人姓名一般应经父母双方同意，但却不能完全受限于此规定，而应以未成年人利益最大化为原则，综合考量未成年人的真实意愿、姓名使用的实际情况等进行综合判断。

（一）遵循“未成年人利益最大化”原则

未成年人的利益是未成年人姓名变更需要考虑的核心要素。儿童最大利益原则是国际社会确立的保护儿童的最为核心的原则。《中华人民共和国未成年人保护法》规定，保护未成年人应坚持最有利于未成年人的原则。《中华人民共和国民法典》规定，监护人应当按照最有利于被监护人的原则履行监护职责。未成年人利益最大化已成为相关立法确立的一项基本原则。当父母的监护权与未成年人利益相冲突，或监护人之间对变更未成年人姓名意见不一致时，法院对于未成年人姓名变更纠纷，应坚持未成年人利益最大化原则，具体则要结合未成年人的真实意愿及姓名使用的实际情况等进行综合判断。本案中，母亲一方擅自变更子女姓名虽不值得提倡，但考虑到子女使用变更后的姓名已长达7年时间，该姓名已经成为其稳定的人格标志，变更姓名可能会对孩子的身心健康、学习生活等产生不利影响，基于未成年人利益最大化原则，遂判决父亲配合办理孩子姓名变更登记。

（二）尊重具有一定判断和合理认知能力的未成年人意愿

未成年人对姓名变更是否有决定权，存在“行为能力说”和“意思表示能力说”两种不同的观点。行为能力说认为，自然人对姓名权的行使，以其具备民事行为能力为前提。意思表示能力说认为，自然人决定自己的姓名，需以具有意思表达能力为前提。本案例更赞同“意思表示能力说”，在变更未成年人姓名时应尊重具有一定判断和合理认知能力的未成年人的真实意愿。司法实践中，法院应结合未成年人的年龄、智力、思想、表达、认知能力等因素，综合认定未成年人的真实意愿。

（三）实际使用姓名的时长、认可与知晓度

姓名，作为自然人的人格标志，应当具有一定的持续性和稳定性。姓名变更权的行使对未成年人人格利益影响重大，需审慎对待，若罔顾子女姓名使用的实际情况，变更已实际使用多年的姓名，会损害未成年人的利益。父母离婚后，若一方擅自变更子女姓名，另一方发现后要求公安机关恢复了原姓名，导致未成年人实际使用姓名与户籍登记姓名不一致而引发纠纷。若未成年人实际使用姓名已有多年，已通过该姓名建立了自我身份的认同感与稳定的社会人际关系，该姓名已为亲友、老师、同学所熟知，已成为其学习、生活中不可或缺的一部分，法院应根据姓名使用的时长、认可与知晓度，考量变更姓名对未成年人利益的影响进行裁判。

编写人：重庆市第一中级人民法院　刘婷婷　罗淋尹
重庆市合川区人民法院　周娇

三、肖像权纠纷

30

明知商品包装未经授权使用演员肖像而积极推广销售产品的行为构成共同侵权

——黄某诉山东甲食品科技有限公司等一般人格权案

【案件基本信息】

1. 裁判书字号

天津市第二中级人民法院（2021）津 02 民终 9032 号民事判决书

2. 案由：一般人格权纠纷

3. 当事人

原告（被上诉人）：黄某

被告（上诉人）：山东甲食品科技有限公司（以下简称甲公司）、董玉某

被告：山东乙食品有限公司（以下简称乙公司）、吕令某、丙饮料食品有限公司、刘立某

【基本案情】

丁（厦门）食品有限公司（以下简称丁公司）曾与某影视公司签订销售合同和补充协议。某影视公司提供《101 次××》（主演 黄某）音像制品成品以及该片的宣传图片、海报，丁公司可选用为××产品做随机赠品碟宣传之用。针对

该影片海报宣传推广过程中的宣传范围，双方达成以下条款：严禁在各大电商平台使用；严禁在大型户外广告或流动媒体使用；严禁在大型商场超市做宣传推广；严禁在微博上做宣传推广；严禁在宣传物料上使用“形象代言”“形象大使”等字样或类似代言的宣传口号及广告语。

后丁公司在其生产的饮品包装袋上大量印制明星黄某的肖像，甲公司在2017年天津糖酒会上大量推销该产品。黄某的代理人在糖酒会上与甲公司法定代表人和销售人员添加了微信，假意协商后收到甲公司寄送的样品，其中无糖中老年高钙复合蛋白饮品产品正面侧面包装上黄某照片占据显要位置，照片下方均有小字“电影《101次××》（主演 黄某）携手助力（××乐源）品牌推广，购买本产品将可能获赠《101次××》典藏版高清DVD光盘”，产品包装上委托方为丁公司，制造商为乙公司和快乐某公司。全国服务电话：0635-385××××，包装上另列网址www. ××××shipin. com。

黄某一方将甲公司相关人员微信朋友圈发送的言论、产品销售图片，展厅商品摆放情况以及收到商品的情况都一一录像公证。工商登记信息表明甲公司的现任法定代表人和监事曾担任丁公司的监事和执行董事。涉案产品使用的商标是甲公司法定代表人注册所有。黄某收到寄送涉案产品快递的发货地与甲公司的注册地址位置基本一致。发货电话的归属地与甲公司也同属一个地区。同时甲公司员工在朋友圈中发布信息带有“黄某代言”字样和大量产品装车运走的照片。

丁公司于2020年8月注销，其法定代表人为案外人王某刚，职务为执行董事兼总经理，董玉某为监事。案外人王某某曾经为该公司执行董事兼总经理，2019年7月将股份转让予王某刚。董玉某同时为甲公司的法定代表人，职务为执行董事兼总经理，王某某为监事。

【案件焦点】

1. 在产品包装袋上大量印制演员剧照是否属于合理范围使用，是否构成侵权；2. 推广销售侵权产品的公司是否构成共同侵权，应否承担连带责任。

【法院裁判要旨】

天津市河东区人民法院经审理认为：肖像权、姓名权的侵权行为主体是未经授权使用肖像权和姓名权的个人或组织，并非涉案产品，涉案产品只是侵权的载体和表现，但并未体现侵权行为的整个过程。丁公司委托快乐某公司和乙公司生产涉案产品，产品包装上明确丁公司为产品委托方。丁公司作为成立多年的商家，应当对于黄某代言的价款有所预测和估量，18万元显然并非黄某的代言价格，明知花费较低数额价款使用黄某肖像和姓名可能有问题，仍然委托生产涉案产品，其侵权者身份相对明确。但生产涉案产品并不是侵权行为的全部，涉案产品经过宣传、经销、销售等环节发往全国各地最终到达消费者手中，才是侵权行为达成的标志。甚至可以理解为经销、销售环节更为重要，在这些环节中的各个主体应当对此进行一些必要、合理的审查。甲公司对丁公司侵犯黄某肖像权、姓名权并非处于不知情的情况，从其与丁公司存在股东身份重叠（董玉某、王某某）、涉案产品包装上有甲公司的拼音网址和山东聊城的电话、黄某公证产品的发货地与甲公司的注册地基本一致、涉案产品的商标系董玉某注册所有等足以构成证据链，证明甲公司明知丁公司在涉案产品上使用原告肖像姓名授权的不合法，同时甲公司员工在朋友圈中发布信息带有“黄某代言”字样也对黄某的姓名权构成了侵权，最终形成了侵权的完整一环，通过丁公司的生产、知情的甲公司的宣传和经销，使涉案产品发往全国各地。参照《中华人民共和国侵权责任法》相关规定，二人以上共同实施侵权行为，造成他人损害的，应当承担连带责任。法律规定承担连带责任的，被侵权人有权请求部分或者全部连带责任人承担责任。甲公司与丁公司对黄某肖像权、姓名权构成共同侵权，应当承担连带责任，黄某请求甲公司承担责任，符合法律规定，甲公司可在承担连带责任后，依据相关规定向丁公司追偿。关于乙公司和快乐某公司是否要承担侵权责任，鉴于黄某并未举证证明两公司承担共同侵权责任的依据，乙公司和快乐某公司及法定代表人不承担侵权责任。

天津市河东区人民法院据此作出如下判决：

一、甲公司于本判决生效后十五日内在全国范围公开发行报纸上发布致歉信向黄某赔礼道歉，致歉信内容须经法院确认，应包含本案判决书主要内容，如逾期不执行上述内容，则由一审法院选择一家全国范围内公开发行的报纸，刊登本判决主要内容，刊登费用由甲公司负担；

二、甲公司于本判决生效后十五日内赔偿黄某经济损失 400000 元、维权费用 4270 元；

三、董玉某对上述第一项、第二项承担连带责任；

四、驳回黄某的其他诉讼请求。

甲公司、董玉某不服一审判决，提出上诉。天津市第二中级人民法院经审理认为：本案争议焦点为：甲公司应否承担侵权的连带责任，甲公司、董玉某应给付黄某的赔偿数额是否过高。

上诉人甲公司主张其与丁公司并非共同侵权，仅系分别实施侵权行为造成同一损害后果，应各自承担相应责任。丁公司作为涉案商品的委托方，虽与某影视公司签订合同及补充协议，但相关授权的合法性存疑，故一审法院对其相关授权未予确认并无不当，且丁公司的相关行为亦不符合相关合同约定，一审法院认定其为侵权人并无不当。在涉案产品包装上有甲公司的拼音网址和山东聊城的电话、黄某公证产品的发货地与甲公司的注册地基本一致、涉案产品的商标系董玉某注册所有，甲公司、董玉某虽主张其仅系为丁公司进行宣传，但结合前述证据材料能够认定甲公司对于丁公司相关授权情况应予明知，其作为一家多年经营企业对于相关明星代言、授权的费用情况应予了解，在明知相关价款与黄某代言费用存在巨大差异的情况下仍对黄某肖像及姓名进行使用且在标称为董玉某注册所有的商标下使用，其亦构成对黄某肖像、姓名的侵权。董玉某作为丁公司的监事亦为甲公司的法定代表人，而在 2019 年 7 月前系案外人王某某作为丁公司的法定代表人，其现仍为甲公司监事。董玉某自述现丁公司的法定代表人王某刚及王某某与其均系朋友关系，双方存在业务往来，董玉某自认为丁公司进行业务推介及宣传。综合以上情况，甲公司与丁公司存在关联关系，一审法院据此认定双方为共同侵权人，并无不当，予以维持。

甲公司、董玉某主张其并未自侵权行为中实际获利，一审法院酌定赔偿数额过高。甲公司对黄某肖像权、姓名权构成侵权，其损害赔偿数额并不以其盈利为前提，现甲公司并未向法院举证证明其已经黄某同意使用其肖像及姓名，考虑到黄某系公众人物且具有极高知名度，甲公司实施前述侵权行为的目的亦是利用黄某的极高知名度提升产品知名度、美誉度并扩大销量。甲公司实施前述侵权行为时应系明知，其主观故意明显，且自2019年7月24日在微信朋友圈中开始发布带有被上诉人肖像的产品，后以涉案产品参加全国秋季糖酒会此种全国性质影响较大的展会，一审法院充分考虑甲公司相关侵权行为实施时间、行为过错、影响范围认定甲公司应承担的相关赔偿责任，并无不当，予以维持。关于董玉某应承担连带责任，一审法院论述并无不当，不再赘述。

综上，依照《中华人民共和国民事诉讼法》第一百六十九条第一款、第一百七十条第一款第一项规定，判决如下：

驳回上诉，维持原判。

【法官后语】

近年来，一些网站大力推广影视剧照的商业应用，部分商家通过在商品上印制演员影视剧照来推广商品，引发了人格权纠纷，对此应根据案件实际情况来综合认定是否构成侵权和侵权成立情形下的赔偿数额。

一、商品领域侵犯演员肖像权的认定

肖像权，是指自然人对自己的肖像享有再现、使用或许可他人使用的权利，主要载体包括影像、雕塑、绘画等形式。《中华人民共和国民法典》第一千零一十九条第一款规定："未经肖像权人同意，不得制作、使用、公开肖像权人的肖像，但是法律另有规定的除外。"本条与原民法通则第一百条规定相比，重要的修订是删除了"以营利为目的"的侵权构成要件，即只要是未经肖像权人同意的制作、使用、公开肖像权人肖像的，均属于侵权行为。该条第二款还规定未经肖像权人同意，肖像作品权利人不得以发表、复制、发行、出租、展览等方式使用或者公开肖像权人的肖像。本案即涉及演员影视剧照的合理使用问题，属于该款的扩展适用。

演员剧照涉及影视作品中表演者扮演的剧中人物，当一般社会公众将表演形象与表演者本人真实的相貌特征联系在一起时，表演形象亦为肖像的一种呈现方式。影视作品相关的著作权与演员肖像权并不冲突，如果剧照中某位演员容易分辨，那么在影视公司对剧照享有著作权的同时，演员对此剧照也有肖像权。因此演员剧照应在合理范围使用，影视公司可将演员剧照应用于该演员出演电影的介绍、评析、宣传、推广或者影视公司的业绩或技术水平介绍等范围，避免与演员的其他商业价值相冲突，一旦出现利用演员商业价值的情况，应当视情况与演员协商确定双方的权利义务关系。

本案中，原告否认涉案产品上使用的原告照片系《101 次××》电影剧照，也未授权各被告在商品上使用原告肖像。故本案重点审查被告是否获得影视剧照使用授权及使用的合理性。综合案情，虽然丁公司与某影视公司签订了剧照授权使用合同，但该合同目的大概率不在于推广电影光盘，而是想在其产品上使用著名演员的肖像以达到增加产品销量的目的。丁公司和某影视公司把出售年代悠久的电影光盘予商家当作产品赠品作为一项业务，特别是补充协议中还约定禁止在各种电商平台和媒体上宣传推广，可能存在误导某些意图低价利用演员照片推广商品的商家的嫌疑。涉案产品印刷演员的照片，更容易被大众理解为演员与该产品形成了更加紧密的关系乃至代言关系，而并非只是推广电影的用途。本案通过综合分析认定涉案商品上使用演员剧照构成侵权，并考虑原告的知名度、使用肖像的时间长短、对肖像权人造成的影响范围以及侵权人的过错程度等因素来确定赔偿的数额。

二、商品领域侵犯肖像权共同侵权的认定

原告的肖像权、姓名权被侵犯，应当追究侵权方的责任，但如何认定侵权方是否是产品包装上注明的委托方、制造方。

一般情况下，商品侵犯人格权的侵权方为商品委托生产者，但考虑商品生产销售领域中生产并不是侵权行为的全部，涉案产品经过宣传、经销、销售等环节发往各地最终到达消费者手中，才是侵权行为达成的标志，如果各个环节的商家明知商品存在侵权行为仍积极推广，一定程度上也可认定为共同侵权，但对此应严格把握，不可扩大化。本案中要认定商品包装上的委托方、制造方以及商品的销售推广方是否承担侵权责任，应由侵权主张方提供充足证据，而不能仅凭商品包装上的印刷文字内容。现原告未提供证据证明两个制造方承担共同侵权责任的依据，本案未认定制造方的侵权责任。本案中商品推广者与商品委托生产者存在股东身份重叠、涉案产品包装标识公司名称、参与产品发货、商标使用权关联等情节，明知商品委托生产者在涉案产品上使用原告肖像、姓名授权不合法，仍然发布“黄某代言”信息，可以认定商品生产公司与推广销售公司对原告肖像权构成共同侵权，应当承担连带责任。

编写人：天津市河东区人民法院　孙伟

31

网络背景下公众人物肖像权保护的法律边界

——鞠某某诉某传媒公司等肖像权案

【案件基本信息】

1. 裁判书字号

上海市第一中级人民法院（2020）沪01民终13496号民事判决书

2. 案由：肖像权纠纷

3. 当事人

原告（上诉人）：鞠某某

被告（被上诉人）：某传媒公司、某网络公司、王鑫某

【基本案情】

鞠某某系歌手、演员，具有一定的知名度。2019年12月13日，微信公众号“×××大王”中发布标题为“技术流/不动刀让颜值加分的鞠某某同款颅顶发型操作指南”的文章（即涉案文章），其中使用了鞠某某公开出席“×××尖

叫之夜”及其发布于个人微博的共三张照片作为配图，并分别配文“×××尖叫夜之后大家都被惊艳了，很多人私信问我她的妆容、发型，我觉得最惊艳到我的是她的发型”“她本身颅顶条件就挺好挺优越了，造型还很注意头顶蓬松，那我们不更得把这件事贯彻到底么”及“上图是头发蓬松　头包脸 vs 头发贴头皮　脸包头对比，同样脸没任何变化的情况下头一旦小了，脸立马看起来大一倍不止”。一审庭审前涉案公众号文章已删除。

涉案微信公众号“×××大王”由某传媒公司注册、使用，同名微博账号由王鑫某注册。某传媒公司注册的微博账号为“W_ ×××TURE”，粉丝数为 4898 人，微博认证中行业类别为“服装/箱包服饰/运动户外女装”。

鞠某某认为，某传媒公司、王鑫某未经许可使用鞠某某的肖像，具有营利目的，侵犯其肖像权。某网络公司作为微博网站经营者，应当承担连带赔偿责任。故请求法院判令某传媒公司、王鑫某停止侵犯鞠某某肖像权的行为、赔礼道歉；某传媒公司、王鑫某、某网络公司连带赔偿鞠某某经济损失、精神损害抚慰金及维权开支。

【案件焦点】

1. 某传媒公司、王鑫某在发布的涉案文章中使用鞠某某的肖像是否构成对鞠某某肖像权的侵害；2. 某网络公司是否应承担连带责任。

【法院裁判要旨】

上海市金山区人民法院经审理认为，涉案文章主旨是指导女性打造颅顶，内容包含剪发、洗发吹发、发型及蓬松工具选择。文章中穿插的不同类别产品并非某传媒公司或王鑫某直接经营产品，涉案文章也结合使用感受对产品进行褒贬不一的评价，并非以营利为目的。结合涉案文章、阅读量，鞠某某主张某传媒公司、王鑫某利用鞠某某的商业价值进行引流、提高销量也缺乏事实依据，不予认可。某网络公司作为网络服务提供者，提供了相关博主的账号注册信息，在本案中不存在过错，不应承担侵权责任。并且，鞠某某作为演艺圈公众人物，对社会公众就其公开发布的照片进行评价理应负有一定的容忍义务。涉案文章虽未经鞠某某同意使用其肖像，但并未对鞠某某的肖像进行任何丑化、贬损，且于一审庭审前已经删除。因此，关于鞠某某主张某传媒公司、王鑫某、某网络公司侵犯其肖像权，难以认同。

上海市金山区人民法院判决：

驳回鞠某某的诉讼请求。

鞠某某不服一审判决，提起上诉。上海市第一中级人民法院经审理认为，从肖像权所包含的财产利益而言，肖像权人有权在一定的范围内有限度地转让肖像权，允许他人制作和使用自己的肖像，并从中获得应有的使用价值。根据《中华人民共和国民法通则》第一百条和《最高人民法院关于贯彻执行〈中华人民共和国民法通则〉若干问题的意见（试行）》第一百三十九条规定，如果行为人未经肖像权人同意，以营利为目的使用他人肖像，构成对他人肖像权的侵害。鞠某某认为涉案文章属于软文广告，起到广告营销和引流粉丝的作用，具有营利目的。所谓“以营利为目的使用肖像”一般是指对他人肖像进行商业性质的使用，以谋取经济利益，进而给其人格带来商业化的负面影响，实践中应当结合行为人的动机、目的、主营业务、行为方式、行为后果等因素综合认定。首先，从涉案文章的内容来看，主要是针对女性发型打造提出的建议，内容既包含剪发、洗发、吹发、发型打造的手法和经验，也包含相关美发工具的选择。其次，从涉案文章发布的目的来看，某传媒公司注册的微博账号涉及的主营业务为“服装/箱包服饰/运动户外女装”，而涉案文章中虽提及了部分产品，但均为美发工具，但不在某传媒公司的主营业务范畴之内，鞠某某也没有提供证据证明涉案文章中提及的产品与某传媒公司或者王鑫某存在合作关系或其他利益关系。再次，从涉案文章使用鞠某某肖像的目的来看，主要是为了说明打造蓬松颅顶对个人形象的重要性，而非利用鞠某某肖像的商业价值来推广或者营销商品。根据一般人的理解，涉案文章也无法使得读者将鞠某某的肖像与文章中提及的产品产生关联或者进行商业性质的解读，不构成对鞠某某肖像的商业化利用。最后，涉案文章侧重于分享如何打造颅顶，粉丝量的增加与文章的话题、内容、质量等密切相关，难言使用了鞠某某的肖像就一定能增加涉案微信公众号和微博的粉丝量，鞠某某也未能提供充分的证据证明涉案文章起到了引流粉丝至店铺的作用，故鞠某某的此项理由不能成立。故在案证据尚不足以证明涉案文章系以营利为目的，鞠某某主张某传媒公司、王鑫某以营利为目的使用其肖像缺乏事实和法律依据，不予采信。

从肖像权人所享有的精神利益来讲，肖像权人对自己的肖像享有禁止他人非法利用的权益，以维护肖像权人的人格尊严。未经他人许可非以营利为目的对他人肖像进行恶意诋毁、丑化、污损，有损肖像权人的人格尊严，亦应当承担侵权责任。从某传媒公司、王鑫某使用的肖像来源来看，案涉照片系鞠某某已经对外公开的照片，且对案涉照片中鞠某某的发型进行褒奖，提出鞠某某发型值得学习之处，并向读者分享此类发型设计打造的经验，并无恶意诋毁、污损和丑化鞠某某肖像的情形，未造成对鞠某某人格利益的侵害。

从公众人物来讲，公众人物的肖像、行为等涉及公众的兴趣和娱乐生活，构成社会公众生活的一部分，属于公众的利益，关系到公众知情权的实现和舆论监督的开展。因此，为实现法律保护上的实质平等，有必要从维护公众的利益考虑，对公众人物的人格利益进行限制保护。鞠某某作为公众人物，其知名度与公众的讨论相辅相成，故在其私人利益与公众的利益、公众知情权和舆论监督发生冲突时，应当承担一定的容忍义务，这也是其谋求公众关注的必然要求。况且，鞠某某个人主动选择成为公众人物时，就应当对作为公众人物需让渡部分精神性人格权有所认知。就肖像权而言，除权利人事先声明不得在任何情况下制作或使用的肖像或者涉及肖像的经济利益以及丑化、玷污、非法利用等情形之外，公众人物对于自己的肖像被合理地公开和评论等行为，应当负有一定的容忍义务。某传媒公司、王鑫某使用的系鞠某某自行对外公开的肖像，在使用中不存在诋毁、污损、丑化等情形，且该使用行为是为了合理评论鞠某某的发型并进行经验分享，而不是利用鞠某某肖像的商业价值，也并没有给读者产生以鞠某某的肖像做广告、进行产品推荐的印象，鞠某某作为公众人物，对此应当负有容忍义务。

从行为后果来看，某传媒公司、王鑫某在一审庭审中自行删除了涉案文章。

鞠某某也未能提供证据证明某传媒公司、王鑫某使用其肖像的行为对其精神上和财产上造成实质损害。

综合考虑当事人的身份、行为方式、行为目的、影响后果等因素，某传媒公司、王鑫某的行为不构成对鞠某某肖像权的侵害。

二审法院判决：

驳回上诉，维持原判。

【法官后语】

随着互联网技术的发展，网络成为人们自由表达的场所，同时也对公众人物肖像权保护提出新的挑战。公众人物的肖像权保护与普通民众相比是否有所区别，公众人物是否应当负有容忍义务、权利克减的范围如何界定、商业化利用如何进行识别等仍然是模糊不清的问题。如何实现公众人物肖像权的保护与社会公共利益、社会公众知情权的平衡，如何通过个案审理确立裁判规则和行为指引，为营造清朗的网络空间、弘扬社会主义核心价值观提供有利支持，是司法裁判的应有之义。本案即是涉及公众人物肖像权的保护边界以及互联网背景下肖像商业化利用识别之典型案例。

本案围绕上述问题，认为在公众人物的肖像权保护方面应当适度弱化，主要基于以下几个理由：1. 满足公共利益和公众知情权的需要。公众人物的肖像、行为等涉及公众的兴趣和娱乐生活，构成社会公众生活的一部分，关系到公众知情权的实现和舆论监督的开展。因此，从维护公众利益考虑，有必要对公众人物的肖像权进行限制保护。2. 公众人物谋求社会关注的需要。肖像是识别公众人物最主要的指征，公众人物进入公众视野为公众所关注，多出于其主观选择，公众人物想要获得公众的关注，就需要主动让渡出部分肖像权益，以换取为公众所熟知的可能性。[①] 3. 利益平衡的需要。公众人物在一定范围内拥有一定的社会地位，为人们知晓和关注，并因此从社会中获得利益，其中不乏

---

① 侯健：《公众监督与国家工作人员隐私权的立法建制》，载《复旦学报（社会科学版）》2016年第5期。

基于肖像产生的商业利益。在互联网环境下，司法裁判应当充分尊重互联网产业发展规律和满足社会发展需要，如果行为人并无主观恶意，从利益平衡的角度，公众人物也应当适当忍受对其肖像权的轻微损害。4. 民法典立法精神指引。民法典第九百九十八条将受害人的职业、影响范围等作为认定是否承担人格权侵权的因素，受害人的职业、影响范围体现了公众人物身份要件，这在一定程度上也表明了根据不同权利内容而对司法实践做出调整的思想。[①] 这一规定体现了我国人格权立法对公众人物规则的隐晦借鉴。但是，公众人物的肖像权虽然应受到一定限制，却并不意味着无限制的减损，在使用公众人物肖像违背公序良俗、进行侮辱性使用或者进行商业化利用时不能使用公众人物抗辩事由。

相比传统的直接使用公众人物肖像用于营销的侵权方式，互联网背景下侵犯肖像权的形式和手段呈现出技术化、多样化、隐蔽性的特征。在互联网流量时代，软文广告是常见的产品或者服务的宣传方式，即基于特定产品的概念诉求与问题分析，对消费者进行针对性心理引导的一种文字模式，从而达到企业品牌宣传、产品营销的目的，同传统广告相比具有更强的隐蔽性。这为我们判断是否属于商业化利用带来一定的难度。如本案中，原告就认为涉案文章属于软文广告，具有营利目的。我们认为，针对网络空间侵犯肖像权的特征，传统的识别标准可能不能发挥有效的作用。实践中应当结合行为人使用他人肖像的动机、目的、主营业务、行为方式、行为后果等因素综合认定。例如，使用他人肖像的动机是否带有营销、提高自身产品知名度和影响的营利关联性目的，还是为了个人学习、艺术欣赏等目的；涉及的产品是否在被告的主营业务范围内或者是否与被告存在商业上的关联或者合作；从一般人的认知是否使受众产生商业性解读；行为持续的时间、影响范围等。本案中，法院就综合涉案文章的内容、所涉产品与被告业务范畴关系、涉案文章使用原告肖像的目的、涉案

---

① 陈狄欣：《公众人物规则对我国人格权纠纷司法实践的影响——基于 2014 年--2019 年 167 份民事判决书的分析》，中国社会科学院大学（研究生院）2020 年硕士学位论文，第 59 页。

文章使用原告肖像的时间等因素，最终认定某传媒公司、王鑫某使用鞠某某肖像的行为并非以营利为目的，不构成侵权。

编写人：上海市第一中级人民法院　任明艳

32

网络曝光、举报的行为一般不构成对自然人肖像的合理使用

——韩某诉胡某肖像权、名誉权案

【案件基本信息】

1. 裁判书字号

四川省泸州市江阳区人民法院（2021）川0502民初557号民事判决书

2. 案由：肖像权、名誉权纠纷

3. 当事人

原告：韩某

被告：胡某

【基本案情】

韩某系泸州某汽车4S店的工作人员。该店承诺在该店购买汽车后，可以免费洗车。胡某于2021年1月5日到该店洗车，但该店的工作人员告知胡某不能为其洗车。胡某便在该店停（洗）车场拍摄视频，一边拍摄，一边陈述“泸州某4S店买了车不准用户回来洗车”。此时，韩某面向胡某走来，告知其“不要乱发视频，乱发视频要负法律责任”。胡某陈述：“可以承担相应责任。”韩某说完后，朝一旁走去。胡某拍摄韩某背影，陈述“就是这个韩经理不让我洗车”。胡某将记录以上过程的视频于当日在其抖音账号上发布，并在视频中配文“泸州某4S店买了车不准用户回来洗车”。韩某得知后，通过与胡某电话、

短信沟通，胡某于1月6日删除了涉案视频。该视频在删除前有1.5万人次浏览量。

【案件焦点】

通过网络曝光、举报公开和使用他人肖像是否构成合理使用，是否足以阻却侵权行为违法性的认定。

【法院裁判要旨】

四川省泸州市江阳区人民法院经审理认为：自然人享有肖像权和名誉权。未经肖像权人同意，不得制作、使用、公开肖像权人的肖像。任何组织或个人不得以侮辱和诽谤的方式侵害他人的名誉权。

关于是否构成名誉权侵权。根据《中华人民共和国民法典》第一千零二十四条规定："民事主体享有名誉权。任何组织或者个人不得以侮辱、诽谤等方式侵害他人的名誉权。名誉是对民事主体的品德、声望、才能、信用等的社会评价。"被告系出于曝光涉案某4S店的目的拍摄涉案视频，虽然原告认为自己只是按照该4S店的老板安排才不给被告洗车，并非自己不让给被告洗车，但该4S店不给原告洗车系事实，被告并未捏造、歪曲事实，原告作为该4S店员工，确实拒绝了被告洗车的要求，被告在视频中关于"就是这个韩经理不让我洗车"的陈述，并不足以构成对原告的侮辱或诽谤，故被告的行为不构成对原告的名誉权侵权。

关于是否构成肖像权侵权。《中华人民共和国民法典》第一千零一十九条第一款规定："任何组织或者个人不得以丑化、污损，或者利用信息技术手段伪造等方式侵害他人的肖像权。未经肖像权人同意，不得制作、使用、公开肖像权人的肖像，但是法律另有规定的除外。"被告未经原告同意，将拍摄有原告面部形象的视频发布到其抖音账号的行为构成对原告肖像权的侵害。关于被告提出的自己不是网红，没有用视频去赚钱的抗辩，由于"以营利为目的"并不是肖像权侵权的构成要件，故对被告的抗辩，不予采纳。被告系出于曝光涉案某4S店的目的拍摄该视频，其针对的对象应当是该4S店，从被告拍摄的视频内容看，即使不拍摄原告也能够达到其目的，原告虽然是该4S店的员工，但并不意味着原告必须承受肖像权的克减或让渡，被告拍摄并发布有原告面部形象视频的行为不属于对原告肖像权的合理使用。综上，被告构成对原告的肖像权侵权。

关于相应民事责任的承担。根据《中华人民共和国民法典》第九百九十五条规定："人格权受到侵害的，受害人有权依照本法和其他法律的规定请求行为人承担民事责任。受害人的停止侵害、排除妨碍、消除危险、消除影响、恢复名誉、赔礼道歉请求权，不适用诉讼时效的规定。"《中华人民共和国民法典》第一千一百八十二条规定："侵害他人人身权益造成财产损失的，按照被侵权人因此受到的损失或者侵权人因此获得的利益赔偿；被侵权人因此受到的损失以及侵权人因此获得的利益难以确定，被侵权人和侵权人就赔偿数额协商不一致，向人民法院提起诉讼的，由人民法院根据实际情况确定赔偿数额。"《最高人民法院关于审理利用信息网络侵害人身权益民事纠纷案件适用法律若干问题的规定》第十二条第二款规定："被侵权人因人身权益受侵害造成的财产损失以及侵权人因此获得的利益难以确定的，人民法院可以根据具体案情在50万元以下的范围内确定赔偿数额。"首先，原被告双方已确认相关侵权视频已经删除，原告已经放弃了要求删除涉案视频的请求，但被告不得再以任何形式发表该侵害原告肖像权的视频。其次，对原告要求被告在其抖音账号发布赔礼道歉视频的主张，依法予以支持。同时，考虑到本案侵权行为所造成损害的程度和范围，对原告发布赔礼道歉视频时间确定为连续3日。原告关于道歉视频需有被告正面头像的主张，超过了赔礼道歉必要的程度，不予支持。再次，综合考虑涉案视频的浏览量，被告的过错程度以及涉案视频对原告肖像权的损害，酌定被告赔偿原告财产损失2000元，原告请求的超出部分，不予支持。最后，关于原告请求的精神损害赔偿，由于原告所举证据不能证明对其遭受到严重的精神损害，故不予支持。

综上，依照《中华人民共和国民法典》第一百零九条、第一百一十条、第一百七十九条、第九百九十条、第九百九十五条、第一千零一十八条、第一千零一十九条、第一千零二十条、第一千零二十四条、第一千一百八十二条、第一千一百八十三条，《最高人民法院关于审理利用信息网络侵害人身权益民事纠纷案件适用法律若干问题的规定》第十二条，《中华人民共和国民事诉讼法》第六十四条以及《最高人民法院关于适用〈中华人民共和国民事诉讼法〉的解释》第九十条规定，判决如下：

一、被告胡某于本判决生效之日起十日内在其抖音账号首页置顶发布致歉视频向原告韩某赔礼道歉，持续时间为连续三日；

二、被告胡某于本判决生效之日起十日内赔偿原告韩某经济损失2000元；

三、驳回原告韩某的其余诉讼请求。

判决后，双方当事人均未上诉，本判决现已生效。

【法官后语】

民法典对肖像权保护进行了重大修订，将“以营利为目的”的构成要件予以删除，进一步扩大了对肖像权的保护。与此同时，随着网络自媒体的蓬勃发展，随手拍、随手上传，已经成为不少人的习惯。在这种通过网络频繁进行分享、发声的新生活常态下，肖像权及相关人格权的保护面临新的问题与挑战。

公民享有肖像权，同时也享有曝光、举报的权利，但任何权利都是有边界的，不论通过何种方式，都必须在合法的限度内，特别是网络曝光、举报存在传播快速、影响范围广等特征，由不当的网络曝光、举报引发网络暴力等后果远超曝光、举报本身目的的事件屡见不鲜，有些甚至造成难以估量的损害或损失。故当公民行使网络曝光、举报的权利与公民的肖像权等人格权保护相冲突时，如何界定该曝光、举报的行为是否构成合理使用？是否足以阻却侵权行为的违法性？

民法典第一千零二十条规定了肖像权合理使用的五种行为：（一）为个人学习、艺术欣赏、课堂教学或者科学研究，在必要范围内使用肖像权人已经公开的肖像；（二）为实施新闻报道，不可避免地制作、使用、公开肖像权人的肖像；（三）为依法履行职责，国家机关在必要范围内制作、使用、公开肖像权人的肖像；（四）为展示特定公共环境，不可避免地制作、使用、公开肖像权人的肖像；（五）为维护公共利益或者肖像权人合法权益，制作、使用、公开肖像权人的肖像的其他行为。即从立法精神来看，应当同时具备以下两个条件才能构成侵犯肖像权的阻却事由，构成肖像权的合理使用：一是公益性；二是必要性。具体需要考虑以下几个因素：（一）拍摄者、被拍摄者的身份地位。是一般民众，还是娱乐明星、政治人物等社会公众人物，不同的社会身份往往意味着与国家、社会、公众利益之间关系的不同紧密程度。（二）拍摄者的活动内容。活动内容是否是在公共场所公开的行为，是否在实施侵害公众利益的行为，譬如一些私生活内容，可能反映出实施者私德有亏，但不属于公德的范围，那么与公共利益也无关联了。（三）拍摄的目的。是为了实施新闻报道，还是出于私利，譬如以营利为目的、为博取眼球赚取关注或者是为了表达情绪。肖像权包含财产权益和精神权益，尤其强调精神权益的保护，出于私利对肖像权人的伤害，不能构成合理使用。（四）拍摄的方式。拍摄方式涉及拍摄行为的正当性。譬如偷拍不文明行为将之公之于众，可能与社会公众利益相关，但由于拍摄者行为本身缺乏正当性，也不应构成合理使用。（五）拍摄的必要性。一方面，肖像权作为一种基本权利，从法益位阶来看，基本权利高于派生权利，在确定必要性时往往需要做价值排序；另一方面，若拍摄行为与拍摄目的之间缺乏必要性和适当性，也不应构成合理使用。

本案中，从拍摄者身份地位看，胡某为一般民众，并非记者，其拍摄行为也非实施新闻报道；从被拍摄者的身份地位看，韩某非娱乐明星、政治人物等社会公众人物，也非一般民众，系涉案4S店的员工，被拍摄时身着该4S店的工作服；从被拍摄者的活动内容来看，韩某并非正在实施任何现实的、紧迫的违法行为；从拍摄的目的看，胡某系出于曝光涉案某4S店未按约定为其洗车的目的，并非为了保护不特定多人的利益，也不涉及揭露可能存在的犯罪行为；从拍摄的必要性看，胡某曝光的是涉案4S店，即使欲通过韩某的工作服表明是哪家4S店，也没有必要拍摄胡某的面部形象。故胡某的行为不构成对韩某肖像权的合理使用。

本案在一定程度上确立了自然人肖像权等人格权保护优先于一般网络曝光、

举报权利保护的原则。所谓一般网络曝光、举报行为，是指非公益的、仅利己的、针对非公众人物的维权行为，由于该行为缺乏公益性、必要性，不能导致公民肖像权的克减或让渡，则不构成合理使用。该原则的确立能够有效引导、保障公民合法行使曝光、举报权利，规范曝光、举报的行为，明晰曝光、举报行为的限度，维护自然人人格尊严，营造清朗、法治的网络环境。

编写人：四川省泸州市江阳区人民法院　王晶

33

利用深度合成技术伪造他人形象构成肖像权侵权

——楼某某诉上海某信息科技有限公司肖像权案

【案件基本信息】

1. 裁判书字号

杭州互联网法院（2022）浙 0192 民初 6186 号民事判决书

2. 案由：肖像权纠纷

3. 当事人

原告：楼某某

被告：上海某信息科技有限公司（以下简称上海某公司）

【基本案情】

楼某某系国内古风汉服模特，常通过短视频平台发布本人古风汉服照片和短视频作品。2022 年 3 月，楼某某于短视频平台发布一段短视频。在该视频中，楼某某带有清晰的面部古风妆容，并着汉服半身出镜，视频包括多段造型形象片段。

上海某公司是一款“AI[①] 换脸”App[②] 的运营主体。该 App 宣传“仅需一张照片，立即变成视频主角”“只需一张自拍，马上改头换面”。该 App 介绍功能实现步骤为：“1. 分析脸部特质 分析照片，并识别您的面部特质以提高人脸融合的相似度。2. 人脸融合 利用对原始照片的分析结果，人脸融合 App 将在视频中合成新的人脸，该人脸将与您具有较高的相似度。”用户通过支付 68 元至 198 元不等的会员费，即可使用全部“换脸”视频模板。

楼某某发现，上海某公司运营的“AI 换脸”App 中有楼某某拍摄的古风造型视频模板。用户可通过上传个人照片，将视频模板中的人脸替换成用户上传的人脸，除五官发生实质性变化之外，其余内容都与原视频保持一致。软件生成换脸后的古风造型视频，用户可以将其保存并分享到其他平台。

楼某某认为，上海某公司的行为侵害其肖像权，请求法院判令该公司停止侵权、赔礼道歉并赔偿经济损失及精神抚慰金等。

【案件焦点】

“利用信息技术手段伪造”侵害肖像权案件中，如何把握对肖像的识别判断标准，如何认定侵权是否成立。

【法院裁判要旨】

杭州互联网法院经审理认为：楼某某对案涉要素模板视频及替换后视频中所载人物肖像均享有肖像权。在视频中楼某某虽以古风妆容并着汉服出镜，但从其面部形象、体貌特征，普通人仍可对其主体身份进行识别。该视频被上传至“AI 换脸”App 作为合成要素模板供他人使用时，视频内容未做篡改，亦不发生对主体形象不可识别的问题。在他人使用其他面部形象替换视频中楼某某的面部形象后，楼某某在替换后的视频中仅剩身体形象留存，但通过与原视频素材对比，普通人仍能从未被修改的相应场景和细节识别出身体形象的对应主

---

① AI 是英文 artificial intelligence 的缩写，指人工智能。下文对此不再提示。

② App 是英文的 Application 的缩写，指智能手机的第三方应用程序，下文对此不再提示。

体为楼某某，故从替换前、替换后两个环节而言，从社会普通人标准均能从面部形象、身体形象等识别出视频中的对应形象主体身份为楼某某。综上，楼某某对案涉要素模板视频及替换后视频中所载对应形象的人物肖像均享有肖像权。其次，上海某公司未经楼某某同意利用深度合成技术使用楼某某肖像制作伪造视频，产生难以甄别的伪造、非真实存在的肖像图片、影像内容，谋取不正当利益。上海某公司未经楼某某同意，通过技术手段提取其肖像视频，并擅自上传至其运营的换脸 App 中供用户选择使用，该行为本身已侵害楼某某肖像权。同时，涉案视频模板已被用户多次使用和收藏，可以认定上海某公司利用深度合成技术将其他用户提供的人脸替换至涉案视频中的身体形象之上，并生成了形象逼真、画面流畅的伪造肖像视频，可供用户进行下载保存、发布共享等不当使用。综上，上海某公司未经楼某某同意利用深度合成技术使用其肖像制作伪造视频，构成对楼某某肖像权的侵害。

杭州互联网法院依据《中华人民共和国民法典》第一千零一十九条第一款规定，作出如下判决：

一、上海某公司于判决生效后在其运营的“AI 换脸”App 中刊登赔礼道歉声明；

二、上海某公司于判决生效后赔偿楼某某精神抚慰金 2000 元；

三、上海某公司于判决生效后赔偿楼某某财产损失（含合理维权费用）3000 元；

四、驳回楼某某其他诉讼请求。

判决后，双方当事人均未上诉，本判决现已生效。

【法官后语】

民法典第一千零一十九条第一款在列举侵害肖像权的典型方式时，首次明确规定了“利用信息技术手段伪造”方式侵害当事人肖像权的类型，此一规定适应了新技术环境下肖像权保护的现实需要，体现了立法的与时俱进。

肖像，是指通过影像、绘画等方式在一定载体上所反映的特定自然人可被识别的外部形象。肖像是人的外部特征，而人的外部特征通常具有唯一性，能够将特定自然人与其他主体进行区分，直接体现出该自然人的独特的外表体貌特征，是一种典型的标表型人格权。自然人的肖像具有极强的生物识别属性，具有独一无二的辨识性，是伴随自然人一生的外在表征，更是自然人建立自我主体认知，将自身与外界人、物进行区分的重要载体，对于构建健全、独立的主体人格具有极为重要的作用。因此，肖像权涉及肖像权人的人格尊严，是具有极强精神属性的权利，也是自然人享有的一项重要人格权。为应对信息技术手段、人工智能技术的迅速发展，特别是不当利用深度合成技术可能对自然人肖像权造成的侵害，民法典明确“不得利用信息技术手段伪造等方式侵害他人的肖像权”，将“利用信息技术手段伪造”作为侵害肖像权的一种典型形态予以规制。此种侵害他人肖像权的方式，主要是指利用人工智能合成内容技术深度伪造他人肖像的行为，即通过人工智能技术，以数字化方式创建或者修改图片、影像等内容，将某人的肖像换成他人的肖像，并在此基础上形成高度逼真且难以甄别的图像、视频等。结合一般肖像权侵权的构成要件可知，以人工智能合成内容技术深度伪造形态侵害他人肖像权的具体构成要件应为：1. 自然人对伪造前、伪造后的肖像享有肖像权；2. 行为人未经同意利用信息技术手段对权利人的肖像进行篡改、伪造和自动生成等，产生难以甄别的伪造、非真实存在的肖像图片、影像内容，达到一定的非法目的。

一、“利用信息技术手段伪造”侵害肖像权案件中对肖像的识别判断标准

自然人肖像权被侵害的前提是，自然人对载体所呈现的肖像享有肖像权。对于自然人是否对呈现在某一载体中的特定肖像享有肖像权，民法典采可识别性标准，即载体中再现的个人肖像必须是能被人们辨认为具体的某个人，据以识别的外部形象既包括个人的面部形象，也应包括个人的全部外部身体形象，关键在于是否能从个人的外部形象识别出个人的身份。在利用信息技术手段伪造等方式侵害他人肖像权的场景中，往往存在替换和被替换的两个肖像主体，替换一方的主要是面部形象，被替换一方的主要是其他外部身体形象，对于面部形象易于被识别，但外部身体形象往往难于识别，故在该特殊场景中，对肖像的可识别标准应适当予以放宽，具体标准和识别方法为：首先，在认定“深

度合成”技术是否侵犯了某人的肖像权时，无论其在“深度合成”技术中被使用的是面部形象还是身体形象，是局部形象还是整体形象，均应以可被识别性标准作为认定该形象是否为特定主体肖像的核心标准，当某一身体形象能够被识别为特定自然人所属时，便符合了肖像的可被识别标准。其次，对已公开特别是为公众所熟知的影像，从社会一般普通人的视角，能够通过视频中属于原有视频素材的未被修改的相应的场景和细节识别出身体形象的所有人，该身体形象因符合可被识别标准而能够被认定为特定主体的肖像，身体形象的所有权人得对“深度伪造”视频中的身体形象享有肖像权。最后，对此前未公开且不为社会公众所知的影像，只要权利人穷尽所有识别手段，能够证明自己系该身体形象的所有人，即使一般人未将该形象与形象所有人建立联系，仍应肯定其对该形象享有肖像权利。

二、“利用信息技术手段伪造”方式侵害肖像权案件中对侵权行为的认定

肖像权是一种对世性的绝对权，具有极强的精神属性，对于自我认知和独立人格的构建具有重要价值，自然人对肖像具有自主决定权，其对自己的肖像既具有积极利用的权能，也具有消极防御的权利。深度合成技术，是指利用以深度学习、虚拟现实为代表的生成合成类算法制作文本、图像、音频、视频、虚拟场景等信息的技术，包括人脸生成、人脸替换、人脸操控等图像、视频内容中人脸等生物特征进行生成或者编辑的技术。深度合成技术的应用，破坏了肖像与主体的同一性，人人当然有权在事先未经同意的情况下拒绝自己的肖像被用于深度伪造技术制作的虚假视频中，一方面面部形象的主人有权拒绝将其面部移转至他人身体形象中；另一方面身体形象的主人亦应有权利拒绝其身体形象被冠以他人之面目，这均是由肖像权的绝对性、专属性、排他性等权利特征所决定的。人脸替换此类深度合成技术需要获取大量人脸图像中的眼、鼻、嘴和表情等特征数据信息，而人脸信息属于个人信息保护法予以特殊保护的生物识别信息。法律对于人脸识别信息这种紧密依附于身体、直接体现个人身体特征和行为特征，对人身具有直接指向性的敏感个人信息予以特别的保护。据此，深度合成服务提供者提供人脸等生物识别信息编辑功能的，必须具有特定

的目的和充分的必要性，采取严格保护措施，并取得被编辑的个人信息主体的单独同意。上海某公司没有经过楼某某同意，通过技术手段自网络平台扒取楼某某肖像视频，擅自上传自“AI换脸”App中作为可供用户选择的合成视频要素模板，该行为本身已侵害楼某某的肖像权。同时，该App中楼某某的视频模板已被其他主体用户使用收藏50余次，可以认定上海某公司已因其他用户的操作，利用了深度合成技术自动以楼某某视频肖像为替换对象，将其他用户提供的主体面部形象替换至楼某某视频中的身体形象之上，并生成了形象逼真、画面流畅的伪造肖像视频，可供用户进行下载保存、发布共享等不当使用。综上，上海某公司未经楼某某同意利用深度合成技术使用其肖像制作伪造视频，应认定为“利用信息技术手段伪造”对楼某某实施了肖像权侵权。

三、应积极培育向上、向善的算法技术规制机制

数字时代，数据是一种资源，算法则是利用这一资源必不可少的工具，深度合成技术是算法的一种。技术本身是中立无害的，技术本身也不应当直接受到法律的负面评价，脱离开发、使用而单纯对于技术进行规制既无必要也无可行性，但技术中立并不意味着价值中立，特别是开发、应用者的价值中立，更不等于“深度合成”的参与者不应当受到来自法律的规制、道德伦理的约束。算法的独特性质，如不透明性、歧视性和归责困难的特征确需法律对其进行特殊规制。概而言之，应当在场景化思维下着重把握算法设计、算法应用和救济三个阶段。在算法设计时，建立评估备案制度，并将技术伦理和道德伦理嵌入算法开发、设计，使算法开发、设计时就兼备人情与法理。在算法应用时，提高算法的透明度，刺破算法笼罩的神秘面纱，并充分保护个人信息、数据权益。算法的应用应坚持人本地位，辅助人更加美好地生活是算法和其他技术应用的铁则，如果个人在算法应用过程中产生不适与风险，那么应该赋予其获得算法解释的知情权以及拒绝成为算法分析对象等权利。在救济阶段，应构建、强化算法问责机制，使算法问责过程兼具救济与惩戒。技术的运用是把“双刃剑”，用之为善可以造福社会，不当滥用则会造成社会风险和损害，故此，对于“深度合成”的规制应当从其参与者入手，包括发明者、应用者、传播者等方面，以规制深度合成技术使用目的为路径，实现深度合成技术的合理使用，避免该

技术对个人、社会、国家造成的诸多方面的风险，同时，也需要引导技术开发、应用者自觉遵守法律规定和科技伦理道德，培育积极健康、向上向善的研发、应用环境，保护和鼓励新兴智能技术的有益探索。

编写人：杭州互联网法院　肖芄

四、名誉权纠纷

34

朋友圈评论侵害名誉权的司法认定

——张某某诉李某名誉权案

【案件基本信息】

1. 裁判书字号

江西省吉安市中级人民法院（2021）赣08民终1838号民事判决书

2. 案由：名誉权纠纷

3. 当事人

原告（被上诉人）：张某某

被告（上诉人）：李某

【基本案情】

张某某与李某曾经系同事关系，互通微信。2021年4月12日，张某某在自己微信朋友圈发了一条内容，对自己女儿考试获得好成绩表示开心。很多微信圈里的朋友为之点赞，李某却在下方评论："几十岁的人还在外面偷人。"张某某当即联系李某，希望其解释和道歉，李某拒绝沟通。于是张某某当天选择报警，公安机关未受理而是告知张某某起诉。张某某部分微信好友看到该评论后，通过微信聊天方式劝解、安慰张某某。发表上述评论的微信号"mao×××

×”的实名认证信息为“姓名李某，证件号362401197×××××××××”。后李某拉黑了张某某的微信。

【案件焦点】

李某在张某某微信朋友圈发表侮辱性评论是否侵犯了张某某的名誉权。

【法院裁判要旨】

江西省吉安市吉州区人民法院经审理认为：《中华人民共和国民法典》规定：民事主体享有名誉权。任何组织或者个人不得以侮辱、诽谤等方式侵害他人的名誉权。名誉是对民事主体的品德、声望、才能、信用等的社会评价。被告在原告朋友圈里发表的“几十岁的人还在外面偷人”之评论，一般社会公众的认知即是指贬损、侮辱原告名誉的含义，对原告作为女性这一自然人主体的人格尊严构成侵害，被告该评论行为存在过错，且被告该评论的行为过错与原告名誉受损存在因果关系。被告辩称其评论系游戏术语没有事实和法律根据，其抗辩依法不予采纳。原告诉请要求被告赔偿其精神损失费的金额过高，可酌情调整。原告要求被告承担律师费用的诉讼请求不予支持。被告应当停止对原告的侵害。

江西省吉安市吉州区人民法院依照《中华人民共和国民法典》第一千零二十四条规定，判决：

一、被告李某停止侵害并赔偿原告张某某精神损害抚慰金8000元，限判决生效后十日付清；

二、驳回原告张某某的其他诉讼请求。

李某不服一审判决，提起上诉。江西省吉安市中级人民法院经审理认为：李某在张某某朋友圈一动态下发表“几十岁的人还在外面偷人”的评论，该评论内容具有贬损、侮辱的性质，其主观上存有过错，张某某的部分朋友亦已看到该评论内容，李某的该评论行为造成张某某的名誉受损，故一审法院认定李某的案涉行为构成名誉侵权并判决李某停止侵害，并无不当。同时，一审法院结合侵权人的过错程度、行为方式、场合等情形，依法判决李某赔偿张某某精神损害抚慰金8000元亦无不当。

江西省吉安市中级人民法院判决：

驳回上诉，维持原判。

【法官后语】

随着网络技术的不断发展，微信已成为网络社交的一个重要软件，刷微信亦成为大多数人日常生活的一部分。微信朋友圈作为重要的交流场所，具有即写即发等特性，微信好友只要在互联网所覆盖的地方即可查看、点赞、评论、截屏、复制或转发，甚至口头传播所见信息，为人们提供了高效、便捷、丰富的信息交流平台。可见，虽名为“朋友圈”，但其受众不仅限于私人性质的朋友，也包括各种方式添加的不特定的多数人，亦是线上（虚拟网络）与线下（现实社会）相交织的社交平台，是一个小型的社交场所。故微信朋友圈可能成为侵权空间，朋友圈的评论亦可侵犯他人权利。

言论自由是每个公民的权利，但在行使该权利的同时不得损害他人权利。微信朋友圈是个人发表言论的重要平台，但并非法外之地，亦应遵守一定的道德和行为规范，不得突破法律的底线。认定微信朋友圈评论是否构成名誉侵权，应综合审查以下因素：

一、该评论针对的对象是否特定。朋友圈评论所针对的对象必须是特定的。行为人的行为只有指向特定的对象，才有可能侵害到他人的名誉权。如果行为未指向特定对象，或者行为指向的对象不明确具体，不会给特定对象造成负面的社会评价，则不宜认定为侵害名誉权的行为。

二、该评论是否具有侮辱、诽谤性质。名誉是对民事主体的品德、声望、才能、信用等的社会评价。侵犯名誉权的主要方式是侮辱、诽谤等。侮辱是指行为人故意以语言、文字、暴力等手段贬损他人人格，从而损害他人名誉的行为；诽谤是指行为人故意捏造并散布某些虚假事实，损害他人名誉的行为。只有行为人的评论对他人的名誉存在侮辱、诽谤等行为，才可能对他人名誉造成侵害。本案中，李某在张某某公开发布的朋友圈动态下发表“几十岁的人还在外面偷人”的评论，通过无中生有的虚假消息来贬低张某某人格，双方共同的微信好友均可见，且事实上张某某的部分好友看到了该评论内容，使张某某的社会评价降低。该评论具有侮辱、诽谤性质，造成张某某名誉受损的事实。

三、该评论影响力的大小。名誉是一种社会评价，当受害人的名誉权受到不法侵害时，首当其冲受的损害是其社会评价之降低。评论影响力的大小一般体现在不特定第三人的范围或者社会负面评价的影响范围。评论影响力的大小通常可以从以下几个方面考虑：（一）外部名誉损害，即周围群众是否对受害人产生不良的看法，出现不利于受害人的各种议论、评论甚至攻击等；（二）内部名誉影响，即造成受害人精神损害，受害人名誉遭受侵犯后所带来的精神上的压力；（三）造成财产损失，即受害人在其职业、职务、营业等方面发生或者可能发生困难。本案中，李某在张某某朋友圈的评论已被双方共同的微信好友所知晓，即已被特定或不特定的第三方知晓，对张某某造成了消极的、负面的影响，客观上导致张某某社会评价的降低。

四、能否适用精神损害赔偿。《中华人民共和国民法典》第一千一百八十三条第一款规定："侵害自然人人身权益造成严重精神损害的，被侵权人有权请求精神损害赔偿。"可见，并非只要侵害他人人身权益，被侵权人就可以获得精神损害赔偿。只有造成严重精神损害的，才能够获得精神损害赔偿。微信朋友圈的评论是否会造成严重精神损害，需要结合该朋友圈的人数、公开的类别及双方共同好友的数量、类型等因素予以认定。发布朋友圈消息有四种"可见"方式：公开（所有朋友可见）、私密（仅自己可见）、部分可见（选中的朋友可见）、不给谁看（选中的朋友不可见）。用户可按自己的想法选择不同的方式发布朋友圈信息。如选择私密的方式，则他人既不能查看亦不能评论；如选择其余三种方式则存在被他人查看、点赞、评论等情形，而该三种不同的发布方式亦直接决定该朋友圈消息评论的影响力。同时，该评论的影响力亦受双方共同好友数量、类型等因素所限制。本案中，李某在张某某公开发布的朋友圈动态下发表侮辱性评论，并在张某某与其联系时，拒绝沟通并拉黑张某某的微信，这不仅直接造成张某某名誉受损，并引发张某某通过报警、诉讼等途径寻求公权力的救济，给张某某的精神和财产方面均造成一定的损害，故法院判决李某对张某某承担精神损害赔偿，合乎法律的规定。

五、该评论人主观上存在过错。过错责任原则是认定侵害名誉权的归责原则。过错分为故意或过失。只要行为人存在故意或过失，或者虽是轻微过失，但并未采取有效措施弥补其过失的情况下，应认定其主观上存在过错。过错的判断应考虑以下几个方面：第一，行为人的行为本身不具有侮辱、诽谤性，只是被人篡改或曲解，则不应认定行为人具有过错。第二，行为人实施了侮辱、诽谤行为，但受害人名誉受损不是因为行为人的原因而为第三人所知悉，则应适当减轻行为人的责任。第三，行为人实施侵权行为后，能够及时积极采取措施，减少或阻止扩大受害人名誉损失，应作为认定行为人过错程度的考虑因素。本案中，当李某在张某某朋友圈动态发表评论后，张某某当即联系李某，希望其解释和道歉，但李某拒绝沟通，后将张某某的微信拉黑，其主观上本已有过错，且侵权行为发生后拒绝以妥当的方式防止损失扩大、安抚受害人，说明其具有侵权的主观故意，应当认定李某主观上存在过错。

本案中，李某与张某某曾经为同事关系，其明知双方有很多共同微信好友，仍在张某某朋友圈一动态下发表涉案评论，针对的对象具体明确，并为双方的共同好友所见，评论内容明显带有贬损、侮辱之义，影响较大，且拒绝与张某某沟通，并将张某某的微信拉黑，故法院认定李某的行为构成名誉侵权，并判决其承担精神损害赔偿，符合法律规定。

编写人：江西省吉安市中级人民法院　李国红　陈煜霄

35

直播间刷屏辱骂场景下平台责任的认定

——北京某园艺工程有限公司诉关某、浙江某网络有限公司名誉权案

【案件基本信息】

1. 裁判书字号

浙江省杭州市中级人民法院（2021）浙01民终5773号民事判决书

2. 案由：名誉权纠纷

3. 当事人

原告（被上诉人）：北京某园艺工程有限公司（以下简称北京某公司）

被告（上诉人）：关某

被告：浙江某网络有限公司（以下简称浙江某公司）

【基本案情】

关某在浙江某公司经营的某电子商务平台注册有两个会员账号，并用这两个会员账号在北京某公司开设于某电子商务平台的“某园艺”直播间多次刷屏发言称“公公直播间”“狗直播间”。北京某公司向浙江某公司反馈有用户在其直播间辱骂，但要求浙江某公司无需处理，浙江某公司客服告知北京某公司可以以视频的方式取证。后北京某公司将浙江某公司诉至法院，要求浙江某公司立即停止侵权。浙江某公司向北京某公司披露了涉案账号实际拥有人为关某。北京某公司后撤回对浙江某公司的起诉。北京某公司撤诉后，关某未再次在涉案直播间发表辱骂言论。

某电子商务平台内直播间主播可以在直播界面对相关用户采取禁言措施。同时，主播可设置关键词拉黑，若用户评论命中任一关键词即可自动单场拉黑

该用户。用户在直播中的发言具有即时性，会被后续发言覆盖。

本案中，北京某公司认为关某为实际侵权人，而浙江某公司没有及时采取必要措施导致损害扩大，应与关某承担连带责任。关某及浙江某公司均认为自己不构成侵权。

【案件焦点】

被控侵权行为是否构成对北京某公司的名誉侵权；如果构成侵权关某及浙江某公司应承担何种责任及责任的大小。

【法院裁判要旨】

杭州互联网法院经审理认为：关某在北京某公司的直播过程中，使用发表“公公直播间”“狗直播间”等词语进行发言，上述词语具有明显的指向性，即指向北京某公司，因而北京某公司具有本案的原告主体资格。“公公”“狗”在汉语言文字中均带有贬义，关某使用上述词语来形容北京某公司，对该公司商业形象造成一定程度的贬低。关某作为一个完全民事行为能力人，其应当对自己的发言内容尽到善意合理的注意义务，即发言时应当具有其所属年龄段或所属某种社会活动的成员通常所具有的智力能力。关某有权利对北京某公司主播的形象、发言内容发表自己的看法，评价主播“娘娘腔”等尚在可接受的范围内。但是使用“公公直播间”“狗直播间里妖孽主播多”则显然超出了合理言辞的范围，具有明显贬低他人的目的。北京某公司与关某素无业务往来，关某使用两个平台会员账号多次到北京某公司的淘宝直播间对北京某公司作出负面评价，具有主观恶意。其在北京某公司直播过程中的发言，极有可能使引导进入北京某公司直播间的消费者或潜在消费者对北京某公司作出不正确的或者与北京某公司应有社会评价不相称的评价。综上，关某在公开渠道使用侮辱性词汇描述北京某公司，构成对北京某公司名誉权的侵害，应承担相应的侵权责任。因为关某在直播间的发言内容具有即时性的特征，发言被覆盖后无法查看，直播结束后亦无法回看，对其发言已无删除的必要，故对北京某公司主张关某停止侵权的诉请仅作宣示性判决。因关某的行为对北京某公司社会评价造成贬损，故北京某公司诉请关某赔礼道歉、消除影响，依法应获支持。但消除影响的范围应与所造成的侵权影响范围相一致。考虑关某的侵权情节，判令关某使用其涉案两个平台账号中任一账号以关某真实身份在涉案直播间连续十五日发布致歉声明，声明内容须经法院审核。北京某公司未就其业绩下滑与关某侵权行为之间因果关系的大小进行举证，应由其承担举证不能的不利后果，综合考虑关某侵权行为的过错程度，其发布侵权内容的场合、持续时间，所造成的后果等情节，以及本案中北京某公司维权支出的合理性和必要性，酌情对北京某公司经济损失（含合理开支）支持20000元。

就浙江某公司是否应承担责任的问题。一方面，北京某公司第一次虽向浙江某公司发出通知，但要求浙江某公司不做处理。第二次以起诉的方式发出通知又撤回诉讼应认定撤回要求浙江某公司进一步处理的通知。第三次也就是本案诉讼阶段，关某没有新的侵权行为发生。另一方面，北京某公司对在其直播间发言的用户及发言内容有直接控制权，可以自行制止侵权行为。本案不存在浙江某公司未采取必要措施导致损害扩大的结果，因而该公司不应承担侵权责任。

杭州互联网法院依照《中华人民共和国民法总则》第一百一十条第二款，《中华人民共和国侵权责任法》第十五条、第二十条，《中华人民共和国民事诉讼法》第六十四条第一款规定，判决如下：

一、关某于判决生效后即日停止侵权行为；

二、关某于判决生效后三日内使用其任一涉案账号连续十五日在北京某公司的直播间发布赔礼道歉的文章（文稿内容须经本院审核，如逾期不履行前述判决内容，法院将依北京某公司的申请将判决书主要内容在一家全国性报刊予以刊登，费用由关某负担）；

三、关某于判决生效后十日内赔偿北京某公司经济损失20000元；

四、驳回北京某公司的其他诉讼请求。

关某不服一审判决，提起上诉。浙江省杭州市中级人民法院经审理认为，关某在北京某公司的直播间中发言的上下文可以判断“公公直播间”“狗直播间”等均明显指代的是北京某公司，故北京某公司具有原审原告主体资格。上述词汇均超出了合理言辞的范围，明显具有贬损他人的目的，对北京某公司的商业形象具有一定程度的负面影响。因此，一审认定关某对北京某公司构成名誉侵权正确。判决：

驳回上诉，维持原判。

【法官后语】

直播带货是近年来一种新兴的网络销售模式，直播带货与传统利用电子商务平台进行交易一样，主要涉及三方主体，消费者、电子商务平台内经营者及为信息网络买卖提供第三方网络服务的电子商务平台经营者，其中包含多重法律关系。但是直播带货又有其特殊之处。传统场景下，消费者与经营者的沟通为私人聊天，并不对外公开，因而一般不存在售卖过程中的名誉侵权。但由于直播带货的沟通具有实时公开性，因而这一销售模式为名誉侵权提供了可能。本案例即为探讨此种新情况带来的电子商务平台是否与消费者承担连带责任的问题。

第一，电子商务平台担责以网络用户发言构成侵权为前提。直播间可以理解为经营者在网络上的虚拟店铺。直播间开设主体的名誉权依法应得到保护。消费者在直播间的发言应以不侵害他人合法权益为前提和边界。如果消费者针对该网络店铺不断发表侮辱性言论或者虚构事实进行诽谤则构成对直播间经营者的名誉侵权。本案即为该种情形。关某在北京某公司直播过程中，使用“公公直播间”“狗直播间”等词语进行发言，上述词语具有明显的指向性且均带有贬义。北京某公司与关某素无业务往来，关某使用两个电子商务平台会员账号多次到北京某公司的直播间以刷屏方式对北京某公司作出负面评价，具有主观恶意。其发言极有可能使引导进入北京某公司直播间的消费者或潜在消费者对北京某公司作出不正确的或者与北京某公司应有社会评价不相称的评价。综上，关某在公开渠道使用侮辱性词汇描述北京某公司，构成对该公司名誉权的侵害，应承担相应的侵权责任。

第二，提起诉讼可以视为向电子商务平台发出有效通知的途径之一。电子商务平台承担的侵权责任应为过错责任。其过错体现在明知或者应知网络用户利用其提供的网络服务侵害他人合法权益而未采取必要措施。“知道”应理解为通常理性人能够认识到某一事实存在，而“应当知道”则应理解为通常理性人施以与其注意能力及义务相当的注意力时有极大可能知道某一事实存在。回到本案，在权利人北京某公司第一次向浙江某公司反馈存在侵权事实前，浙江某公司对于其平台内海量直播间中是否有用户发布侵权言论难以知晓。而北京某公司第一次向浙江某公司反馈时，并未提交关某存在侵权的初步证据，故该通知不能视为有效通知，浙江某公司仍然对侵权与否并不明知。当北京某公司以浙江某公司为被告提起第一次名誉权诉讼时，权利人信息、侵权的初步证据等有效通知的条件均已具备，浙江某公司收到该案起诉材料时应视为其应当知道侵权事实的存在。

第三，电子商务平台是否采取必要措施应根据不同主体对被控侵权言论的实际控制能力综合考量。电子商务平台担责应以客观上未及时采取必要措施为要件。对于“必要措施”如何理解的讨论较多，但是其实“采取必要措施”还暗含有前提条件，即有采取措施防止侵权行为继续或者损害后果扩大的现实需要，以及平台能够采取的措施必须不会造成不成比例的损害。直播间是设在网络平台上的网络空间，由电子商务平台提供网络服务，因而平台必然负有维护直播间内相应发言秩序的义务。与此同时，也要考虑到直播间又与一般的平台提供的网络空间不同，直播间的开设主体对直播间具有更多的控制权，网络服务提供者对直播间内的实时发言进行监控能力往往较直播主来说更弱。因而在考虑网络服务提供者是否应当采取措施时应根据不同平台给予直播主的不同权限综合评定。赋予直播主对用户发言越强的控制权，则平台应承担的秩序维护义务或者风险就越小，反之亦然。具体结合本案分析，一是直播间用户发言具有即时性，侵权言论会因为其他用户的发言或者直播结束而消失，无事后删除的必要。二是浙江某公司在直播间设置有屏蔽功能。主播可以自行屏蔽用户发言等。北京某公司积极主动作为完全可以第一时间制止或者避免关某在其直播间实施侵权行为。三是浙江某公司一旦实施禁言措施，将导致关某无法在包括涉案直播间在内的所有直播间甚至是整个平台内都不能发言，因而由平台采取禁言措施的条件应较为严苛。只有在网络用户针对权利人反复实施侵权行为，且再次实施侵权行为的可能性极大，而权利人自身又无其他有效手段制止侵权时，方由平台采取禁言措施更为妥当。

编写人：杭州互联网法院　柯敏杰

36

"探店"式短视频是否构成侵权应区分差评性质综合考量

——某饭店诉张某名誉权案

【案件基本信息】

1. 裁判书字号

吉林省梅河口市人民法院（2021）吉0581民初2092号民事判决书

2. 案由：名誉权纠纷

3. 当事人

原告：某饭店

被告：张某

【基本案情】

张某为抖音注册用户，粉丝数量近4000人。2021年7月14日，张某用其注册的账号发布标题为"绝对没有下次了……"时长为1分43秒的小视频。视频中张某进入某饭店就餐，并就饭店的位置、装修、菜品等味道进行了评价。张某在视频中称菜咸、价格贵、没吃饱、不想来第二次、冰水是自来水加冰等内容。自发布之日至2021年8月20日，累计播放14万多人次，点赞一千余次，引发评论400余条，转发近300次。在网友评论中，有对环境、菜品等作出的积极评论，也有认为拍得真实、敢说实话等，部分网友给予一定量的差评，如价格贵、菜咸、量少等，同时也有网友表示“本来还想去、看来我不用去了”等评论。

某饭店以张某发布的涉案视频严重损害其名誉权为由，要求张某立即删除该作品，并向该饭店赔礼道歉、恢复名誉、赔偿损失。

【案件焦点】

张某发布的短视频作品是否侵害了某饭店的名誉权。

【法院裁判要旨】

吉林省梅河口市人民法院认为：是否构成侵害名誉权的责任，应当根据受害人确有名誉被损害的事实、行为人行为违法、违法行为与损害后果之间有因果关系、行为人有主观过错来认定。张某通过拍摄视频的方式记录其就餐过程和感受，并就部分菜品味道、价格作出了负面评价，认为菜非常咸且价格较贵。从其评论的内容来看，其使用“排雷”“不想来第二次”等语言虽有不妥，但其未使用侮辱性的言语进行恶意诋毁，从视频评论区其他消费者的评论内容来看，张某的评价菜非常咸且价格较贵具有一定的事实基础，可以佐证其并无虚构事实、捏造不实信息对原告进行恶意诋毁。张某在饮用某饭店提供的冰水后作出“自来水加冰”的评论虽具有一定的主观性，但明显不具有借诋毁、诽谤等以达到某种非法目的进而损害某饭店名誉的主观恶意

综上，虽然张某发布的视频对某饭店的经营客观上造成了一定影响，但考虑评论内容没有明显超出消费者正常评价范围，主观并无借机诽谤、诋毁的过错，本院认定张某发表的视频不构成侵害原告的名誉权。

作为自媒体时代的特殊消费者，对自己消费后的正当评价本无可厚非，但应当保持客观公正，不能发表误导性的言论影响他人的客观评价。张某为吸引粉丝、获取关注，以美食探店为内容发布视频进行评论的行为虽不构成侵权，但其在行使自由和权利的同时显然已对某饭店的经营造成一定影响，故张某的行为不值得社会提倡，本院予以严肃批评，目前张某已将视频删除。浏览短视

频已成为目前广大网络用户的主要生活方式，因此网络主体在合理区分诉求表达和侵权法律边界的同时，以更高的注意义务，强化自身道德的约束，充分尊重他人的权利。某饭店作为网络时代的餐饮经营者，应有容忍批评的义务，不能苛求每个消费者均给予好评，针对的评价内容，其可通过良好的服务及诚恳的态度积极进行回复或解释。

综上所述，依照《中华人民共和国民法典》第一百一十一条、第一千零二十四条规定，判决如下：

驳回某饭店的诉讼请求。

判决后，双方当事人均未上诉，本判决现已生效。

【法官后语】

当下，一些网络用户将线下实体店消费体验及评价通过文字或短视频等形式分享在网络平台上，这种行为被称为“探店”。“探店”式消费评论的兴起，影响着广大网络用户的生活方式和消费选择。因“探店”后发布负面评价导致经营者名誉受损的情况也屡见不鲜。自媒体时代，网络空间开放，传播速度较快，影响范围广泛，损害后果不可估量，面对各种法益相互冲突的情形，法官需要根据个案情况进行利益衡量，把握好名誉权的司法保护界限。

网络用户通过短视频等形式发布的消费评论是否构成侵权，应充分考量网络用户的身份地位、发布内容、认知能力、影响力等因素，区分发布主体是否具有“公众人物”“职业探店人”的身份属性，再以诚实谨慎的人在相同情况下须尽到的注意义务为标准，对行为性质进行判断。“公众人物”“职业探店人的行为边界和注意义务不应等同于普通消费者，其“善意并无过失”的注意程度应显著高于普通消费者，评论表述应更为中立客观，不应采用容易引起普通受众歧义的词语以免形成误导。

诚实、谨慎的内容陈述和公正的意见表达属于正当评价，不构成侵权责任。具体需要审核：一是表达内容是否真实，有无客观存在的依据和线索。如果评论内容基本属实，即使夹杂着适当的个人主观感受，也不构成侵权。二是评论对象是否与消费体验的商品及服务有关。如果超越商品及服务本身而特意指向他人，则应当被认定为评价失当。三是评论语言是否妥当合理。如果有侮辱、严重贬损及诱导、劝阻式等倾向性措辞，足以严重误导他人对商品或服务形成正确认知和正当评价，引起经营者焦虑、恐慌，此时意见表达则难逃恶意之嫌，应受到法律谴责。

自媒体时代，消费者在网络平台上的言论自由不是绝对的，其权利的边界应以不违反法律规定、不侵害他人合法权益及公共利益为界限。职业探店类网络用户应以更高的注意义务和道德标准合理行使自身权利。经营者也不能苛求每名消费者均给予好评，其可通过良好的服务及诚恳的态度对相关的负面评价积极进行回应，强化对负面评价的应对能力，不能动辄以差评主张名誉受损，而应将更多的精力放在提高产品、服务质量和客户体验上。

编写人：吉林省梅河口市人民法院　田伟　李冬梅

37

涉商标自媒体资讯侵犯法人名誉权之认定

——贸易公司诉投资公司名誉权案

【案件基本信息】

1. 裁判书字号

上海市浦东新区人民法院（2019）沪 0115 民初 9627 号民事判决书

2. 案由：名誉权纠纷

3. 当事人

原告：贸易公司

被告：投资公司

【基本案情】

2018年6月6日，投资公司注册“葡萄酒×××”微信公众号。

12月5日，投资公司在“葡萄酒×××”公众号发布文章（以下简称涉案文章一），介绍如何甄别国外名酒。在第三部分介绍“奔某×××”品牌，放置了“奔某酒园×××”葡萄酒的图片，并在上方配以文字“……奔某酒园×××，……也与×××没有任何关系哦”。在该图片下方配以文字“……没说你是假酒，就是不是×××而已。”随后放置了题为“奔某酒园加大北上广深等一线市场广告投放量”的新闻截屏。截至2018年12月17日，该文的阅读量为2421。

12月12日，投资公司在“葡萄酒×××”公众号发布一文（以下简称涉案文章），其中第一条资讯“‘奔某酒园’商标持有者起诉商标评审委员会一审败诉”系转载自其他公众号，主要介绍（2016）京73行初5835号行政判决，并在“编者按”表述：“很多人说他们虽然从道德上来讲不应该（缺德）但是从法律上来讲是合法的，不过现在看来，这个观点也有快站不住脚了！至于这款酒的口碑，我不说，大家自己看吧。”随之附有多条评论截屏，选自其他公众号同资讯的“精选留言”，例如，“又想起姓潘的，操盘完山寨×××又操盘垃圾奔某酒园，汝个垃圾显，可以不，小编?”“中国就是这类人渣太多才叫老外看不起的……恶不恶心你祖宗……”等。截至公证日，阅读量为2585；截至判决日，阅读量为3481。

案外人晋江进出口公司于2014年7月获准注册“奔某酒园”商标，授权贸易公司唯一拥有和使用；于2019年11月将该商标转让给晋江某某茶叶有限公司，该公司继续授权贸易公司唯一拥有和使用。

2016年3月3日，案外人南某布兰兹有限公司（以下简称南某公司）申请宣告“奔某酒园”商标无效。商标评审委裁定宣告商标无效，晋江进出口公司提起行政诉讼。2018年8月14日，北京知产法院判决驳回诉请（涉案文章所涉即该判决内容）。后晋江进出口公司提起上诉，北京高院判决撤销一审行政判决及商评委裁定，要求国家知识产权局重新作出裁定。

2017年9月18日，案外人富某葡萄酒产业酒商有限公司等以不正当竞争纠纷起诉晋江进出口公司、贸易公司。法院于 2019 年 4 月 15 日判决晋江进出口公司、贸易公司立即停止虚假宣传的不正当竞争行为等。该判决认定贸易公司与晋江进出口公司共同经营“奔某酒园”葡萄酒。晋江进出口公司、贸易公司提起上诉，二审判决驳回上诉、维持原判。

原告贸易公司认为，涉案文章误导消费者认为涉案商标系列葡萄酒是假酒，对其法人名誉权造成严重侵害，故要求判令投资公司删除涉案文章，在其公众号及《新食品》杂志上赔礼道歉，赔偿律师费与公证费。投资公司辩称，贸易公司不具有本案诉讼主体资格；涉案文章系转载而来，报道的是基本事实，双方之间不存在竞争利害关系，没必要诋毁贸易公司声誉，故并未侵害贸易公司名誉权。

【案件焦点】

1. 贸易公司是否具有本案诉讼主体资格；2. 投资公司是否就发布涉案文章对贸易公司名誉权构成侵害；3. 如投资公司对贸易公司名誉权构成侵害，应如何承担侵权责任。

【法院裁判要旨】

上海市浦东新区人民法院经审理认为：关于焦点一。贸易公司经授权使用该商标，且与商标注册人共同经营涉案品牌葡萄酒，对该商标、产品及法定代表人等名誉的侵犯，亦会造成对贸易公司名誉权的侵害，故贸易公司具有本案诉讼主体资格。

关于焦点二。首先，涉案文章一旨在通过展示不同品牌葡萄酒的外包装照片，帮助消费者在购买葡萄酒时如何鉴别多款国外名酒，并非仅针对“奔某酒园”品牌葡萄酒。在关于“×××”品牌部分，提及了“奔某酒园”品牌葡萄酒，并同时强调并非意旨该款酒系假酒，而指其并非真正的“×××”酒。该部分意思表示明确，表述的内容亦系客观事实，并不具有违法性。对于普通阅读者而言，并不会对上述表述产生误解，从而对“奔某酒园”商标或产品的评价产生贬损。故涉案文章一对贸易公司名誉权并不构成侵害。其次，关于投资公司发布涉案文章的行为，一是侵权行为的成立须要求侵害他人权利的行为具不法性。涉案文章第一条资讯主要依据司法机关的裁判文书，反映的事实基本客观真实，并无不当之处。而该文选取的部分“精选留言”使用言辞失当，存在侮辱性用语，其中的评论隐含贸易公司时任法定代表人姓名，对涉案商标、产品及贸易公司相关负责人进行贬损。此外，“假酒”通常具有两种含义，一种是以工业酒精勾兑为食用酒精，另一种是仿冒名牌。随着自媒体的不断发展，一个要素齐备的标题已经取得了和主文一样的作用，成为阅读者获取信息的独立来源，特别是对于浏览者而言。一方面，并无证据证明“奔某酒园”的葡萄酒系第一种含义的假酒，另一方面，尽管“奔某酒园”商标长期处于争议及涉讼过程中，但至今并无生效法律文书宣告该商标无效，或认定存在仿冒行为。在无最终定论的情况下，涉案文章将相关诉讼信息纳入“假酒资讯”栏目，并与“河南 2 年共查处 4 亿元假酒”新闻并置，不可避免会对阅读者产生误导。因此，投资公司发布涉案文章之行为缺乏合法性基础。二是行为人主观上应存在过错。“商业观察文”的原“精选留言”并非皆为负面评论，亦存在其他相反观点，但涉案文章倾向性地选取了负面评论进行转载。结合“编者按”内容，其转载目的在于向阅读者展示“奔某酒园”品牌酒的“不良口碑”，易对消费者产生误导作用。上述言论虽非投资公司发表，但已为投资公司用作其观点的“佐证”，代表了投资公司意志，构成其文章的重要组成部分。故投资公司在发布该文章时存在主观过错。三是认定贸易公司名誉权是否存在被侵害之事实，应当以行为人是否确实造成了法人名誉客观受损，即以法人社会评价的降低为判定依据。随着网络不断发展，越来越多的消费者通过网络途径获取信息。截至判决之日，涉案文章的阅读量为三千多，足以造成社会公众对贸易公司社会评价降低之后果，且投资公司发布该文的行为与贸易公司名誉受损之间存在因果关系。故投资公司发布涉案文章构成对贸易公司名誉权侵害，应承担相应的侵权责任。

关于争议焦点三。首先，贸易公司要求投资公司立即停止侵害行为、删除微信公众号上的涉案文章，于法有据，予以支持。其次，赔礼道歉、消除影响的范围应与侵权行为所造成的不良影响范围相当，投资公司发布涉案文章的载体系其运营的微信公众号，在该载体上刊登致歉声明，即能达到为其恢复名誉、消除影响之效果。关于刊登时间，本院酌定为连续十五日。再次，至于财产损害赔偿的范围，应以实际产生的直接损失确定，数额限定于合理范围内。贸易公司为保全证据所支出的公证费、为本案诉讼支出的律师代理费，均有相关票据为证，且系因投资公司侵权行为所发生，具体金额，本院根据案件难易程度、实际工作量等因素酌情支持两项费用共计 20000 元。

综上，判决如下：

一、投资公司删除涉案文章；

二、投资公司在公众号“某葡萄酒×××”上连续十五日刊登对贸易公司的致歉声明（内容由本院审定）；如逾期未履行，本院将公布本判决书内容，相关费用由投资公司负担；

三、投资公司赔偿贸易公司公证费、律师代理费合计 20000 元；

四、驳回贸易公司的其余诉讼请求。

判决后，双方当事人均未上诉，本判决现已生效。

【法官后语】

新媒体作为一种开放的信息平台，拥有着更为自由和宽泛的话语权，易对名誉权造成侵犯。在商标权争议的场合，往往会出现与名誉权侵权混同的情况。对商标及相关产品的负面评价，亦可能构成对法人名誉权的侵犯。本案系此类典型案件，其规则意义在于明确权利行使的边界，在保障合法商标权、维护法人名誉权及实现网络言论自由之间追求平衡。

一、涉商标的法人名誉权纠纷诉讼主体。商标对于商标注册人的重要性不言而喻，对于被许可人而言，商标及相关产品亦会构成企业的重要资产，以及商业信誉的重要组成。法人名誉权受侵害的对象，除了商标注册人，亦可能是被许可人等。因此，此类纠纷的诉讼主体，不限于商标权利人本身，相关利害关系人也可包含在内。本案原告经授权使用涉案商标，经他案判决查明，其与原商标权利人共同经营该品牌葡萄酒。可见，其与该商标及相关产品具有利害关系，有权提起本案诉讼。

二、自媒体转载应受到法律规制。转载他文精选留言是否对名誉权造成侵害，可从以下三方面审查：1. 评论性留言是否具有公正性；2. 转载内容是否符合基本真实性；3. 转载部分是否转为自身意志。新闻出版总署要求新闻机构在转载前应核实新闻事实来源的真实性。微信等自媒体作为信息交流和共享的主要途径，也是自由表达的重要阵地，转载更具随意性。对自媒体转载的审核义务长期以来并无专门性规定。自媒体并非法外之地，有必要对此予以规制，重点审查行为人是否已经尽到合理的审查义务。同时应考量，转载主体承担与其性质、影响范围相适应的注意义务，自媒体尚不具备与传统媒体同样的专业审核能力，对其审核要求可低于传统媒体。民法典第一千零二十六条规定了合理核实义务考察的具体因素。转载他文内容，如果仅客观转载，且尽到了合理的审核义务，则不构成侵权行为。如通过转载以证明自身观点，或者构成自己文章的重要内容，或者对转载内容进行实质性修改，则应根据二元化判断原则结合现文进行审查判断。涉案公众号转载他文关于行政判决部分，反映的事实基本客观真实，并无不当之处。涉案公众号转载他文的"精选留言"，倾向性地选取了负面评论，体现了投资公司自身的观点与意志。相关评论存在不少侮辱性言辞，不符合评论公正性要求，对贸易公司名誉造成了贬损。

三、对于自媒体文章标题进行单独审查。自媒体不断发展，逐渐呈现信息碎片化特征，形成碎片化阅读现象。微信文的显示方式是标题式，突破了传统媒体文的标题与正文的布局关系。面对爆炸性的网络信息，微信文的标题对于阅读者获取及筛选信息产生重要作用。具有齐备要素的自媒体文章标题，在阅读者范围内对法人名誉造成贬损的，可能单独构成名誉权侵权行为。

司法实践中，当各种利益不能同时得到满足，应作出一种有效的位阶安排与利益衡量。本案名誉权纠纷起源于"奔某酒园"与澳大利亚某品牌多年的商标权纠纷。商标权及相关产品与消费者、市场发展关系密切，自媒体相关评论涉及公共利益的，是舆论监督的正当要求。民法典第一千零二十五条亦规定，通常为公共利益实施新闻报道、舆论监督等行为，即便影响他人名誉，亦不承担民事责任。法人应当接受公众舆论与消费者监督，负有一定限度的容忍义务。对于此类评论的审查，应当给予适当的克制和容忍，以保障消费者权益，维护积极的市场环境。然而，评论内容应该建立在客观的事实基础上，不得使用侮辱性言辞。尽管商标权纠纷不断，但并无证据证明涉案商标仿冒名牌，涉案文章截取他文侮辱性评论留言，即便出于保护商标权的目的，也已超出正当评论的范畴。在此情形下，应对名誉权予以保护。

编写人：上海市浦东新区人民法院　俞硒

38

新闻媒体行使舆论监督权与个人名誉权保护的边界界定

——罗某诉某电视台侵犯名誉权案

【案件基本信息】

1. 裁判书字号

北京市第一中级人民法院（2020）京01民终3819号民事判决书

2. 案由：名誉权纠纷

3. 当事人

原告（上诉人）：罗某

被告（被上诉人）：某电视台

【基本案情】

2018年12月8日，罗某乘坐湖北某地始发到达终点上海的高铁列车，所持车票为区间票。在列车到达罗某车票载明的下车站台后，罗某并未下车，而是换乘车厢继续乘坐该辆列车。列车工作人员在检查过程中发现了罗某“买短乘长”的情况，要求罗某按规定补票，罗某拒绝。随后，乘警要求罗某出示身份证，罗某当场拒绝，并反问乘警为何要出示身份证。在此过程中，罗某一度情绪激动，乘警告知其不要扰乱乘车秩序，同时列车乘务员携摄像设备记录现场情况。罗某表示不要拍，做出抢夺乘务员摄像设备的动作，并伴有不文明语言，双方发生了争执。列车在中途停靠期间，当地派出所将罗某查获，针对罗某“买短乘长”拒不补票并扰乱乘车秩序的行为作出《处罚决定书》，给予罗某行政拘留五日的处罚，将罗某送至当地拘留所执行。

上述事件发生后，某电视台分别以《男子嚣张“霸铺”拒补票扰乱秩序被行拘》《“霸座”“霸铺”再现两人均被拘》为题报道了该事件。罗某认为该电视台对其“霸座”和被拘留的报道违反新闻真实性、准确性原则，将其被拘留评论为“大快人心”的做法侵犯了其名誉权，遂向法院提起诉讼，要求某电视台赔偿其精神损失费并赔礼道歉，采取相应措施停止在网络等载体传播相关报道内容。

【案件焦点】

新闻媒体对罗某“霸座”事件的报道和评论是否侵犯了罗某的名誉权。

【法院裁判要旨】

北京市海淀区人民法院经审理认为：一、电视台对“罗某列车被拘”一事进行报道、评论是否属于违法行为。新闻是国家进行主体意识传播的主要工具，也是国家和人民之间的纽带。新闻报道是新闻传播的一个重要载体，以真实、及时、重要为特点，以概括事实、精选事例、再现场景、对比衬托为主要方法，以真实性、客观性为基本原则。电视台是我国重要的新闻舆论机构，承担着传播新闻、社会教育、文化娱乐、信息服务等多种功能，是公众获取信息的重要渠道，也是国家进行舆论监督的重要媒介。对于发生扰乱社会公共秩序等行为，电视台作为舆论监督部门，有权利进行报道、评论。任何人都可能成为监督、报道的对象。其监督、报道的形式既包括对正面做法进行宣传，释放正能量，也包括对错误、不当行为进行批评，以此督促、推进良好秩序的形成。（一）关于电视台的报道行为。首先，电视台的报道源于罗某在列车上发生了扰乱社会公共秩序的行为并被行政处罚一事，对该违法行为需要进行提示、警戒，引导社会公众养成良好乘车习惯、维护稳定社会秩序。其选择该事件进行报道并进行评论，是在充分履行国家赋予的舆论监督权力。其次，电视台的报道遵守了新闻报道的基本原则。从报道真实性来看，武汉铁路公安处因为罗某拒不补票一事作出《处罚决定书》，事件真实可查。电视台依照该《处罚决定书》及执法记录仪内容进行新闻播报，遵守了报道真实性的基本原则。从报道客观性角度来看，就内容客观性而言，从执法记录仪的记录内容可以看出，罗某以其在列车上的行为作出了拒绝补票的意思表示，且其行为影响了列车运行秩序。就形式客观性来说，电视台在报道过程中，对罗某进行面部处理，使用马赛克隐去真实面容，同时对罗某的真实姓名进行了处理，尽到了保护行为人个人信息的注意义务。综上，电视台对罗某乘车被行拘一事进行报道，是在正常履行舆论监督职责，并且遵守了新闻报道的真实性、客观性原则。报道行为合理、合法。（二）关于电视台的新闻评论行为。电视台作为国家媒体，承担着引领社会主流价值的职能，无论是进行正面典型宣传还是反面“以案说法”，都可能涉及对报道内容的评论。评论内容，需要严格遵守正当性和合理性原则，具体而言，有四项检验标准：一是符合国家政策；二是符合法律规范；三是符合社会主流价值观；四是符合社会公共道德。首先，综合电视台的报道语境可以看出，电视台的报道旨在通过负面的典型案例“以案说法”，从而形成正面的社会引导效力。“霸座”、霸铺是对一类行为的统称，凡违反合同运输义务、超过购票区间持续乘坐运输工具，且不遵循铁路运输规范秩序，即为“霸”，可统称为“霸座”。因此，罗某主张电视台使用“霸座”“霸铺”词语侵犯其名誉权的主张，不予采纳。法律明确规定，旅客禁止以“强行登乘或者以拒绝下车等方式强占列车”。罗某在与乘务人员沟通补票过程中，与乘务人员激烈争论、大声呵斥等行为已经扰乱了正常列车行驶秩序，违反了安全乘车的义务。进一步而言，在本案中，公共秩序应具象为“乘车购票”“按购票区间乘车”“超出购票区域坐车补票”等内容，而非简单地体现为打扰他人休息、坐车。电视台在报道中提出的“扰乱社会公共秩序”，实际为电视台作为国家媒体对

“霸座”“霸铺”这一行为的危害性阐述，既与“自由、平等、公正、法治”的社会价值目标相符，也符合“遵纪守法”的社会文明规范，同时，也完全契合“上车买票”“超区间补票”的社会共识。因此，电视台在报道时使用的“扰乱社会公共秩序”合理、客观，罗某关于电视台使用“扰乱社会公共秩序”的说法侵犯其名誉权的主张法院不予认可。综合来看，电视台报道“罗某列车被拘”一事是在充分履行作为国家媒体的监督职责，引领正确的价值观确立，报道真实、客观，评论合理、妥当，该行为非侵权违法行为。电视台在报道、评论行为合法，且对罗某进行隐名、马赛克处理的情况下，已经消弭了罗某推断电视台主观故意或者行为过失的大前提。因此，罗某关于电视台存在过错的主张，不予认可。

二、电视台对“罗某列车被拘”一事进行报道造成的损害后果及其与报道、评论的因果关系。不可否认，在电视台播放罗某涉案视频之后，罗某的个人声誉、评价确实会在其生活圈中有一定程度的下降。但是，罗某个人声誉、评价降低的根源是其在列车上实施了违法行为，而非电视台为履行舆论监督职能进行的“以案释法”做法。电视台在遵循报道真实、客观，评论合理、妥当的前提下，对违法行为进行批评，是在履行舆论监督职责，是为了引导公民遵纪守法、遵守公共秩序。罗某应当对自身的违法行为造成的不良后果有充分预计，并承担由此造成的不良后果。因此，在违法行为并不存在的大前提下，罗某提出名誉权侵权的主张不能成立。

三、关于本案侵权损害赔偿的回应。由于罗某主张电视台侵害名誉权的主张并不成立，因此其主张名誉权损失、维权经济损失法院均不予支持。

综上所述，依照《中华人民共和国民事诉讼法》第六十四条、第六十五条，《最高人民法院关于适用〈中华人民共和国民事诉讼法〉的解释》第九十条规定，判决：

驳回罗某的全部诉讼请求。

罗某不服判决，提起上诉。北京市第一中级人民法院经审理认为：本案存在新闻媒体行使舆论监督权与自然人名誉权的限制问题，针对如何在权利冲突中协调平衡利益，综合评判如下：

一、新闻媒体舆论监督的职能与边界。（一）新闻媒体舆论监督的职能。基于电视台的权威性，其在新闻传播、社会教育、文化娱乐、信息服务等多个方面，发挥着独特的功能，是国家进行舆论监督的重要媒介。从这个意义上说，电视台可以被称作人民的“喉舌”，为人民而发声，代人民而发声。有鉴于此，其在宣传报道新闻事件、宣传国家大政方针的同时，对于社会上发生的各种事件，既有权利进行报道，也有权利进行评论。新闻媒体基于公共利益对社会事件进行舆论监督，是权利，也是社会责任。（二）新闻媒体舆论监督的边界。新闻媒体在发挥舆论监督职能时，不可避免地会对社会关注的人和事进行报道与评价，这种舆论监督权在行使过程中，难免会与自然人的名誉权产生一定的冲突和矛盾。自然人名誉权作为一项具体人格权，以人的自由和尊严为最高保护价值，非在法律规定的范围内，不得予以限制。然而，新闻媒体作为舆论监督的重要角色，亦有作为社会“免疫系统”的重要功能设置，功能的良好发挥在最终目的上也能促使人格的健全和完善，故相关立法肯认在舆论监督的场合使自然人的名誉权受到必要限制。对新闻媒体侵权的重要衡量因素有二：一是在事实层面审查新闻报道是否严重失实；二是在评论意见层面，新闻媒体虽有舆论监督之责，但亦不能在报道评论中使用侮辱性言辞等贬损他人名誉。基于新闻事实的时效性，表达社会关注、引领社会价值导向的公共利益这一重要取向，一般认为新闻媒体的报道在事实层面只要尽到合理的核实义务即可。

二、电视台的报道和评论是否构成对罗某的名誉权侵权。（一）关于电视台对涉案事件报道行为真实性、合法性的认定。首先，新闻报道应合理、合法。罗某因其个人言行，将本属私人领域的活动，上升为具有一定代表意义且为社会公众普遍关心的、有一定新闻价值的新闻事件，导致该事件足以引起公众的关注。基于社会公共利益的考量，以及其固有的职责，电视台选择涉案事件进行报道、评论、宣传，是履行国家赋予的舆论监督权的体现。电视台的该报道行为在主观上只是为了“以案说法”，实现其公共教育职能，并无侵害罗某个人人格尊严的主观过错。其次，新闻报道应以真实性、客观性为基本原则。电视台作为新闻报道单位应对其报道的新闻尽到合理核实义务。电视台在报道涉案事件中，所播放的影像资料来源于公安机关提供的执法记录仪记载的画面，电视台在画面右上角进行了文字标识。从该影像资料中可以看出，视频画面中罗某的言行均出自其本人，电视台未对该事件过程中罗某的言行进行篡改、虚构，也没有增添或减少其他事实而导致事件记载失真，整个报道过程所体现的客观情况均与影像资料的原始素材相符，客观上还原了事发当时的真相。故电视台对涉案事件的报道，遵守了新闻报道真实性的原则。（二）关于电视台在报道涉案事件中的主观评论行为的认定。电视台在履行新闻报道职能的同时，对相关社会热点事件发表具有一定主观色彩的评论，是其正当履职的体现。适当、合理的评论，在弘扬中华民族的传统美德、传播社会正能量、规范社会公众的行为、引导公众树立正确价值取向等方面具有重要意义，也是培育和弘扬社会主义核心价值观的重要方式。只要其坚持真实报道、客观评论的原则，在无其他侵权行为的情况下，理应确认电视台报道、评论的正当性。

综上，电视台在报道、评论本案事件时，对事件的报道真实，对事件的评论客观，符合国家法律、法规及相关政策的规定，符合社会主流价值观，尊重了社会公共秩序和善良风俗，不构成对罗某名誉权的侵犯。因此，本案的诉争行为未满足侵权构成要件。电视台在报道过程中，并未直接称呼罗某的名字，在播放视频时也对罗某的面部进行了马赛克处理，已经充分尊重了罗某的隐私，并最大限度地维护了罗某的合法权益，故电视台的宣传报道行为不存在过错，亦不存在任何针对罗某本人的侮辱、诽谤性言辞。罗某并非具有较高知名度的公众人物，对于不熟悉罗某的广大观众来说，人们记住的仅仅是“霸铺”这个行为，并不会就此得出是罗某“霸铺”的结论，社会公众亦无法从报道中识别、分析出事件的主角具体是谁，因而无从谈及罗某社会评价的降低。即便是极少数人能通过该报道判断出事件的主角是罗某，并给罗某的个人社会评价造成一定程度的影响，但罗某社会评价降低的根源系其自身不当言行所致，与电视台的报道行为之间不具有因果关系，其以此为由主张电视台的报道侵权，无法律依据。公民在公共场所实施不当言行，理应预判到其言行会受到媒体的报道评述以及广而告之后所造成的社会影响，并理应接受社会公众的批评、评价，这是法治中国的必然要求，也是社会公众普遍可以接受的价值观念。

综上所述，依法作出如下判决：

驳回上诉，维持原判。

【法官后语】

本案争议实际上是新闻媒体行使舆论监督权与民事主体名誉权保护的碰撞，以及如何在权利冲突中协调平衡个人利益与社会利益的问题。名誉权是自然人重要的人格权益，是法律与道德共同维护的核心价值。《中华人民共和国民法典》第一千零二十四条规定“任何组织或者个人不得以侮辱、诽谤等方式侵害他人的名誉权”，其目的就是保护民事主体的名誉不受他人贬损，社会评价不被降低。任何人因过错侵害他人名誉权，都应依法承担侵权责任。在涉及类似于本案的舆论监督侵权案件中，应当从以下三方面综合衡量是否构成侵权责任。

首先，从法律角度评判，构成名誉权侵权必须具备两个基本要件，即“以侮辱、诽谤等方式传播了虚假事实、贬损了他人的人格”“造成了受害人的社会评价降低”。一方面，如果行为人发布的信息或者所作陈述真实客观，且没有包含侮辱性的内容，即使受害人认为自己的名誉受到损害，也不构成名誉权侵权。本案中，某电视台对整个事件的报道客观、真实，对罗某的评价不存在侮辱、诽谤性的语言，并最大限度地保护了罗某的隐私，应归类于“以案释法”行为，而不属于传播虚假事实的行为。另一方面，受害人的社会评价降低是构成侵害名誉权的必要要件，没有受害人社会评价的降低就不存在名誉权受损害的问题。受害人社会评价是否降低应当以社会一般人的评价为标准进行判断，不能仅以受害人自己的主观感受为标准。只有当其社会评价因侵害行为切实降低时才能通过名誉权制度获得救济。本案中，罗某“买短乘长”拒不补票并扰乱乘车秩序的行为本就为法律所禁止。民法典针对近年来客运领域出现的旅客“霸座”、不配合承运人采取安全措施等严重干扰运输秩序和危害运输安全的问题，通过第八百一十五条第一款细化了旅客的义务，即“旅客应当按照有效客票记载的时间、班次和座位号乘坐。旅客无票乘坐、超程乘坐、越级乘坐或者持不符合减价条件的优惠客票乘坐的，应当补交票款”。自2023年1月1日起施行的《铁路旅客运输规程》也对旅客按有效客票记载内容乘坐义务进行了相应规定，并明确“铁路运输企业发现……霸座或者其他扰乱秩序的行为，应当及时报告公安机关”。上述相关规定表明法律和规章制度对于“霸座”行为的负面评价和“零容忍”的态度，可见，某电视台相关报道并不是降低罗某社会评价的根源，恰恰是罗某自身的“霸座”行为降低了其社会评价。基于此，某电视台报道未侵犯罗某名誉权。

其次，从新闻媒体行使舆论监督权的角度来看，新闻媒体有权行使舆论监督权，但应协调平衡个人名誉保护与良性社会秩序构建的关系。新闻媒体作为公众获取信息的重要渠道，在舆论监督方面具有特殊的制度功能和重要的现实意义，对于发生扰乱社会公共秩序的行为，有权利报道揭露不当行为，鞭策公众引以为戒，弘扬社会主义核心价值观，以此推进良性秩序的形成。民法典第一千零二十五条对行为人为公共利益进行新闻报道和舆论监督给予肯定，为新闻媒体履行舆论监督职责提供了法律支持。一般来说，如果新闻媒体报道的内容真实、客观、全面、均衡，报道的目的是规范社会公众的行为、引导公众树立正确价值取向，在没有其他侵权行为的情况下，则视为披露事实与正当履职，不构成对他人名誉权的侵害。但是，凡权利者必有限制，民法典在保障新闻媒体舆论监督权利的同时，要求新闻报道应尽到合理核实义务，遵循报道真实客观，不得以捏造、歪曲事实等行为侵犯他人人格权，为两者的权益平衡提供了法律依据。

最后，从个人言行举止与法治社会构建的关系来看，个人言行举止应遵循法律与社会规则。法治中国的全面构建、社会主义核心价值观的培育和弘扬，是每个公民的应尽责任。我们生活在一个开放交互的社会中，每个人的言行都可能经由媒体报道，成为社会公众普遍关心的议题。因此，公民在公共场所实施不当行为，理应预判到其言行会受到舆论的评价以及媒体报道所造成的社会影响，并理应接受社会公众和舆论的正当批评和评价。本案的裁判穿透被诉侵权行为，基于社会主流价值和公序良俗原则对罗某的行为直接评判，指出罗某的个人社会评价降低是其自身不当行为所导致的，与电视台的报道行为之间不具有因果关系，为案件焦点“究竟是谁言行失当”提供了明确答案。

结合类案来看，近年来，个别乘客罔顾“对号入座”这一基本规则、常识和公民道德与社会管理秩序要求，“买短乘长”或强占他人座位，使“霸座”陋习引发强烈非议。新闻媒体作为重要舆论监督力量对该类事件的真实客观报道、正确适当评价体现了舆论监督权的正当行使，表明社会各方参与法治社会治理的意愿和决心。本案的范本价值溢出个案本身，为进一步探索新闻媒体舆论监督和个人名誉权保护的平衡提供了有益思考。同时，通过司法判决的方式确认了媒体监督和报道权利的正当性，是关乎保护媒体正常行使监督权的典型案例，对媒体行使监督权、反映民意、推动社会进步具有积极意义。

编写人：北京市房山区人民法院　原丹丹

39

对特定对象使用负面评价言辞是否侵害名誉权应结合具体情景进行认定

——赵崇某诉赵利某等名誉权案

【案件基本信息】

1. 裁判书字号

广东省江门市新会区人民法院（2021）粤 0705 民初 3007 号民事判决书

2. 案由：名誉权纠纷

3. 当事人

原告：赵崇某

被告：赵利某、赵顺某、赵惠某

【基本案情】

赵崇某是三江镇某村村民，2017年在某村第十村民小组担任村干部。赵利某是某村现任第十村民小组队长，赵顺某是该小组副队长，赵惠某是该村民小组干部。2021年3月16日，在某村委会三楼召开关于第十村民小组妇女组长选任座谈会，参会人员约19人，其中包括三江镇政府领导4人、某村村委会成员4人，其他村民11人，会议内容是关于李某芝和赵惠某二人中由何人担任某村第十村民小组妇女组长的问题。

在会议过程中，赵崇某与赵利某、赵顺某、赵惠某发生激烈争吵。赵崇某质疑在两委换届过程中存在违反选举法等相关法律的情况；赵利某、赵顺某、赵惠某认为赵崇某在2017年担任村干部期间，对村里举办的庙诞老人免费聚餐经费管理不善，没有如往年做法公开慈善捐款和老人聚餐费用支出的明细，也没有向村小组成员公布经费使用情况，涉嫌贪污其中的款项。双方言辞激烈，互相谩骂，会议因此结束。赵崇某认为，是否贪污应由公检法机关依法认定，赵利某、赵顺某、赵惠某在没有任何证据的情况下，在会议上指责其贪污，是造谣、诽谤，造成其名誉权受到损害，进而身体健康受到影响，诉请赵利某、赵顺某、赵惠某向其赔偿名誉损失费、精神损失费和医疗费、营养费。

【案件焦点】

在会议上指责他人“贪污”，是否构成侵害名誉权。

【法院裁判要旨】

广东省江门市新会区人民法院经审理认为：赵利某、赵顺某、赵惠某是某村第十村民小组现任村干部，对村民小组相关事项具有管理和监督职能，在其上任后要求上任村干部即赵崇某说明经费使用情况是对村小组事项的管理和监督，也是出于公共利益的需要。在往年，经费使用均由管理人向村民公开，在2017年没有公开。赵利某、赵顺某、赵惠某基于此情形而质问作为经费管理人的赵崇某，怀疑其贪污是事出有因。且在当时的情景下，赵崇某与赵利某、赵顺某、赵惠某争论激烈，双方恶语相向，造成在言论上未注意相关用词，赵利某、赵顺某、赵惠某在主观上并没有对赵崇某的名誉进行毁损的恶意。另外，赵利某、赵顺某、赵惠某的发言受众仅限于当时参会的人员，不对一般社会公众公开，故应不会造成公众对赵崇某的社会评价降低。因此，赵崇某的主张并不成立。

广东省江门市新会区人民法院依照《中华人民共和国民法典》第一百一十条第二款、第九百九十八条、第一千零二十四条、第一千零二十五条规定，作出如下判决：

驳回赵崇某的全部诉讼请求。

判决后，双方当事人均未上诉，本判决现已生效。

【法官后语】

名誉是对于人的品德、声望、才能、信用等的社会评价。侵害名誉权是加害人采取侮辱、诽谤等方式破坏他人名誉，并为第三人所知晓，使他人社会评价降低的行为。

首先，判断是否侵害名誉权应充分考量当事人的职业、生活背景。《中华人民共和国民法典》第九百九十八条规定："认定行为人承担侵害除生命权、身体权和健康权外的人格权的民事责任，应当考虑行为人和受害人的职业、影响范围、过错程度，以及行为的目的、方式、后果等因素。"本案是村务会议过程中引发的纠纷，三被告在质疑原告工作方式时使用"贪污"等不当言辞。是否存在贪污行为应由司法机关认定，未经查证的确不能妄下定论。但结合原告和三被告的职业、生活背景审查，言论虽不当但未侵害原告名誉权。原告曾担任村干部，同时是公共经费的管理人，以村小组的名义从事公务，应当接受村民的监督。有义务将涉及村民切身利益、本村经济社会发展的事项以及村民普遍关心的其他事项予以公开，保障村民的知情权、决策权、参与权和监督权。故原告是村民行使言论自由权利以及接受村民评价、批评、建议的对象，其职业背景决定了其要在一定程度上承受村民的误解和批判，容忍村小组成员的指责，这些指责是否构成侵害名誉权，从宽审查更为合适。

其次，在面对名誉权侵权纠纷时，要结合特定语境，充分考量当事人发表的言论的影响范围，是否使特定人社会评价降低。名誉权的核心是社会评价，只有在行为人所实施的侮辱、诽谤等行为影响到社会公众对受害人的评价时，才能构成对名誉权的侵害。“贪污”一词，言辞本身是对人的负面评价，对于“贪污”一词是否构成侮辱，只审查言辞本身是否具有侮辱性是不够的，还必须考察言辞在具体语境中的关联性，结合当时的情景综合考量。原告被三被告指责贪污是在村务会议上，双方发生了激烈争吵，在当时的语境下，三被告的言论更多是情绪激动、口不择言，并非故意侮辱、诽谤。三被告的发言受众也仅限于参会的特定人员，不对一般社会公众公开，会后，被告也没有向其他村民讲述，因此推论不会造成社会公众对原告的社会评价降低，而且原告也没有提交证据证明因被告言论造成其社会评价降低的事实。

最后，需要结合个案实际，考虑价值保护的优先和平衡。任何人发表言论均是出于一定的目的，判断言论是自由还是侵害名誉权时，依照言论目的的不同，言论背后的价值取向，裁判尺度应有所区分。出于维护公共利益的目的而发表的言论，审查侵权的标准应当较纯涉个人利益的言论有所放宽；当发表的言论是基于公共利益或满足公众需求，是依据一定的事实作出判断，“对事不对人”，即使言论存在失实之处，但主观上不存在故意捏造、歪曲事实，就不应认定言论超出了界限，当然也不构成侵害名誉权。原告曾经是公共经费的管理人，公开经费使用情况是法律规定的义务，村小组成员对原告不公开经费使用情况进行批评是其正常的意见和言论表达，是基于经费使用没有公开这一涉及公共利益的事件，并非纯出于个人私利，即使言论过激也不应认定为侵权。一般而言，批评客观上会促进个人向好、社会向善，会促使被批评者反思改正，推动社会文明和进步。当群众为公共利益敢于发声时，却因为言辞稍不注意就冠以侵害名誉权之名，对公共利益的维护、对群众行使监督权是不利的，在裁判中，应将该因素考虑在内。

综上，三被告的行为并不构成对原告名誉权的侵害。

编写人：广东省江门市新会区人民法院　李雯婷　聂武鹏

40

法人人格权的边界与机关法人名誉权主体适格的判断

——某街道办事处诉徐某某名誉权案

【案件基本信息】

1. 裁判书字号

上海市第二中级人民法院（2021）沪02民终12052号民事裁定书

2. 案由：名誉权纠纷

3. 当事人

原告（上诉人）：某街道办事处

被告（被上诉人）：徐某某

【基本案情】

徐某某向某街道办事处出具承诺书，申请开具反映其父母婚育及子女情况的证明一份，用于与其兄徐某乙之间的另案诉讼。承诺书书写有徐某乙等人的身份证号以及“以上承诺属实。如有不实，本人愿意承担法律责任”等内容。某街道办事处于同日出具证明一份，载明“兹有我辖区居民徐某甲（身份证号），与周某某（身份证号）婚后生育徐某乙（身份证号）和徐某某（身份证号）二子”等内容。由于徐某某提交的承诺书中书写的徐某乙身份证号错误，某街道办事处出具的该份证明中徐某乙的身份证号亦错误。该份证明在另案中提交后，徐某乙称某街道办事处违规开具虚假证明，为此提起信访。

某街道办事处提起本案名誉权诉讼，诉称：由于徐某某所出具承诺书中对徐某乙身份证号书写错误，导致其出具的证明中相关记载亦错误。案外人徐某乙据此认为某街道办事处在未查明事实的情况下出具证明，损害其利益，多次到某街道办事处扬言其作为政府机关不负责任，要求某街道办事处承担一定责任，并多次信访，对某街道办事处的名誉产生一定程度的影响，导致其在行政机关内部名誉权受损。据此，某街道办事处请求判令徐某某向某街道办事处赔礼道歉，出具书面道歉信，恢复某街道办事处名誉，道歉信内容需由法院审核。

【案件焦点】

1. 街道办事处作为机关法人，是否属于民法典中法人名誉权的适格权利主体；2. 机关法人名誉权侵权责任的认定标准。

【法院裁判要旨】

上海市杨浦区人民法院经审理认为：法人、非法人组织享有名誉权，不得以侮辱、诽谤等方式侵害法人、非法人组织的名誉权。是否构成侵害名誉权，应当从受害人确有名誉被损害的事实、行为人行为违法、违法行为与损害后果之间存在因果关系、行为人主观上有过错四个方面来认定。某街道办事处主张的徐某某侵权行为系徐某某承诺书中将徐某乙的身份证号码书写错误导致某街道办事处出具了错误的证明，但仅此难以认定徐某某有侵犯某街道办事处名誉权的故意与侵犯行为。而且，某街道办事处也未能举证证明徐某某出具承诺书的行为造成某街道办事处名誉受损、社会评价降低。综上，某街道办事处未能举证证明徐某某存在侵害名誉权的故意和行为且造成某街道办事处名誉权受损的事实和后果，故某街道办事处的诉请缺乏相应的事实依据，不予支持。

据此，上海市杨浦区人民法院判决：

驳回某街道办事处的诉讼请求。

某街道办事处不服一审判决，提出上诉，但在法院指定期限内未交纳上诉费，并向法院申请撤回上诉。上海市第二中级人民法院作出裁定：

本案按某街道办事处自动撤回上诉处理。一审判决自二审裁定送达之日起发生法律效力。

【法官后语】

《中华人民共和国民法典》（以下简称《民法典》）加强人格权立法，对法人人格权加以确认。《民法典》第一百一十条第二款规定："法人、非法人组织享有名称权、名誉权和荣誉权。"《民法典》总则编第三章对法人重新分类，其中，特别法人中的机关法人，以及经行政法律、法规授权或委托而可以作出行政行为的事业单位法人、其他类型的特别法人，由于兼具行政主体与民事主体的双重属性，其法人人格权具有特殊性。在相关侵权责任纠纷中，应区分法人人格权之权利主体的不同情形，分别认定。

其一，法人人格权系由法律拟制，与自然人人格权在发生原因、适用情形、责任构成上不同，法人人格权的保护范围与程度亦弱于自然人人格权。《民法典》第一百一十条以列举方式规定法人享有名称权、名誉权和荣誉权等三种具体人格权，该范围以外的其他类型的人格权，并不适用于法人。

其二，法人人格权在性质上属于民事权利，相关侵权责任亦发生于平等的民事主体之间，民事法律关系以外无法适用法人人格权。《民法典》第二条规定："民法调整平等主体的自然人、法人和非法人组织之间的人身关系和财产关系。"由于机关法人等特别法人兼具行民双重属性，在其作为行政主体或社会管理者时，无法适用法人人格权。故应根据具体案情认定法人人格权权利主体的适格性。

其三，根据被诉侵权行为的发生领域，对法人名誉权侵权诉讼作出不同处理。被诉侵权行为的发生领域，可以结合法人行为的发生领域加以认定。根据与行政职权的牵连程度，机关法人实施的行为可以区分为行政行为、准行政行为与民事行为。(1) 被诉侵权行为与行政行为联系时，例如被诉侵权人因法人实施的行政行为而发表相关言论，由于机关法人此时为行政主体，被诉侵权行为不属于民事领域，故无法人名誉权之适用。该类诉讼亦不符合《中华人民共和国民事诉讼法》规定的起诉条件，应裁定驳回起诉。(2) 被诉侵权行为与准行政行为联系时，例如被诉侵权人因法人实施的准行政行为而发表相关言论，准行政行为处于行政行为与民事行为之间的过渡领域，与机关法人的行政属性牵连，不宜适用《民法典》法人名誉权保护规范处理。但该类诉讼不宜以不符合起诉条件为由裁定驳回起诉，而宜结合对诉的利益的认定，以判决驳回诉讼请求。(3) 被诉侵权行为与民事行为联系时，如被诉侵权人因法人实施的民事行为而发表相关言论，由于机关法人此时为民事主体，被诉侵权行为属于民事领域，可以有《民法典》法人名誉权之适用。该类诉讼可对侵权责任的成立要件进行实体审理，作出诉讼请求成立与否的实体判决。综上，前述第一种情形下案件不进入实体审理，而后两种情形下案件进入实体审理。

本案中，某街道办事处出具证明的行为属于行政证明，在性质上属于准行政行为，不直接创设行政法律关系。根据前述分类，本案属于可以进入实体审理的案件，并宜根据对诉的利益的认定作出实体判决。

其四，进一步延伸，若当被诉侵权行为发生于民事领域而有法人名誉权之适用时，侵权责任的成立仍应考虑机关法人的特殊性，结合法人性质、影响范围、过错程度，以及侵权行为的目的、方式、后果等因素，综合认定。侵权责任成立与否，可从受害单位是否确有名誉被损害的事实、行为人行为是否违法、违法行为与损害后果之间是否存在因果关系、行为人主观上是否有过错等四个方面加以认定。《民法典》第九百九十八条规定："认定行为人承担侵害除生命权、身体权和健康权外的人格权的民事责任，应当考虑行为人和受害人的职业、影响范围、过错程度，以及行为的目的、方式、后果等因素。"于此，认定法人名誉权侵权责任，亦应结合该条规定。机关法人受到社会公众监督，即便被诉侵权行为系因法人所实施的民事行为而起，虽属于民事领域，但亦应严格限制法人名誉权的适用，并结合《民法典》第九百九十八条规定，从严认定侵权责任成立要件。

编写人：上海市第二中级人民法院　叶戈

41

公职人员名誉权的保护限度

——吴某诉李某名誉权案

【案件基本信息】

1. 裁判书字号

湖南省湘潭市中级人民法院（2022）湘03民终50号民事裁定书

2. 案由：名誉权纠纷

3. 当事人

原告（上诉人）：吴某

被告（被上诉人）：李某

【基本案情】

吴某系湘乡市某乡农业综合服务中心负责人，2017年第十届村委换届选举时，乡镇党委政府安排吴某到某村就任驻村干部，李某系某村村民。2018年8月9日，李某多次向市纪委、监委等部门提交举报信举报吴某利用职务之便贪污村上的资金、指使案外人李甲变更0.5亩耕地至案外人李乙名下等问题。2018年8月15日，李某通过红网百姓呼声平台发标题为《某农技站长贪污扶农资金、物资，为人骗低保、危房补助》，主要内容是“控告湘潭市纪委、监委的黑恶犯罪事实”“当下湘潭是地县、乡、村黑恶一条龙”等。湘乡市某乡人民政府于2018年12月18日在红网上跟帖回复：所反映的情况收悉，文中所提及的事项表述不详，缺乏实际依据，如有疑问，请来我乡反映。后李某多次在乡政府及吴某的办公场所等地吵闹，言语过激，有辱骂行为。2021年11月，吴某为此起诉。

【案件焦点】

如何掌握公职人员名誉权的保护限度。

【法院裁判要旨】

湖南省湘乡市人民法院经审理认为：名誉权是自然人或法人对自己在社会生活中所获得的社会评价，依法所享有的不可侵犯的权利。认定名誉权是否受到损害，不以受害人的主观感觉即名誉感为依据，而应从客观上看其受到的社会评价是否降低。吴某主张李某侵犯其名誉权的行为主要包括被告向有关部门不真实的举报、在红网的发帖，以及在乡政府及原告单位咒骂原告。首先，言论自由是宪法赋予我国公民的一项基本权利，公民也具有依法向有关部门检举、控告他人的违法违纪行为的权利，李某向有关单位实名举报不具备公示性，吴某也未提供证据证明举报内容明显超出合理范围，故李某不构成侵害吴某名誉权。其次，关于李某在红网发帖公布的行为，虽发帖的标题为《某农计站长贪污扶农资金、物资，为人骗低保、危房补助》，但其主要内容是控告湘潭市纪委、监委，认为湘潭市纪委、监委失职渎职，且发帖的主观意图主要是想引起有关部门的注意，从而受理其举报投诉，其缺乏侵害吴某名誉权的主观过错，另吴某亦未举证证明其社会评价受损、名誉权确有被损害的事实，故吴某对名誉权损害后果的举证不足。再次，本案中的名誉权纠纷案件的本质涉及公职人员的名誉权保护问题，公职人员的身份具有双重性，因而公职人员的名誉事实上包括公民对公权机关及对公职人员个人的复合性评价，在日常生活中，公职人员的名誉权不可避免地与公民的言论自由、批评、检举、控告、建议等民主监督权利存在冲突，但法律赋予公民民主监督权利，亦是法治社会建设的必然要求。因此在公民行使民主监督权利中可能造成公职人员名誉轻微损害，更多的是应当予以包容与理解。最后，李某通过发帖、在吴某单位及乡政府等处发表过激不当言论等行为虽可能对吴某的工作、生活造成一定影响，但吴某对李某是否向公众或其他群体组织公开传播、散布了对其名誉权有侵害的语言以及作出的有侵害的行为产生了不良的社会影响，致使吴某社会评价降低，并未举证证明，故对吴某主张李某停止侵害名誉、消除影响、赔礼道歉的诉讼请求，因缺乏事实和法律依据，不予支持；对判令李某支付吴某精神损害赔偿金的诉请，亦不予支持。李某在网络发帖、在吴某单位及乡政府等处咒骂吴某的行为，其言语表达亦有不当之处，虽尚不足以达到需承担民事侵权责任的程度，但对其不当行使权利的行为应予以批评。据此判决：

驳回原告吴某的全部诉讼请求。

吴某不服一审判决，提出上诉，后撤回上诉。湘潭市中级人民法院经审理认为：吴某在本案审理期间提出撤回上诉的请求，不违反法律规定，予以准许。依照《中华人民共和国民事诉讼法》第一百八十条规定，裁定如下：

准许吴某撤回上诉。一审判决自本裁定书送达之日起发生法律效力。

【法官后语】

本案纠纷本质是公职人员的名誉权司法保护边界问题。就此存在三种观点。第一种观点：公职人员的名誉是一种国家利益，社会应当给予更多的尊重与敬畏，保护公职人员名誉重于保护一般公民名誉。第二种观点：公职人员的个人名誉与法定的身份无关，在人格上与普通公民相当，保护公职人员名誉应等同于一般公民。第三种观点：公职人员的名誉具有一种构成上的复合性，保护公职人员名誉应弱于保护一般公民名誉。

第一种观点，把公职人员人格凌驾于一般公民之上，系迎合专制体制要求之学说观点，已为法治社会所摒弃。第二种观点，忽视了公职人员其特定主体资格无法有效调和现实中出现的公民言论自由、舆论监督权与公职人员名誉权之冲突关系。第三种观点，维护了社会公共利益的需要。考虑到公职人员的名誉与其职务身份天然的复合，其名誉权不可能如自然人一样享有完全性和独占性，故此认为对公职人员名誉权保护应受到一定的限制。《中华人民共和国民法典》第一千零二十五条规定“行为人为公共利益实施新闻报道、舆论监督等行为，影响他人名誉的，不承担民事责任，但是有下列情形之一的除外：（一）捏造、歪曲事实；（二）对他人提供的严重失实内容未尽到合理核实义务；（三）使用侮辱性言辞等贬损他人名誉”。也即规定了特定情形下，名誉权保护应受到限制。司法实践如何进一步厘清公职人员名誉权保护限制的内涵，恰当审理公共批评和社会公众人物人格权保护的边界，实现对这一冲突的调适？该案对于这些问题提供了一个较好的司法解答的范本，下面进行逐一分析。

一、公职人员名誉权保护限制之必要性

公职人员行使的是公共权力，关系到公共利益，对公职人员职务行为的陈述、评论等监督行为在很大程度上是维护公共利益需要的行为，相比较而言，公职人员维护自身名誉权则属一种私益行为。对公职人员的名誉评价事实上包括对公权机关和对公职人员个人的复合性评价。当这两种权利关系发生冲突时，公职人员的名誉权不可避免地与公民的言论自由、批评、检举、控告、建议等民主监督权利存在冲突。我国法律赋予公民言论自由、对公职人员从事公务行为的监督权，这也是营造民主政治环境的基本手段。因此，对公民行使正当民主监督权利过程中可能造成的对公职人员名誉权的轻微损害，应当予以容忍与理解，这也是法治社会建设的必然要求。

二、公职人员名誉权案件之审理考量

司法实践中，审理公职人员的名誉权侵权案件需要注意以下几个方面：第一，慎重辨别一般公民行使言论自由的指向性。一般公民在真实、合法的基础上自由发表涉及公职人员的言论，需分辨该言论的指向是针对公职人员从事公务行为还是与公务行为无关的个人行为。第二，考量公民言论的主观恶意性。由于公民信息不对称，部分地方政务公开欠透明，公民对政策、法律理解偏差等因素，有可能出现公民批判的问题失实。故此，对公职人员的不当言论应在满足“以恶劣手段和方式”这一条件时判定侵权，即需符合《中华人民共和国民法典》第一千零二十五条规定的除外情形。第三，侵权认定审查标准应高于一般自然人名誉权保护。公职人员名誉权案件应由原告对侵权事实、损害结果以及行为人的主观故意等负有完全举证责任。具体来说需举证证明公民的言论性评价在何种程度上与自己的事实不相符合、如何使自己名誉受损、受到怎样的实际损害后果。当然，如果公民的批判行为尚不足以达到需承担民事侵权责任的程度，其不当行使权利的行为也应予以批评指正。第四，考虑替代性名誉权恢复途径。公职人员的身份令其有更多的名誉权恢复渠道，如可通过官方澄清、媒体发布等对公众的批评进行回应与辩解，司法程序可作为维护合法名誉的后置保障。

当然，言论自由与人格权保护之间需要进行有效的平衡。对公职人员名誉权保护的限制必须适度，不能违反比例原则。一旦公民的行为超出行使监督权的范围，捏造或者歪曲事实进行诬告陷害，故意侮辱、诽谤公职人员，严重贬损其人格尊严或者并非出于对公职人员从事公务行为的批评监督，而是对与公务行为无关的公职人员个人人格进行侮辱，则可以认定公民存在侵犯名誉权的行为。

三、社会公众人物名誉权的限制与保护问题

值得注意的是，当前包括政府公职人员在内的其他公众人物如歌星、影星、体育明星、知名学者等名誉权、隐私权案件也日益增多。这些公众人物是社会关注的热点，他们对社会的作用和影响力远远超过非公众人物，他们的言行往往关系到社会公共利益，理应受到社会舆论的监督。因此，在审理公众人物名誉权侵权案件时，同样应当把握与社会一般公众有所区别的判断标准，同样应考虑适当的权利克减，适当倾斜保护言论表达自由。同时在审理时也要注意考虑行为人的主观恶意性，至于如何判定恶意，司法实践中主要是以一个“诚信谨慎的人”在相同情况下须尽到的注意义务为标准，具体来说应当考量行为人的身份地位、认知能力、信息来源、报道内容、审查的程度以及成本、言论的主观倾向等因素进行综合判断。如果行为人传播的信息来源于可信度较高的官方资料等，即便言论所述事实与客观事实有所偏差，也不应简单判定存在主观恶意。当然，若信息内容含有人身攻击或恶意谩骂时，相关言论就超出了合理的限度，应当追责。

总之，公共批评与公共主体名誉权保护之间的冲突集中反映了个人利益与社会公共利益的冲突。衡平两者之间的矛盾实质上是在进行法益衡量和价值判断。法官在进行利益衡量时，既要保障个人的人格尊严，又要维护公序良俗和社会公共利益，最终目的是实现社会公平正义。当然，名誉权与其他权利的冲突类型非常复杂，法官需要根据个案具体情况，在尊重事实和法律规定的基础上，行使自由裁量权，运用好证据规则和内心的经验法则进行利益衡平，以求达到社会效果和法律效果的统一。

编写人：湖南省长沙市中级人民法院　欧阳旸

42

媒体标注使用真实且具有关联性的历史性素材实施舆论监督不构成侵犯名誉权

——镇江新区某卤菜加工厂诉某省广播电视总台名誉权案

【案件基本信息】

1. 裁判书字号

江苏省镇江市中级人民法院（2021）苏11民终3146号民事判决书

2. 案由：名誉权纠纷

3. 当事人

原告（上诉人）：镇江新区某卤菜加工厂（以下简称某卤菜厂）

被告（被上诉人）：某省广播电视总台（以下简称某省电视台）

【基本案情】

2018年，朱某某经营的熟菜作坊因食品卫生问题被某省电视台曝光，后被相关部门取缔。两年后朱某某易地重新开张，以其女儿名义成立某卤菜厂。2020年5月，某省电视台的记者暗访发现，某卤菜厂生产环境堪忧，遂联系了当地的市场监督管理局。赶到现场的执法人员要求某卤菜厂的工人立即停止生产，接受调查。镇江新区姚桥市场监督管理分局的局长邹某某表示，该作坊现场制作、工人的操作规范都极不符合要求，像这样的经营户，要列入黑名单，让其不能再进入这个行业。2020年6月，镇江新区市场监督管理局向某卤菜厂作出行政处罚决定书，决定书中载明：根据某省电视台记者提供的信息线索，本局执法人员依法对某卤菜厂执法检查，检查发现该加工厂使用的冰柜里猪颅骨有腐烂变质现象，该加工厂涉嫌经营腐败变质食品。某卤菜厂在实际加工过程中改变了生产经营区域，未严格按照申报的规范功能区域进行使用，地面上待加工的生猪头化冻产生血水与正在煮制猪头的外溢浮沫混合在一起，致使操作间地面上脏乱差。本局责令某卤菜厂立即改正违法行为，决定给予警告处罚。

某省电视台报道了这一事实，报道中指出：记者在某卤菜厂实地拍摄，地上血水污水混流，绿头苍蝇随处可见，包装袋上爬有白色蛆虫，工人没有任何防护直接在脏地板上操作。报道中播放了记者拍摄的视频，视频中记者问工人“冰箱里生蛆的是什么东西”，工人答“是骨头”，记者问“怎么是臭的，都生蛆了”，工人答“是前一天放在冰箱里的，没有打制冷”。同时，案涉报道中插播了记者2018年在朱某某经营的熟菜作坊拍摄的视频，视频右上角标注了时间“2018年6月”。某卤菜厂以某省电视台混淆事实侵犯其名誉权为由提起诉讼，要求某省电视台撤回报道、赔礼道歉并赔偿损失。

【案件焦点】

某省电视台的新闻报道中使用历史性素材是否侵犯了某卤菜厂的名誉权。

【法院裁判要旨】

江苏省镇江经济开发区人民法院经审理认为：名誉权是民事主体对其应有的社会评价所享有的不受他人侵害的权利，侮辱和诽谤是侵害名誉权的两种主要方式。某省电视台在公共·新闻频道播出的视频是其记者在某卤菜厂经营场所实地拍摄后经剪辑形成，其中插播2018年6月拍摄的视频也进行了时间标注，报道内容与市场监督管理局向某卤菜厂作出的行政处罚决定书中的内容能够相互印证，并不存在虚构、歪曲事实的情况。某省电视台作为省级主流媒体，有进行舆论监督的职责，涉案报道较为客观地反映了某卤菜厂经营场所的卫生环境，揭露了其存在的食品安全隐患，并未使用侮辱、诽谤的语言及文字，未刻意损害某卤菜厂名誉。综上，某卤菜厂认为某省电视台侵犯其名誉权的依据不足，不予支持。

江苏省镇江经济开发区人民法院依照《中华人民共和国民法总则》第一百

一十条、《中华人民共和国民事诉讼法》第一百四十二条规定，作出如下判决：

驳回某卤菜厂的诉讼请求。

某卤菜厂不服一审判决，提出上诉。江苏省镇江市中级人民法院经审理认为：某省电视台报道食品卫生问题、揭露食品安全隐患是职责所系，其目的是维护社会公共利益，并无侵犯他人名誉权之故意。涉案报道反映出某卤菜厂卫生环境恶劣，且工人操作极不规范，对此市场监督管理局已调查核实，并对某卤菜厂作出行政处罚。报道内容与行政处罚决定书及记者实地拍摄的视频可相互印证，故某省电视台不存在捏造、歪曲事实之情形。涉案新闻系实地拍摄后经剪辑形成，内容来源准确可靠，某省电视台已尽到合理核实义务。报道中的评论性用语较为公正客观，并不存在恶意贬损和侮辱诽谤的情形。某省电视台插播朱某某2018年违规经营的视频，一方面是出于讲述新闻事实前因后果的需要，另一方面意在回顾朱某某的违法行为，倡导监管机制常态化。且涉案报道中对于插播的2018年视频进行了时间标注，并未混淆事实、误导观众。综上，某省电视台实施的新闻报道并未侵犯某卤菜厂的名誉权。

江苏省镇江市中级人民法院依照《中华人民共和国民事诉讼法》第一百七十条第一款第一项规定，作出如下判决：

驳回上诉，维持原判。

【法官后语】

本案系因媒体实施新闻报道引发的名誉权纠纷，主要争议点在于，媒体在新闻报道中使用历史性素材的行为，是否构成对被报道对象名誉权的侵犯，关键是对于舆论监督的正当性和合理范围的认定，涉及舆论监督与名誉权保护之间的平衡问题。

关于本案的法律依据。《中华人民共和国民法典》（以下简称《民法典》）颁布前，关于舆论监督与名誉侵权的边界问题，并无具体统一的判断标准。《民法典》第一千零二十五条、第一千零二十六条等规定首次划清了舆论监督与名誉权保护的界限，明确了行为人为公共利益实施新闻报道、舆论监督等行为的免责规定和除外情形，为平衡两者之间的关系提供了具体的法律依据。案涉法律事实虽然发生于2020年5月，在《民法典》实施之前，但《民法典》的上述规定属于填补法律空白的新增规定，且适用《民法典》的规定也更有利于维护社会公共利益和弘扬社会主义核心价值观，因此根据《最高人民法院关于适用〈中华人民共和国民法典〉时间效力的若干规定》第二条、第三条规定，本案可以适用《民法典》关于认定新闻报道侵权及免责的规定。

关于本案的法律适用。媒体在新闻报道过程中使用历史性素材曝光食品安全问题的，是否构成对被报道对象名誉权的侵犯?《民法典》第一千零二十五条明确了对新闻报道、舆论监督等行为的限制，即当报道事实的失真程度达到受法律谴责的程度时，相关评论对名誉的侵害就突破了公正合理的法律边界，行为人应当承担侵权责任，具体包括三种情形：一是捏造或歪曲事实，二是对严重失实内容未尽到合理核实义务，三是使用侮辱性言辞等贬损他人名誉。在适用该条规定时应注意以下几个问题：第一，须具有公共利益目的。新闻媒体在曝光社会事件时，难免会造成影响他人名誉的后果，但在一般情况下，公共利益目的能够对抗新闻侵权请求权。行为人出于公共利益目的实施新闻报道或舆论监督，只有在突破合理边界、符合承担责任的特定情形时，才构成名誉权侵权。第二，真实是媒体公信力的基础，行为人捏造事实或歪曲真相使虚假的信息得到传播，误导公众的，显然不具有正当性，因此侵害他人名誉权的，行为人应当承担侵权责任。但鉴于新闻的时效性、公众知情权要求的急迫性以及新闻从业者有限的能力等因素，报道内容与事实略有偏差应被允许，严重失实才是值得法律评价的侵权行为。如报道内容与客观真相有轻度偏离，则不属于严重失实报道。第三，若新闻单位对他人提供的严重失实内容未尽到合理核实义务，则构成不作为侵权。认定行为人是否尽到合理核实义务，应根据《民法典》第一千零二十六条规定列举的六项因素综合判断[①]。第四，认定侮辱性言

① 《中华人民共和国民法典》第一千零二十六条：认定行为人是否尽到前条第二项规定的合理核实义务，应当考虑下列因素：（一）内容来源的可信度；（二）对明显可能引发争议的内容是否进行了必要的调查；（三）内容的时限性；（四）内容与公序良俗的关联性；（五）受害人名誉受贬损的可能性；（六）核实能力和核实成本。

辞应从社会理性人的角度出发，依照一般社会经验，根据语言的通常含义，并结合表达行为的整体进行综合判断。就本案而言，某省电视台系出于公共利益曝光了某卤菜厂存在的食品安全隐患，加强对问题食品的新闻舆论监督有利于保护人民群众“舌尖上的安全”。某省电视台在新闻报道中使用的素材基本客观真实，其中，所使用的历史性素材反映了同一实际经营者朱某某在 2018 年经营期间存在的食品安全问题，系对朱某某违法行为的回顾，说明新闻事实的前因后果，呈现相关违法行为的持续性、严重性，同时倡导监管机制常态化。且新闻报道中对于使用的历史性素材明确标注了具体拍摄时间，并未混淆事实、误导观众。新闻单位已尽到合理核实义务，在报道过程中亦未使用侮辱性言辞贬损某卤菜厂名誉。因此某省电视台不构成名誉权侵权。

依法报道新闻事件是新闻媒体的职责。本案通过溯及适用《民法典》的规定，明确了媒体标注使用真实且具有关联性的历史性素材实施舆论监督不构成侵犯名誉权的裁判规则，鼓励新闻媒体通过合法合规方式揭露社会问题，维护公共利益。

编写人：江苏省镇江市中级人民法院　陈敏　李宏敏

43

消费者与经营者已经协商退款后，消费者以退款金额不满意就双方服务合同发表失实言论，构成侵犯名誉权

——陈某诉陈某某名誉权案

【案件基本信息】

1. 裁判书字号

浙江省宁波市中级人民法院（2021）浙 02 民终 3908 号民事判决书

2. 案由：名誉权纠纷

3. 当事人

原告（被上诉人）：陈某

被告（上诉人）：陈某某

【基本案情】

2018 年，陈某某的舅妈甲花费 25000 元向陈某购买 100 节健身私教课，后因甲无法上课，经陈某和甲同意，由陈某某在陈某处上课，其间，甲和陈某曾协商退款事宜。陈某某在陈某处上了 10 节课，再与陈某约课，陈某就不再回复，并将陈某某微信拉黑。2021 年 2 月 20 日，经陈某的朋友乙沟通，由陈某退款 8900 元给甲。后陈某某在新浪微博发布内容含有“宁波一健身工作室跑路……警局今天也立案了……那既然你的名誉就值 5850 元，那我就发出来……关于偷税漏税的事情，你要么直接和国税去解释……骗会员费可以，骗国税款可不行……垃圾”，并称“已经退钱，但不会认可这个退款方案的……”在所发的微博中附了陈某朋友乙与陈某的微信截图和陈某某与陈某的微信聊天记录，其中陈某的微信名为其本人姓名、头像为其本人，并在微博中同时@数人进行转发、邀请陈某朋友围观。

陈某认为在服务合同退款事宜了结后，陈某某在微博中发文的“跑路”“老赖”“警局已立案”“骗国税款”等不实言论，严重影响了陈某的身心，侵犯了陈某名誉权，为此，要求陈某某立即停止侵权行为，即删除微博相关侵权内容并进行道歉；赔偿律师费、公证费、误工费以及精神损失抚慰金。

【案件焦点】

1. 服务合同因故终止后，消费者因对于经营者支付的退款金额不满公开发表失实言论是否构成侵犯经营者名誉权；2. 如何确定行为人赔礼道歉的范围、如何适用精神赔偿责任。

【法院裁判要旨】

浙江省宁波市江北区人民法院经审理认为：关于第一个争议焦点，陈某某作为消费者，是否侵犯经营者陈某的名誉权，主要看陈某某在微博上发布的言论是否超出正常消费的评价行为、是否符合名誉权侵权的构成要件，即陈某某在微博发表的言论是否属于侵害陈某名誉权的违法行为、是否对陈某的名誉造成了损害、陈某某行为和对陈某名誉损害的后果之间是否存在因果关系以及行为人陈某某主观上是否有过错。关于陈某某行为的违法性，陈某某在新浪微博上发布并无证据证明的“警局已经立案”“骗国税税款”“老赖”等内容，带有贬损陈某人格的性质。关于损害事实，因微博是针对社会大众的，陈某某在微博上发布失实言论后，还要求他人进行转发，并邀请陈某的四个朋友进行围观，这无疑降低了社会公众对陈某的评价。又，陈某某将含有陈某名字和头像的微信聊天记录作为附图在微博中发布，说明其发帖明确指向陈某，因此陈某某在新浪微博上发布失实言论与社会公众降低对陈某社会评价的事实之间具有因果关系。另，陈某某发帖时明确“既然你的名誉就值5850元，那我就发出来”，说明陈某某发帖的目的是要对陈某进行负面道德评价，其主观过错明显。因此陈某某的行为超出了正常的消费评价行为，其失实言论损害了陈某的名誉权。

关于第二个争议焦点，行为人因发布不实言论对受害人造成影响，需停止侵害（即删除发布的侵权内容）、恢复名誉、赔偿损失（包括经济损失，对受害人造成严重精神损害的，需赔偿精神损失费）。因此，陈某某需删除微博中的相关侵权言论，还需采用赔礼道歉方式恢复受害人陈某的名誉以及赔偿陈某损失。关于赔礼道歉采用的媒介方式，因赔礼道歉针对的受众主体应与行为当初造成不良影响的受众主体的范围相当，而陈某某仅在新浪微博上发表相关言论，故陈某某仅需在新浪微博上发表道歉声明。陈某某侵权给陈某造成了损失，应当赔偿陈某适当的经济损失。至于陈某某是否需要赔偿陈某精神损失费，主要看陈某某侵权行为是否给受害人陈某造成了严重精神损害后果，涉案系消费者因健身卡消费纠纷发表不当言论引发，属于维权过当，行为并未给受害人陈某造成严重精神损害后果，故无需赔偿精神损失费。

综上，一审法院判决如下：

一、陈某某于本判决生效后立即停止对陈某名誉权侵害，删除与本案有关的所有微博内容；

二、陈某某于本判决生效后十日内在新浪微博的显著位置连续十天公开刊登向陈某道歉的声明（道歉声明内容需经法院审核）；若陈某某不履行本项义务，本院将对判决书主要内容在《浙江法制》报上刊登，费用由陈某某负担；

三、陈某某于本判决生效后十日内赔偿陈某经济损失 8200 元；

四、驳回陈某其他诉讼请求。

陈某某不服一审判决，提出上诉。浙江省宁波市中级人民法院认为，陈某某在微博发布的言论具有明显人身攻击性，主观上带有借机贬损他人名誉的倾向性，且陈某某的行为发生在其舅妈与陈某已经协商退款后，其行为超出了合理维权界限，一审法院认定陈某某行为构成侵犯名誉权，符合法律规定。在陈某某侵权责任的承担上，一审法院认为应与行为的具体方式和造成的影响相当，判令陈某某在新浪微博的显著位置连续十天公开刊登经法院审核的道歉声明，并无不当。

综上，浙江省宁波市中级人民法院判决如下：

驳回上诉，维持原判。

【法官后语】

在服务合同充值送消费模式下，经常发生消费没有结束、双方对是否退还款项以及退还金额发生争议。本案是在退款后，消费者对经营者支付的退款金额不满意，通过网络媒体对事件发表评价引发的名誉权纠纷。无论是退款前还是退款后，消费者发表的相关评价应当客观真实，若发布失实言论导致社会大众降低对经营者评价的，则相关行为可能侵犯了经营者的名誉权。因此，厘清消费者对经营者的正当评价界限，是判定消费者是否侵犯经营者名誉权的关键。

一般来说，在双方纠纷未解决，未达成退款协议（包括口头退款协议）时，消费者可以就事件的本身进行客观描述以及理性维权，在双方达成退款协议，即便没有书面协议，但是消费者已经接受经营者的退款后，双方纠纷可以视为已经解决，消费者对事件的评价更应客观真实，否则极易发生侵害经营者名誉权的行为。总体来说，该类侵权行为的认定，需从以下几个角度来分析考量：

一是消费者是否存在侵害经营者名誉权行为。对此，一般审查消费者的行为是否指向经营者、行为是否具有贬损经营者名誉的性质。审查消费者的行为是否指向经营者，主要看消费者的行为如通过网络媒体发布的言论能否让公众知悉其行为指向了特定的经营者。若消费者发布带有经营者商铺字号、LOGO、商铺经营地址以及经营者本人微信头像等内容时，可视为消费者行为指向了具体经营者。另外，经营者在提供服务过程中享有获得客观公正的社会评价以及免受侮辱、毁谤等加害行为的权利，因此，审查消费者行为是否具有贬损经营者名誉的性质，主要看消费者就服务内容发表的言论是否符合消费者与经营者合同约定的内容以及发表的评价是否会引起社会大众降低对经营者的评价。如果消费者发表关于服务内容的评价并非双方合同约定的内容（即相关内容并非经营者义务）以及消费者发表对经营者评价的内容并无证据证明且带有对经营者侮辱、毁谤性质，此时可认定消费者发表了失实言论，可能会贬损经营者名誉。本案中，被告陈某某在微博发帖的内容中，将包含原告陈某名字和头像的微信聊天记录作为附图发布，说明其发帖明确是指向陈某的。同时陈某某的发帖内容含有“警局已立案”等并无证据证明的内容，属于失实言论，这些言论带有贬损陈某人格的性质。

二是消费者行为是否对经营者造成损害以及行为与损害后果之间是否存在因果关系。是否存在对经营者名誉权造成侵害，主要是指消费者行为是否引发社会大众降低对经营者的评价，即行为是否具有违法性。如果消费者只是在单一微信聊天时或者范围较小场合发发牢骚，则行为可不视为具有违法性，若将相关言论放置于公众面前，如发表在微博、抖音等平台，则这些失实言论则会引发社会公众降低对经营者的评价，侵害了经营者的名誉权。一般来说，经营者如果提供证据证明针对自己的不实内容为消费者所为，且该不实内容会让社会大众降低对其评价，即可以推定为经营者名誉受到了侵害，行为与损害后果之间存在因果关系。本案中，陈某某在微博上发布失实言论，因微博是针对社会大众的，且陈某某要求他人进行转发，并邀请陈某的四个朋友进行围观，这无疑会降低社会公众对陈某的评价，该损害事实与陈某某的违法行为之间具有因果关系。

三是消费者主观上是否有过错。主观过错要根据消费者的具体行为进行认定，如果消费者明知其发表的失实言论会降低社会公众对经营者的评价而故意发表，则消费者显然具有过错。本案中，陈某某在发布微博时明确“既然你的名誉就值5850元，那我就发出来”，这说明陈某某发帖的目的是要对陈某进行负面道德评价。再结合陈某某发布的“警局已经立案”等失实言论和“垃圾”等侮辱言论，可以认定陈某某发布失实言论的目的是降低社会公众对陈某的评价，故构成对陈某名誉权的侵害。

编写人：浙江省宁波市江北区人民法院　陈建贞

44

未经允许在他人住所办丧事属侵犯他人名誉权的行为

——彭洪某诉吴光甲等一般人格权案

【案件基本信息】

1. 裁判书字号

重庆市涪陵区人民法院（2021）渝03民终1159号民事判决书

2. 案由：一般人格权纠纷

3. 当事人

原告（被上诉人）：彭洪某

被告（上诉人）：吴光甲、吴光乙、吴光丙、吴光丁、吴光戊

【基本案情】

吴光甲系李某某之子，吴光乙、吴光丙、吴光丁、吴光戊系李某某之女。彭咸某系彭洪某之子，彭咸某与魏某系同学关系。2020年4月8日，魏某驾驶彭洪某所有的摩托车载彭咸某上路行驶，因操作不当，将正在水塘边洗衣物的李某某撞倒，导致李某某落水死亡，魏某在本次交通事故中承担全部责任。事故发生后，经当地镇政府、司法所及村社干部调解，商定由彭洪某和魏某父母共同赔偿吴光甲等人各项损失26万元，彭洪某和魏某父母先各支付3万元。因彭洪某和魏某父母对双方之间的赔偿责任存在较大分歧，该协议未能继续履行。吴光甲等人到彭洪某家要求支付剩余赔偿款遭拒，便在4月14日到彭洪某家中放鞭炮、烧纸钱、摆花圈、奏哀乐，上述行为持续2个小时。彭洪某认为吴光甲等人的行为在当地广为人知，已导致其品德、声望、才能和信用等社会评价降低，侵害了其名誉权。

【案件焦点】

吴光甲等人在彭洪某家中办丧事的行为是否构成侵权。

【法院裁判要旨】

重庆市涪陵区人民法院经审理认为：民事主体享有名誉权，任何组织或者个人不得以侮辱、诽谤等方式侵害他人的名誉权。吴光甲等人在自身权益受到不法侵害时，应当通过合法途径寻求解决，但吴光甲等人却在彭洪某家中办丧事，以此给彭洪某施加压力索取赔偿。本地民间习俗一般认为，放鞭炮、烧纸钱、摆花圈、奏哀乐是逝者亲属对逝者进行祭奠和哀悼的行为。吴光甲等人在彭洪某家中办丧事的行为明显不合法。吴光甲等人的行为在当地群众中广为人知，已造成彭洪某的品德、声望、信用等社会评价降低，侵害了彭洪某的名誉权；其行为造成的损害后果比较明显，应承担向彭洪某赔礼道歉并赔偿其精神抚慰金的民事责任。依照《中华人民共和国侵权责任法》第二条、第十五条第一款第六项和第七项、第二十二条，《中华人民共和国民法总则》第一百七十九条第一款第八项、第十一项，《最高人民法院关于审理人身损害赔偿案件适用法律若干问题的解释》第十八条，《最高人民法院关于确定民事侵权精神损害赔偿责任若干问题的解释》第八条第二款、第十条规定，判决如下：

一、被告吴光甲、吴光乙、吴光丙、吴光丁、吴光戊于本判决生效后十日内向原告彭洪某公开赔礼道歉；

二、被告吴光甲、吴光乙、吴光丙、吴光丁、吴光戊于本判决生效后十日内赔偿原告彭洪某精神抚慰金1000元；

三、驳回原告彭洪某的其他诉讼请求。

吴光甲、吴光乙、吴光丙、吴光丁、吴光戊不服一审判决，提起上诉。重庆市第三中级人民法院经审理认为：吴光甲等人在与彭洪某就赔偿事宜未达成一致的情形下，完全有条件、有时间通过合法途径寻求公权救济。虽然法律允许当事人在自身权利受损时，可通过自力方式进行救济，但需以符合法律规定的条件，且不会对他人合法权益造成不当损害为前提。本案因交通事故而产生的民事赔偿请求权，在交通事故责任尚未认定的情况下，有关责任人能够找到时，不属于紧急情况且无法及时获得国家机关保护的情形，此时，吴光甲等人不能使用自力救济方式请求他人赔偿。在彭洪某拒绝协商调解的情况下，吴光甲等人采用放鞭炮、烧纸钱、摆花圈、奏哀乐等方式在彭洪某家办丧事，逼迫彭洪某接受调解方案并支付赔偿款，客观上不仅扰乱了彭洪某的正常生活秩序，而且造成当地群众因此对彭洪某信用、品德等产生负面评价，故彭洪某认为其人格权利受到损害的理由成立，予以采纳。因吴光甲等人侵犯了彭洪某的人格权利，依法应当承担赔礼道歉及赔偿损失的责任。综上，依照《中华人民共和国民事诉讼法》第一百七十条第一款第一项规定，判决：

驳回上诉，维持原判。

【法官后语】

一、吴光甲等人的行为不属自力救济

从学理上说，自力救济是指权利人为保护自己的权利，在情事紧迫而又不能及时请求国家机关予以救助的情形下，对他人的财产或人身施加扣押、约束或其他措施，而为法律或社会公德所认可的行为。《中华人民共和国民法典》

（以下简称《民法典》）第一千一百七十七条第一款规定："合法权益受到侵害，情况紧迫且不能及时获得国家机关保护，不立即采取措施将使其合法权益受到难以弥补的损害的，受害人可以在保护自己合法权益的必要范围内采取扣留侵权人的财物等合理措施；但是，应当立即请求有关国家机关处理。"此即自力救济条款，也是我国法律首次就自力救济作出规定。日常生活中，民事主体的权利遭受侵害或者权利无法实现时，一般习惯诉诸公权力救济。然而，在特殊情况下公权力救济可能难以获得，私人若不立即采取积极行动，将导致严重后果。故此，自力救济存在有其合理性，对于防止损害扩大，及时救济权利，以及弥补公力救济的不足，乃至促进社会发展具有积极作用。

根据《民法典》第一千一百七十七条规定，民事主体实施自力救济需要具备以下构成要件：一是合法权益受到侵害。即他人的行为对受害人自身的人身、财产等权利造成了损害或有造成损害的极大危险，如吃霸王餐等。二是须为保护自己的合法权利。自助行为旨在保护自己的权利，而非他人权利，这也是自助行为与正当防卫、紧急避险等制度的一个显著区别。三是情况紧迫且不能及时获得国家机关的保护，不立即采取措施将受到难以弥补的损害。四是采取的措施或手段应必要、合理，不得超出必要限度。这是指采取的措施应当以保护自己的权益为必要，且原则上应当限定在对侵权人财物予以扣留等范畴，在解释上不可随意扩大。本案中，在与彭洪某等人未就赔偿问题协商一致的情况下，吴光甲等人可以通过向人民法院提起民事诉讼等法律手段维护自身合法权益，并不存在扩大损失或者合法权益无法实现的问题，但吴光甲等人却采取在彭洪某家中放鞭炮、烧纸钱、摆花圈、奏哀乐等违法方式试图强迫彭洪某支付赔偿，其要保护的权益不符合实施自力救济的紧迫性要素，且其采取的手段侵害了彭洪某的人格尊严，明显超出必要、合理范围。故吴光甲等人的行为不构成自力救济。

二、吴光甲等人的行为是否构成侵权

（一）该行为的民俗含义。丧礼即丧事礼仪，是指丧家举办丧事，旨在让逝者有归宿、生者有悼念等相关事宜的一系列仪式。为逝者办理丧事，通过一定的形式祭奠、悼念逝者，表达精神寄托和精神安慰，是对逝者的一种尊重，根植于我国礼法文化之中，在当今仍然是人们普遍认同并遵循的社会公德和伦理习惯。根据我国民间民俗，农村丧礼通常在逝者子女或其他直系亲属家举办，城镇丧礼通常在殡仪馆举办。基于丧礼的内涵及其仪式规范，我国民间习俗一般认为，在他人住所办丧礼是以鬼魂报复的方式诅咒主人家倒大霉、遭血光之灾的民间禁忌行为。同时，基于"死者为大""善有善报恶有恶报"等传统观念，该行为可能会给主人家带来不仁义、不诚信、不道德等负面社会评价。

（二）该行为属侮辱他人行为。侮辱是指故意以暴力或其他方式贬损他人人格，毁损他人名誉。行为人的行为是否具有侮辱性可根据一般人的社会认知并结合公序良俗等因素进行认定。在他人住所办丧礼的行为，根据民间习俗并结合一般社会认知可认为会导致他人人格贬损、社会评价降低，属侮辱他人的行为。

（三）该行为属违法行为。《民法典》第八条规定："民事主体从事民事活动，不得违反法律，不得违背公序良俗。"第九百九十一条规定："民事主体的人格权受法律保护，任何组织或者个人不得侵害。"传统文化中的丧礼禁忌属于正常且普遍的民俗信仰，应为法律认可并重点保护的公序良俗。在他人住所办丧礼的行为不仅违背公序良俗，也违反法律规定。

（四）该行为侵害了他人的名誉权。名誉既然是社会评价，对名誉权的侵害必须是行为人所实施的侵害名誉行为影响了受害人的社会评价，应当以社会公众对受害人的评价降低为标准。本案吴光甲等人在彭洪某住处办丧礼的行为已为邻居等周围民众广泛知晓，导致彭洪某品德、声望等社会评价降低，可认定其行为已构成对彭洪某的名誉侵权。

三、未经允许在他人住所办理丧礼构成侵权的认定规则

（一）该行为未经他人允许。现实生活存在逝者亲属经他人同意借用他人住所办理丧礼的情形。我国民俗认为，该行为不但不会给主人家带来不利影响，还会给主人家带来厚德、仁义等积极社会评价。是否经他人允许是该行为产生截然相反社会评价的重要因素，因此，是否经他人允许是该行为是否具有违法

性的首要考量因素。

（二）该行为可否认定为办丧礼。丧礼由一系列的仪式构成，如搭灵棚、烧纸钱、摆花圈、燃放鞭炮、摆灵柩等。司法实践中可以一般人的社会认知来判断侵权人的行为是否属办丧礼，如侵权人仅在受害人家中燃放鞭炮，该行为一般不宜认定为办丧礼；又如，侵权人在受害人家中摆放花圈则可认定为办丧礼。

（三）该行为的持续时间。就人格侵权来说，侵权行为持续时间既是认定该行为是否违法，也是认定该行为损害后果严重程度的重要考量因素。如行为人在主人家中摆放花圈的行为仅持续几分钟，后经警察制止或邻居规劝便撤离现场，该情形一般不宜认定为违法行为。本案中，吴光甲等人在彭洪某住处办丧礼的行为持续时间长达两个小时，可认定该行为属违法行为。

（四）该行为为第三人所知。名誉既然是一种社会评价，对名誉权的侵害必须是行为人所实施的侵害行为影响了受害人的社会评价。如乙的住所极为偏僻，甲在没有任何第三人在场的情况下在乙家中办理丧礼。这种情况下，因为没有第三人在场，甲对乙的侮辱行为并没有产生其他人员对乙的社会评价的影响，因此不构成名誉侵权，实践中可以一般侵权追究甲的责任。

编写人：重庆市涪陵区人民法院　胡志刚

45

判定作品描述对象合理指向现实真实人物的标准和方法

——张某某诉苏某某、深圳市某计算机系统有限公司名誉权案

【案件基本信息】

1. 裁判书字号

福建省泉州市中级人民法院（2021）闽 05 民终 6182 号民事判决书

2. 案由：名誉权纠纷

3. 当事人

原告（上诉人）：张某某

被告（被上诉人）：苏某某

被告：深圳市某计算机系统有限公司（以下简称深圳某公司）

【基本案情】

深圳某公司系微信公众平台的网络服务提供者。2019年7月14日，个人微信号为“D×××××××”的微信用户在微信平台注册了微信公众号，后更名为“地产某某”，该微信公众号的实际运营者为苏某某。2019年11月2日，“地产某某”微信公众号发布“地产圈二三事⑦”文章。该文章于2019年12月24日由苏某某删除。张某某委托福建某某律师事务所律师处理涉案纠纷，支付律师费10000元。

根据张某某提供的截图、光盘体现“地产某某”微信公众号发布的“地产圈二三事⑦”文章涉及：叁……一位很有故事的女性，贪腐金额不高，却特别会玩……现MD（公司简称，下同）的营销负责人Z女，毕业后进入房地产行业，最初在惠安YZ城市广场。Z女酷爱泡吧，生性那个啥……只好离开YZ去SM。Z女和SM的主管等相关人员长期一夜风流……如愿进入SM做销售……任SM某项目销售主管、经理，从营销线的领导H总、Z总、Z经理等人，一条线，都是“同道中人”……Z女跳槽去了MD……其丈夫头顶天山草场+呼伦贝尔大草原……看到的，是一步步有规划有目的的上位史。简略统计下，已知有名有姓的“同道中人”，近20位……阅读6.4万次。

张某某于2019年11月4日就上述文章以“虚构事实，毁害本人清誉，对本人生活和工作带来严重影响”为由向深圳某公司进行投诉。深圳某公司认为张某某提供的材料不足，未予以支持。

张某某提供《离职证明》《个人信用报告》《个人住房公积金（补贴）账户明细单》证明其相应期间的职业经历。

【案件焦点】

1. 苏某某通过公众号发布的文章是否侵害张某某的名誉权；2. 苏某某应如何承担相应的民事责任。

【法院裁判要旨】

福建省惠安县人民法院经审理认为：首先，《中华人民共和国民法典》第一千一百九十五条规定的适用以微信用户侵权事实成立为前提条件，即网络服务提供者知道或者应当知道微信用户的行为构成侵权。1. 深圳某公司作为网络服务提供者，为微信用户提供的是信息通道服务或者信息平台服务，微信服务虽在客观上为微信用户发布或传播信息提供了技术上的便利，但深圳某公司已通过《微信公众平台服务协议》明确告知用户不得利用微信发布、传播侵犯他人民事权益的信息。2. 相关法律法规并未规定深圳某公司负有对于用户发布或传播信息的审查义务，案涉文章作者系以缩写字母方式代称相关房地产企业及人员，文章内容是否侵犯名誉权需要进行较为深入的实质性审查和判断。张某某虽然以公示的形式向深圳某公司提出投诉并通知了深圳某公司，但张某某在投诉时未向深圳某公司提供直观有效的材料证明文章相关内容系指称张某某，深圳某公司客观上难以对文章发布内容是否侵犯张某某名誉权作出判断。3. 微信公众号上发布的文章内容已被删除。综上，应认定张某某主张深圳某公司侵犯其名誉权理由不能成立，不予支持。其次，出自苏某某的案涉文章中“Z女”称谓所指代对象是否为张某某，涉案文章所描述的公司或项目“MD泉州项目”“惠安YZ”“闽系房企SM”“石狮SM”仅为缩写，虽有地名信息，但无法通过字母缩写指向具体的企业；张某某主张文章中描述的人物“Z女”，该姓氏缩写、在“MD”“SM”所任职岗位及工作经历与张某某本人姓氏“张”的缩写及相关职业经历具有高度重叠性，但以“Z”为缩写的姓氏不仅单指“张”，且姓氏不具有独特性，若以“Z”为缩写的姓氏冠名更不止千百种可能，案涉文章中的“Z女”亦不具有明确指向性。结合张某某认可其与苏某某素不相识的事实以及苏某某称该文章为创思后构想。撰写、发表文章，不是以生活中特定的人为描写对象，仅是文章中的情节与生活中某人的情况相似，不应认定为侵害他人名誉权。名誉是公众对自然人和法人的特定评价，离开特定的人即无所谓名誉，在名誉权上，无损害即无责任，应认定张某某主张苏某某侵犯其名誉权理由不能成立，不予支持。综上事实，本案属名誉权纠纷。深圳某公司作为网络服务提供者，不存在应当承担侵权责任的情形，张某某请求深圳某公司承担侵权责任，缺乏依据，不予采纳；苏某某撰写涉案文章，张某某认为该文对其构成名誉侵权的理由不能成立，张某某请求苏某某承担侵权责任，缺乏依据，不予采纳；综上，张某某的诉讼请求，应当予以驳回。据此，判决：

驳回张某某的诉讼请求。

张某某不服一审判决，提起上诉。福建省泉州市中级人民法院经审理认为：一、关于苏某某是否侵害张某某名誉权的问题。首先，张某某提交的截图、光盘所涉的"地产某某"微信公众号发布的"地产圈二三事⑦"文章系属于电子数据，在一审庭审中，深圳某公司、苏某某均认可案涉文章系苏某某经深圳某公司平台发布。其次，从案涉文章所描述的"现 MD（做电器出名……）泉州聚龙项目的营销负责人 Z 女……毕业后进入房地产行业……先在某代理商任女销售，闽系房企 SM 石狮项目……调至城东，任 SM 某项目销售主管"等内容来看，虽然所涉人物及相关单位仅为字母缩写，但与张某某提交的《离职证明》《个人信用报告》《个人住房公积金（补贴）账户明细单》所体现的张某某任职单位××有限公司、××公司及其相关任职经历，以及与张某某本人姓名的首字母缩写等具有高度相似或重叠。再次，结合张某某提交的微信聊天记录截图所体现的内容，可以证实案涉文章中的特定人物"Z 女"指向性明显，特定房地产业从业人员能够通过案涉文章对该人物的描述判断"Z 女"系指向张某某；虽然苏某某辩称案涉文章系其创思后的构想，但其未能就文章相关素材的来源及人物原型作出合理解释，故综合本案相关证据，足以认定案涉文章中的"Z 女"所指代对象为张某某。最后，案涉文章以"贪腐金额不高、长期一夜风流、炮火连天、其丈夫头顶天山草场+呼伦贝尔大草原、已知有名有姓的'同道中人'，近 20 位"等未经证实的负面评价加之于张某某，明显含有诽谤内容，且根据相关截图体现案涉文章在张某某取证保存时阅读量已达 6.4 万次，可以证实案涉文章已被一定公众知晓，产生一定的社会影响力，亦足以对张某某造成一定的负面社会评价。因此，苏某某发表案涉文章构成对张某某名誉权的侵害。

二、关于苏某某应如何承担相应民事责任的问题。苏某某因发表案涉文章侵犯张某某的名誉权，应当承担相应的侵权损害赔偿责任。对于张某某所主张的苏某某应在全国公开发行的报纸向其赔礼道歉等诉请，结合案涉文章发布的公众号情况、双方当事人均属于本市辖区以及本案具体案情等因素，依法认定苏某某应在泉州晚报上连续三十日向张某某刊发致歉声明。对于张某某所主张的苏某某应赔偿其精神损害抚慰金 50000 元、为维权支出的费用 20000 元，根据《中华人民共和国侵权责任法》第十五条、第二十二条以及《最高人民法院关于确定民事侵权精神损害赔偿责任若干问题的解释》（法释〔2001〕7 号）第十条的规定，结合案涉文章确对张某某带来负面影响造成一定精神伤害，张某某委托律师处理案涉纠纷确有实际支付以及案涉文章的相关阅读量等案涉事实，依法酌定苏某某应赔偿张某某精神损害抚慰金 10000 元及张某某为维权合理支出的费用 5000 元。综上，张某某的上诉请求部分成立，予以支持。判决：

一、撤销福建省惠安县人民法院（2021）闽 0521 民初 731 号民事判决；

二、苏某某应于本判决生效之日起十日内在泉州晚报上连续三十日向张某某刊发致歉声明（声明内容需经法院核准，如苏某某拒不履行该义务，法院将在泉州晚报公布本判决的主要内容，费用由苏某某负担）；

三、苏某某应于本判决生效之日起十日内赔偿张某某精神损害抚慰金 10000 元，合理支出费用 5000 元；

四、驳回张某某一审的其他诉讼请求。

【法官后语】

本案审理过程中，对于如何把握案涉文章描述对象是否实质性地指向现实真实人物，案涉文章是否构成对张某某名誉侵害进行了审慎判断。同时也从检索结果中发现，苏某某作为微信公众号实际运营人及作者，已多次因所发布的公众号文章与他人发生名誉权纠纷并被诉至法院。

关于如何判断文学作品描述对象是否指向现实真实人物，一般认为，确定这类文学作品中人物排他性，应采取“纵横比较法”。纵向比较，即将文学作品人物与现实人物的纵向经历划分为几个主要阶段，每一个阶段都以一个典型的事件作为标志，分析对照；横向比较，则将文学作品人物与现实人物在横的方面划分出几个部分，如婚恋、婚变史、特殊历史事件、外形特征、人际关系、生活环境等，分析对照。通过纵向、横向的分析比较，在主要方面都相同或相似的，再加上读者公认，就可以认定文学作品中的人物具有排他性。

结合本案涉案文章中字母缩写所指代的企业、“Z女”指向张某某线索明细，可以发现：1. 案涉文章所描述涉及的人物、相关单位虽仅为字母缩写，但与张某某提交的证据所体现的张某某任职单位及其相关任职经历、张某某本人姓名的首字母缩写等具有高度相似或重叠。2. 张某某提交的微信聊天记录截图证实同行业多名从业人员通过案涉文章对该人物的描述判断“Z女”系指向张某某，即案涉文章中的特定人物“Z女”指向性明显。3. 苏某某虽辩称案涉文章系其创思构想，但未能就相关素材来源及人物原型作出合理解释。故综合本案相关证据，足以认定案涉文章中的“Z女”所指代对象为张某某。而案涉文章以未经证实的负面评价加之于张某某，明显含有诽谤内容，且阅读量很高，可以证实案涉文章已被一定公众知晓，足以对张某某造成一定的负面社会评价。因此，二审法院认定苏某某发表案涉文章构成对张某某名誉权的侵害。

综上，判定作品描述对象实质指向现实真实人物的标准和方法为：1. 在非以“特定人”为描写对象的作品中，确定作品中的人物确定指向现实人物应当具备三个条件：（1）文学作品人物与现实人物的职业、经历、外貌等基本特征相同；（2）文学作品人物与现实人物所处的特定环境（即生活、工作环境以及人物之间的关系）应当相一致；（3）熟悉现实人物的人阅读后公认文学作品人物是指现实人物。这三个条件都具备的，可以确认文学作品中的人物具有排他性，确系描写现实人物。2. 具体审理中，可以将文学作品人物与现实人物的纵向经历划分为几个主要的阶段，每一个阶段都以一个典型的事件作为标志，分析对照；同时将文学作品人物与现实人物在横的方面划分出婚恋、历史事件、外形特征、人际关系、生活环境等几个部分，分析对照。通过纵向、横向的综合分析比较，在主要方面都相同或相似的，再加上读者公认，就可以认定文学作品中的人物具有排他性。

唯其如此，方能在鼓励文学艺术创作及保护名誉权之间进行有效平衡，既保护作者的创作自由，又防止该种自由被滥用以致损害他人名誉权。

编写人：福建省泉州市中级人民法院　陈琳　吴钟毅

46

网购评价侵犯名誉权的司法审查

——某食品经营部诉王某名誉权案

【案件基本信息】

1. 裁判书字号

浙江省温州市中级人民法院（2021）浙03民终5836号民事判决书

2. 案由：名誉权纠纷

3. 当事人

原告（上诉人）：某食品经营部

被告（被上诉人）：王某

【基本案情】

某食品经营部系从事食品零售的个体工商户，在某电商平台上经营店名为“Vo××××食品欢购店”的店铺。2021年2月6日，王某以网名昵称“半瓶某”在某电商平台上向某食品经营部购买一盒“××”牌每日坚果。王某收货后，于2021年2月10日在某电商平台上发表买家评价，内容为：“速度快，包装跟往常都一样，但是打开后……我是买到假货了吗？还是整体品质下降？看着坚果有坑的都比较害怕，会不会是老鼠磕掉的［难受的表情］蔓越莓干看着很差劲。记得之前有曝光假冒……介意的亲，慎拍，不差几十块，可以去官方买。”此后，双方就上述评价进行了沟通协商，王某进行了追评，内容为：“经过查询，商品是正品，我对我的不当评价感到抱歉，希望各位买家以我为戒。对店主造成的困扰，真诚地说声对不起!”后王某再次购买并发表新的评价，内容为：“上次是个误会。东西买来给孩子吃的，作为宝妈比较敏感反应有点大。后来证实确实是正品，我就放心啦。这次又过来买啦。发货很快。有疑惑的买家，可以找官方客服查验真伪。至于坚果上的坑，官方的回复是每个仓库加工，储存不同造成的。但是，不影响口感。大家可以放心购买。给卖家造成的不便，深感歉意，下次还来。”某食品经营部以王某恶意差评，诋毁其商业信誉，造成销售业绩明显下跌为由，诉至法院，要求王某赔偿其损失。

【案件焦点】

王某的网购评价是否构成对某食品经营部名誉权的侵害。

【法院裁判要旨】

浙江省瑞安市人民法院经审理认为：王某在收到货物后在平台上发表评价，是基于货品或服务本身等综合因素的考量，表达的是其主观感受及个人体验，评价内容并未达到侮辱、诽谤之程度。某食品经营部作为经营者，应对消费者针对其商品的评价予以必要的容忍，不能苛求评价必须绝对科学、不带主观情绪、符合逻辑。在案证据并不能证明王某的评价是基于主观恶意的目的，某食品经营部不能过分苛求每一个买家必须给予好评，不能简单地将“差评”和名誉权侵权画等号。某食品经营部亦未就损害事实及因果关系等，进行充要举证。

综上，依照《中华人民共和国民法典》第一千零二十四条、《最高人民法院关于审理名誉权案件若干问题的解答》第七条、《最高人民法院关于审理名誉权案件若干问题的解释》第九条、《中华人民共和国消费者权益保护法》第十五条、《中华人民共和国民事诉讼法》第六十四条第一款规定，判决：

驳回某食品经营部的诉讼请求。

某食品经营部不服一审判决，提起上诉。温州市中级人民法院经审理认为：是否构成侵害名誉权，应当根据受害人确有名誉被损害的事实、行为人行为违法、违法行为与损害后果之间有因果关系、行为人主观上有过错来认定。首先，从主观过错看，王某在购买某食品经营部销售的产品后，对产品作出的评论是基于王某收到货后观察坚果的品质外观所作的评价，是用怀疑的语气进行的评价，评价并未明确肯定产品属于假货或者是被老鼠磕掉，属于消费者的主观感受范围，且某食品经营部也无证据证明王某存在侵权的恶意，故王某不存在侵权的主观过错。其次，从客观行为看，王某作出评价是基于其购买商品的事实，评价的内容也是基于商品外观作出的判断，并附加商品的照片，评价内容也无明显恶意，该行为不构成违法。最后，虽然王某的评价被认定为“行家心得”，但是“行家心得”并不是由王某所决定，且在双方沟通协商后，王某及时进行了追评和道歉。虽然客观上王某的评价对某食品经营部收益造成一定影响，但作为网络经营者并不能要求购买者的全部评价达到完全专业程度，也不能要求消费者全部好评，王某作出的评价虽然不准确，但尚未达到侵犯名誉权程度，故一审不予支持某食品经营部的诉讼请求正确。依照《中华人民共和国民事诉讼法》第一百七十条第一款第一项规定，判决如下：

驳回上诉，维持原判。

【法官后语】

随着互联网技术的飞速发展，网购已成为人们生活和工作中不可或缺的组成部分。与此相伴，近些年因网购消费者差评而引起的商家名誉权纠纷案件日益增多。本案的意义在于为此类纠纷提供审理思路上的借鉴。

一、消费者评价权与经营者名誉权的冲突

消费者评价权，是指消费者在平台购买某种商品或享受某种服务后，对商品或服务进行评论或评级的权利。经营者名誉权，是经营者对其全部活动所产生的社会评价享有的权利，核心利益在于维护应有的商业信誉和商品声誉。评价其实质是公共空间中的个人言论，在消费者借助互联网平台畅通表达对商品或服务的感受时，不可避免地会涉及与经营者名誉利益的冲突。尤其在消费者作出差评时，就凸显了两者的紧张关系。从权利位阶角度，表达自由属于宪法上的基本权利，性质为公法权利，具有极高的权利位阶。赋予公民言论自由意味着，法秩序本就允许民事主体在一定范围内对他人的名誉造成消极影响，或者说法秩序并不禁止所有对名誉的贬损行为。① 当经营者名誉权与表达自由发生冲突时，作为私法民事权利的经营者名誉权应劣后于消费者评价权保护。再考虑到消费者评价对促进数字共享经济发展的重要作用以及消费者的弱势地位，故一般情况下，消费者基于自身购物体验作出的合理范围内的主观差评，经营者有容忍的义务，消费者的评价权受法律保护。

当然，强调消费者评价权优先保护，并不意味着对经营者名誉利益的漠视。言论自由不能被滥用，以致成为侵犯他人基本权利的借口。由于网络用户的分散性以及网上言论的隐蔽感，网络相比线下空间更容易成为侵权行为多发地。消费者评价权虽优先于名誉权保护，但一旦越过侵权法的界限，同样构成对经营者名誉权的侵犯，消费者应当为此承担责任。

二、认定消费者评价侵权的构成要件

一般来讲，认定侵犯名誉权与认定其他侵权行为一样，应符合四要素，即行为人所实施的行为违法、受害人确有名誉被损害的事实、侵权行为与损害后果之间存在因果关系、行为人主观上有过错。

第一，消费者存在违法行为。根据民法典第一千零二十四条，名誉权侵权最主要的两种表现形式是侮辱和诽谤。法释义学上将言论结构基本区分为事实陈述和价值评判两部分。事实陈述是消费者对经营者提供的产品和服务质量以及消费过程、消费经历等客观发生的事实的具体描述，审查的重点在于是否真实存在，主要指向是否构成诽谤。价值评判是消费者基于已发生的事实就经营者的经济实力、履约能力、服务态度、产品质量、购买建议等作出的主观评价，主要审查是否存在超出社会正常观念的贬损性言辞，主要指向是否构成侮辱、诋毁。总体而言，因消费者不是专门从事舆论监督工作的人员，难以全面了解情况；且因个体认知水平不同，对于商品或服务的认识程度、感受体验不一，

---

① 王琦：《交易差评的侵权法规制——以违法性审查为焦点》，载《北方法学》2021年第4期。

故只要评论反映的内容基本真实，也未有明显侮辱、诋毁经营者的言辞，不应认定行为违法；如评论反映的内容虽基本属实，但评价偏激到让人无法忍受的程度或评论的内容严重失实，应认定行为违法。本案中，被告的评论系基于其真实购物体验作出的评价，表达的意见虽带有一定主观性，但仍属可接受范围，其行为不具有违法性。

第二，经营者存在名誉受损的事实以及与消费者评价的因果关系。社会评价存在于自然人的主观意识之中，难以客观量化；商品或服务的销售又受到市场环境、营销策略、商家信誉等多重因素影响，在司法实践中基本形成一种“公布推定”的证明标准：受害人提供证据证明针对自己的诽谤和侮辱性内容已经为第三人所知悉，则推定受害人的名誉受到侵害。[①] 加害人若主张其行为未造成经营主体的名誉受损，应由其负举证责任。因果关系的认定参照损害事实的认定标准。

第三，消费者存在主观过错。网络侵权作为侵权的一种特殊形态，采用的是过错归责方式。如果消费者主观上不具有借机诽谤、诋毁经营者的恶意，一般不认定构成侵权。现实中的恶意差评主要来自同行之间或以差评相威胁获取利益的职业差评师。本案原告并无证据证明被告存在损害其名誉的主观恶意，也是法院不认定构成侵权的重要考量因素。

三、消费者评价构成侵权的责任承担

消费者评价构成侵权的，经营者有权要求消费者承担停止侵害、恢复名誉、消除影响、赔礼道歉、赔偿损失的民事责任。关于赔偿损失的范围和金额，根据民法典第一千一百八十二条以及《最高人民法院关于审理利用信息网络侵害人身权益民事纠纷案件适用法律若干问题的规定》第十二条规定，财产损失按照被侵权人因此受到的损失或者侵权人因此获得的利益两种方法计算。被侵权人为制止侵权行为所支付的合理开支，包括被侵权人或者委托代理人对侵权行为进行调查、取证的合理费用，可以认定为财产损失的范围。在经营者无法举证实际损失或获利金额时，则由法官综合被侵害人的名誉价值、侵害情形、影

① 张红：《法人名誉权保护中的利益平衡》，载《法学家》2015年第1期。

响范围、过错程度、维权费用等因素，在50万元以下的范围酌定赔偿数额。需要注意的是，对法人名誉权之侵害，实质是对其正常发展的经济利益而不是人格利益的侵害，因此不包括精神损害赔偿。

网络消费环境的优化需要消费者和经营者双方提升法治意识，共同作出努力。对消费者而言，评价权固然是其法定权利，但在行使时应坚持实事求是、理性负责的态度，避免偏离事实或过分偏激。对经营者而言，不应盲目追求好评，对合理限度内的差评当有包容的雅量，并努力提升产品和服务质量。如此，才能促进网络经济的健康有序发展。

编写人：浙江省温州市中级人民法院　胡淑丽　郭阳平

47

网络大V言论自由与知名企业名誉权的界定标准

——某科技有限责任公司诉张某某名誉权案

【案件基本信息】

1. 裁判书字号

成都铁路运输第一法院（2021）川7101民初130号民事判决书

2. 案由：名誉权纠纷

3. 当事人

原告：某科技有限责任公司（以下简称某科技公司）

被告：张某某

【基本案情】

2020年6月9日16时57分，张某某用“××Pro”微博账号转发“天某网”对比燃烧试验部分，并配文“天某网太会玩儿了，直接火烧背板，某电视轻松点着，某款手机智慧屏烧了半天没啥反应？一定是火的问题！”视频时长2分52秒，内容为：一名工作人员以接近于垂直地面方向手持某电视4A的喇叭后壳，另一名工作人员手持喷枪对喇叭后壳棱边末端进行约18秒的火焰喷射，喷射过程中可见某电视的喇叭后壳产生有焰燃烧，撤离喷射火焰后仍有余焰，工作人员立即将后壳移出镜头；工作人员另取某款手机智慧屏XI后壳接近于平行地面方向手持，另一名工作人员对其宽面进行了约12秒的火焰喷射，火焰喷射中及撤离喷射火焰后未见燃烧；两名工作人员同时手持某电视4A后壳和某款手机智慧屏XI后壳，对火烧部分进行局部特写对比，发现两款电视后壳都有灼烧变形的痕迹；工作人员再次使用喷枪对某电视4A后盖另一侧棱边进行时长约9秒的灼烧，镜头给到灼烧部位特写可明显听到火焰喷射的气流声，喷射过程中可见喇叭后壳产生有焰燃烧，撤离喷射火焰后仍有余焰，随即工作人员再次立即将后壳移出镜头。截至6月10日16时11分，该条微博转发184次，评论493次，点赞2201次。2020年7月，“××Pro”该条涉案微博因被多人投诉，微博平台根据《微博社区公约》，将其删除。

2020年8月19日13时41分，张某某在“××Pro”微博账号发布微博：“某款纪念版手机刚开售才几天的时间，东东的好评率就已经掉到95%了，用户差评最多的除了没有收到预期的赠品外，吐槽最多的地方就是发烫、续航差、死机……手持这台手机简单说两句，目前使用几天发烫确实存在，毕竟天气也挺热的，除了玩游戏，也不会烫得无法接受，发热控制个人感觉比我的手机强。另外续航差的问题我觉得因人而异……”，附消费者商品负面评价截图九张。截至2020年11月18日16时26分，该条微博累计转发10次，评论81条，点赞162次。2020年12月，张某某将该条涉案微博删除。

【案件焦点】

张某某原发及转发的涉案博文是否构成对某科技公司名誉权的侵犯。

【法院裁判要旨】

成都铁路运输第一法院经审理认为：认定言论是否构成侵犯名誉权时，需要综合考虑事件背景、网络言论相对随意和率性、当事人主观上是否有恶意、言论给当事人造成损害的程度等因素，合理确定网络大V正当行使言论自由与侵犯他人名誉权之间的界限。

第一，转发他人的视频应对来源、内容尽到合理的注意义务，所发表的言论应具有一定的事实依据。1. 张某某截取转发的视频来源于“天某网”，系知名IT企业旗下的正规网站，且注明了消息来源，已尽到来源正当的注意义务；2. 张某某并未对转发的视频作出修改，视频本身亦不存在对一般消费者而言显而易见的与常理不符的情况，符合一般“理性人”的标准，具有一定的可信度，已尽到内容可信的注意义务；3. 该视频在2020年7月已被删除，抑制了该视频的进一步传播；4. 张某某虽为知名数码博主，但其既往微博信息展示的多为对手机各种性能的对比及使用感受，很难去苛责张某某能明确知晓电视背板的专业测评方式、阻燃技术，故视频内容不含有张某某以其基本专业知识可以识别的明显的侵害他人名誉之处。故张某某转发的“天某网”对比燃烧试验视频内容的博文未构成对某科技公司名誉权的侵害。

第二，在发表言论时，对于事实陈述，行为人需举证证明其所言为真实，或经合理查证，有相当理由确信所言为真；对于意见表达，观点正确与否并非法律评价的范围，但言语上不得存在侮辱他人的情形。1. 对于好评率降低、差评集中在哪些方面进行的表述为事实陈述，张某某已经充分举证证明是截取自“某京东自营旗舰店”中消费者的评价；2. 对于“使用几天发烫确实存在”“续航差的问题我觉得因人而异”“死机问题目前遇到了一次”等表述为张某某对某款纪念版手机的主观评价，结合文章的上下文和语境进行整体判断，以上评价并不存在侮辱某科技公司的情形；3. 对于截取的图片，网络空间具有传播迅捷的特点，张某某在截取“某京东自营旗舰店”的每条负面评论时若都要审查其是否涉嫌侵权，既不现实，也不符合互联网传播的规律。故张某某在微博发布的关于某款纪念版手机的涉案博文，属于正当行使言论自由权利，未构成对某科技公司名誉权的侵害。

第三，某科技公司作为已有一定知名度的公司，其知名度与公众的讨论相辅相成，认定构成侵犯其名誉权应适用更高的审查标准。当民事主体发表的言论涉及知名企业时，若该类言论属于不具有明显恶意的侮辱或诽谤，且未超过损害知名企业人格的必要限度，知名企业对于该类社会评论和舆论监督理应负有一定的容忍义务。某科技公司提供的证据并不足以证明张某某发布的涉案博文存在恶意的侮辱、诽谤，不宜认定为构成侵害名誉权。

成都铁路运输第一法院遂判决：

驳回某科技有限责任公司的诉讼请求。

判决后，双方当事人均未上诉，本判决现已生效。

【法官后语】

本案是涉及网络大V言论注意义务与知名企业名誉权保护的典型案例。本案主要表达出以下观点：1. 知名企业的知名度与公众的讨论相辅相成，认定构成侵犯知名企业名誉权应适用更高的审查标准；2. 网络大V具有高于普通网络用户的影响力，在发布（转发）网络言论时，需要达到与其身份性质及影响范围相适应的高于一般公众的注意义务。

一、知名企业的容忍义务

本案判决明确了企业的知名度与公众的讨论相辅相成，对公众的网络发声亦应有更高的承受力和容忍度。

名誉权属于人格权的范畴，为绝对权，但名誉权的保护是相对性的，并不是在任何情况下都受到绝对的保护。对于法人名誉权，需要考虑法人的社会影响力及知名度，进而判断是否构成侵权，同公众人物的名誉权、隐私权等保护应受到必要限制一样，企业的知名度与公众的讨论相辅相成，认定构成侵犯其名誉权应适用更高的审查标准。当民事主体发表的言论涉及知名企业时，即使其措辞存在不当之处，也不宜对此类言论作出苛刻认定。如该类言论属于不具有明显恶意的侮辱或诽谤，且未超过损害知名企业人格的必要限度，即可阻却其行为的违法性，应被界定为言论自由的范畴，知名企业对于该类社会评论和舆论监督理应负有更多的容忍义务。

二、网络大V言论自由的界定标准

本案判决为网络大V这一依托于互联网发展的新兴群体，如何廓清其言论自由的法律边界提供了一个基本标准参考。

网络侵权行为为过错责任，侵权与否的认定应根据行为人的职业、影响力及言论的发布和传播方式等因素进行综合判断。过错的本质是注意义务的违反，对于粉丝量巨大的网络大V来说，其注意义务有多个层次：第一，应承担与社会一般人同样的注意义务，即法律规定的不得侵害他人合法权利的义务；第二，由于其身份特点，网络大V往往还负有对于他人的特殊义务，即应比一般人承担更高的注意义务，具体应结合职业的技术性规则和业务常识等综合判断；第三，由于其影响力，网络大V在发表言论时应注意以善意和实事求是的态度发言，不能单纯为了吸引粉丝或公众视线虚构事实或使用过激言论，在涉及对法人或其产品进行评论时，应将不同的观点进行客观的展示，使公众了解到完整的信息，秉承网络大V的社会责任意识，坚持正确的舆论导向。

就本案涉及的内容，很难去苛责张某某明确知晓电视机的阻燃性能专业测评方式，故视频内容不含有张某某以其基本专业知识可以识别的明显的侵害他人名誉之处。但网络大V在享受新业态红利的同时，亦应对其言论进行反思，对于自己不熟悉的领域或了解不深入的事件，不要妄下倾向性甚至是结论性言论，引发对其他民事主体的伤害和损失。

编写人：成都铁路运输第一法院　张艳秋　陈雪蛟

48

网络平台新闻报道侵害名誉权的认定

——朱某诉北京某媒体（集团）有限公司、北京某网络技术有限公司网络侵权责任案

【案件基本信息】

1. 裁判书字号

北京互联网法院（2019）京0491民初34225号民事判决书

2. 案由：网络侵权责任纠纷

3. 当事人

原告：朱某

被告：北京某媒体（集团）有限公司（以下简称某媒体公司）、北京某网络技术有限公司（以下简称某网络技术公司）

【基本案情】

某媒体公司在某网络技术公司经营的微博平台注册用户，名为“某某视频”。2018年6月12日，“某某视频”发布微博：“自称‘安心’的女子频繁晒身份，曾晒‘合作伙伴’××市公安局‘公文’，称邀领导出席开拍仪式，威海警方对此辟谣；女子微信标注的与某影视公司合作身份、慈善捐款、与名人合影均被证伪。”博文下面附有一段视频，含有以下字幕：女子自称担当多部禁毒剧作；与××警方一起拍电影？禁毒剧作制品人？“网红”民警郭某某的老板？微博网友（自称“安心”）晒出一连串的头衔，直到@郭某某公开否认与之关系，网友对其真实身份的质疑也浮出水面。

朱某诉称，“某某视频”经过剪辑、编辑，在微博刊登不实且侵犯朱某名

誉权的视频及配图博文，新媒体公司进行了确认性描述，编辑、制作并进行公开传播，损害了朱某的名誉权，主观上存在过错，具有违法性，且接到朱某通知后拒绝删除，给朱某造成严重影响。

某媒体公司辩称：1. 不存在侵权行为。(1) 公司发布的内容均为微博、微信公开的客观真实的信息；视频中相关内容的回应为公司员工真实采访得到的素材。(2) 公司作为新闻单位，正当的新闻报道和舆论监督具有正当性与合法性。2. 公司的行为没有导致朱某社会评价降低。(1) 涉案微博认证的法定代表人并非朱某本人。(2) 涉案视频对人物面部进行处理，视频截图和采访未透露个人信息，一般人无法确认视频人物为朱某本人。

某网络技术公司辩称：1. 网络服务提供者对用户发布的内容没有事先审查的义务。朱某对公司进行有效通知前，公司不知悉该内容，不存在过错，不构成侵权。2. 公司收到投诉后，及时检查但未发现侵权内容。已经尽到网络服务提供者事先注意和事后审查义务。

【案件焦点】

某媒体公司发表的涉案视频是否构成对朱某名誉权的侵害。

【法院裁判要旨】

北京互联网法院经审理认为：从涉案视频看，某媒体公司在发表涉案视频前采访过朱某、鸿基金工作人员和威海市公安局相关人员，浏览过朱某微博、郭某某微博。涉案视频采取的方式为，从朱某、郭某某微博截取图片，并根据图片配有字幕，同时针对相应问题播放采访录音。涉案视频主要是客观描述，并未作出结论性判断。因此并非捏造事实进行诽谤，不构成名誉权侵权。

但视频上方博文构成侵权。博文中存在“女子微信标注的……慈善捐款……被证伪”表述，但从涉案视频以及基金工作人员采访录音中不能得到慈善捐款被证伪的结论，且朱某当庭举证了其捐款的记录。因此，博文中这一结论性判断，使读者误信，对朱某名誉造成一定损害。

某网络技术公司的行为不构成侵权。根据《中华人民共和国侵权责任法》

第三十六条第二款、第三款规定，某网络技术公司为网络服务提供者，无证据证明该公司可以直接判断涉案微博、视频侵权，因此该公司不存在主观过错，不承担侵权责任。

北京互联网法院判决：

一、本判决生效之日起十日内，某媒体公司删除涉案微博，并在“某某视频”公开发表致歉声明，时间为三天；

二、本判决生效之日起十日内，某媒体公司赔偿朱某经济损失及合理开支共计5000元；

三、本判决生效之日起十日内，某媒体公司赔偿朱某精神损害抚慰金1000元；

四、驳回朱某其他诉讼请求。

判决后，双方当事人均未上诉，本判决现已生效。

【法官后语】

随着互联网的发展，微博等网络平台成为具有影响力的新舆论阵地，在新闻传播中发挥越来越突出的作用。新媒体环境下新闻侵权的具体形式多样，[①]网络平台上发布的视频、博文等信息严重失实、致使他人名誉受到损害的，属于新闻报道侵害名誉权的一种类型。过去，是以《最高人民法院关于审理名誉权案件若干问题的解答》（现已失效）第七条作为认定新闻报道侵害名誉权的法律依据，而今，民法典第九百九十九条、第一千零二十五条、第一千零二十六条、第一千零二十八条对新闻报道侵害名誉权的内容进行了规定。结合民法典的具体规定及其立法精神，对于新闻报道侵害名誉权的认定，应当具体考量以下方面：

一、新闻报道是否严重失实

（一）新闻报道失实的判断

失实，即新闻作品中事实构成要素不客观或不全面而进行报道。新闻学界

① 詹婧：《浅谈新媒体环境下新闻报道侵犯名誉权行为》，载《新闻世界》2014年4期。

提出新闻报道真实性的评价标准：新闻报道中的时间、地点、人物、事情、原因和经过都经得起核对，[①] 以此为基准，对个案中的新闻报道是否失实进行判断。

一般而言，下列情形不被认定为失实：第一，媒体亲自进行采访活动，获得的是第一手采访资料，且相关信息在采访者采访时或媒体收集获取时的特定情境中，以一般人的认识能力判断可以相信其为事实。第二，新闻内容是对他人言论的单纯转述，或对调查经过的陈述，而并未对事件作出结论，没有倾向性、批判性的意见。

（二）失实达到一定严重程度

单纯的失实未必构成侵权，而需要达到一定严重程度。严重失实，是指新闻报道的内容严重偏离实际，以至于行为性质类似于捏造事实，接近于诽谤。[②] 应强调整体思维进行综合判断，对新闻的整体内容进行全面认定。具体可从以下方面考虑：第一，失实部分在新闻报道整体中起到的作用。一篇新闻报道往往涵盖多个事实，关键性事实的虚假可能导致整篇报道构成严重失实，即使该关键事实所占篇幅和字数并非最多。第二，结论性判断的客观性以及定性的正确与否。实践中，大量新闻报道内容不仅是单纯的信息表述，还包含对事实作出的概括性总结，或作出结论性判断。缺乏足够事实作为支撑的结论性判断往往构成"质变"，直接影响定性，构成严重失实。如"没有问题"变成"有问题"、"作风问题"变成"违法问题"、"纪律问题"变成"犯罪问题"等。[③]

二、新闻媒体是否存在主观过错

新闻报道侵害名誉权的归责原则是过错责任原则，新闻记者对自己撰写的报道负有真实性义务，新闻媒体对自己发表的新闻报道负有审查义务，对于他人提供的内容要尽到合理核实义务，违反相关义务致使报道失实，[④] 即存在过

---

① 邱平荣、朱明飞：《新闻侵权及其归责原则初探》，载《政治与法律》2003 年第 6 期。

② 张红：《新闻报道中的名誉权侵权责任》，载《浙江学刊》2012 年第 4 期。

③ 魏永征：《新闻传播法教程（第五版）》，中国人民大学出版社 2016 年版，第 132 页。

④ 杨立新：《论中国新闻侵权抗辩及体系与具体规则》，载《河南省政法管理干部学院学报》2008 年第 5 期。

错，包括故意和过失。

新闻报道侵害名誉权主观故意的情形主要包括捏造、歪曲事实，以及故意使用侮辱性言辞等贬损他人名誉。新闻报道侵害名誉权的过失中，疏忽大意的过失最为常见。如记者草率地进行采访报道、道听途说即撰写文章，不做深入调查、偏听偏信，对他人提供的严重失实内容未尽到合理核实义务，作片面的扩大和推理等；[①] 又如新闻媒体未经审核就予以发表。

三、新闻报道是否导致特定主体的名誉受损

首先，名誉受损的客观判断。认定新闻报道是否造成他人名誉受损，不应以受害人的自我感觉，而应以新闻报道是否在客观上造成受害人的社会评价受损为判定依据。但名誉损害是一种无形损害，是否造成社会评价降低往往难以进行具体量化。因此，在审判实践中，一般要从双方当事人的言论及其背景、是否超出必要限度、言论所针对的对象、因果关系以及损害后果等几方面进行综合判断。

其次，侵害名誉权行为应有特定的侵害对象，即新闻报道必须能指向特定主体而不是某种空泛的现象，亦体现侵害行为和损害结果必须具有因果关系。一般包括以下几种情形：（1）指名道姓；（2）虽未指名道姓，但侵权人的表述足以让人知道所指对象为具体的某人；（3）指向某一组织，但该组织的范围极小且成员固定，以至于能够让他人辨别出其中的每一具体成员。[②]

编写人：北京互联网法院　韩武

① 蔡泉：《新闻失实与新闻侵权》，载《西安社会科学》2020年4月刊。

② 顾明中、陈松涛：《试论互联网上侵害名誉权》，载《人民司法》2001年第2期。

49

微信群主注意义务的认定标准及法律后果

——黄某某诉某某智慧城市服务股份有限公司、某某智慧城市服务股份有限公司番禺分公司名誉权案

【案件基本信息】

1. 裁判书字号

广州互联网法院（2020）粤0192民初27883号民事判决书

2. 案由：名誉权纠纷

3. 当事人

原告：黄某某

被告：某某智慧城市服务股份有限公司（以下简称某某智慧公司）、某某智慧城市服务股份有限公司番禺分公司（以下简称某某智慧番禺分公司）

【基本案情】

某某智慧番禺分公司员工杨某为履行物业管理需要，于2018年创建微信群。自2018—2019年，有多名小区业主在群内长期频繁发布针对黄某某的恶意辱骂言论，黄某某多次在群内及通过微信私聊的方式向担任群主的杨某发送信息，要求采取措施，杨某在2019年5月15日、19日于群内发布公告提醒群成员注意文明用语，并于19日解散该群。黄某某对微信群内发表辱骂言论的业主提起另案侵权诉讼，法院生效判决认定业主在群内发表辱骂言论的行为构成名誉权侵权，判令业主书面赔礼道歉、赔偿精神损害抚慰金2000元。黄某某认为物业公司的不当行为是其名誉受损的重要原因，故提起本案诉讼，要求物业公司赔礼道歉、赔偿精神损害抚慰金。

【案件焦点】

1. 微信群主对群内的侵权行为是否负有注意义务；2. 如何认定微信群主已尽到注意义务。

【法院裁判要旨】

广州互联网法院经审理认为：综合案件情况，某某智慧公司应当向黄某某承担名誉权侵权责任，理由如下：

一是某某智慧公司对涉案微信群内的侵权行为负有注意义务。首先，某某智慧公司员工杨某利用微信发起某小区业主参加的群聊，使众多业主在微信群这一网络空间内交流信息、发表意见，其应当预见到该微信群内可能会出现侵害他人合法权益的信息或言论，故对此负有必要的注意义务。其次，参照国家互联网信息办公室《网络信息内容生态治理规定》第六条第十项、《互联网群组信息服务管理规定》第九条第一款的规定，杨某作为涉案微信群的建立者和管理者，应当履行群主管理责任。再次，杨某建立涉案微信群用于物业管理，该群应视为某某智慧公司物业服务场所在网络空间的延伸。国务院《物业管理条例》第四十五条规定，对物业管理区域内违反有关治安等方面法律、法规的行为，物业服务企业应当制止。公然侮辱他人属于违反治安管理的行为，涉案旧群成员杨某某、金某某侮辱黄某某的行为已经法院生效判决认定构成侵权，根据上述规定的精神，杨某应履行工作职责，制止发生在微信群内的侮辱黄某某名誉的行为。最后，杨某作为微信群管理者，对于群成员的违法违规等不当行为，虽然不享有网络服务提供者的删除、屏蔽、断开链接等权限，但比一般群成员多出发布群公告、将群成员移出群聊和解散微信群的权限，这些权限的正确行使，对预防、阻止群成员发布侵权信息和言论具有重要作用。故杨某应当在自己的权限范围内预防和阻止群内侵权行为。

二是某某智慧公司未尽到上述注意义务需承担侵权责任。涉案旧群在长达半年多的时间里频繁出现针对黄某某的恶意辱骂言论，黄某某多次、多方式要求群主采取措施，但某某智慧公司未采取任何管理措施，直到 2019 年 5 月 19 日解散涉案旧群时才发布公告提醒群成员注意文明用语，其长期不作为致使侵害黄某某名誉权的言论持续在涉案旧群内传播。综合考虑涉案旧群中侵权言论出现频率、持续时间、某某智慧公司发布公告及时性等因素，可以认定某某智慧公司未及时履行群主管理责任，存在过错，因而加重了黄某某名誉受损程度。根据侵权责任法第六条第一款的规定，某某智慧公司应承担相应的侵权责任。

某某智慧公司承担赔礼道歉和精神损害赔偿的责任，应当遵循责任大小与过错程度、原因力大小相适应的原则。该公司虽因其不作为而应承担过错责任，但导致黄某某名誉受损的直接原因是直接侵权人的行为，故该公司的过错程度明显小于直接侵权人，其责任亦应小于直接侵权人。具体而言，对上述赔礼道歉责任，因其具有人身属性且不可替代，不因直接侵权人已按另案生效判决承担该责任而予以免除，但某某智慧公司发布道歉声明的期限应当比直接侵权人的发布期限短。黄某某要求某某智慧公司在某小区公告栏张贴道歉声明，因旧群已解散，已无法在该微信群发布声明，故该诉请理由充分，予以支持，但张贴道歉声明的期限应短于另案判决直接侵权人张贴声明的两个月期限，以 30 日为宜。对精神损害赔偿，结合某某智慧公司违反注意义务的具体情形，法院认为该公司应承担补充责任为宜，即其仅对直接侵权人不能赔偿的部分，承担相应的补充赔偿责任。因直接侵权人已按另案生效判决全额支付了精神损害抚慰金，故不再判决某某智慧公司支付精神损害抚慰金。

广州互联网法院判决如下：

一、某某智慧公司在某小区公告栏张贴声明向黄某某赔礼道歉，声明张贴时间不得少于 30 日，声明格式、内容、所用纸张大小等须经本院审核；如某某智慧公司拒不履行，本院将采取在报刊、网络等媒体上发布公告或者公布生效裁判文书等方式执行，相应费用由某某智慧公司负担；

二、驳回黄某某的其他诉讼请求。

判决后，双方当事人均未上诉，本判决现已生效。

【法官后语】

微信群所引发的侵权案件纠纷日益增多，目前仅有国家互联网信息办公室发布的《互联网群组信息服务管理规定》明确规定了互联网群组管理者的管理责任，而无法律文件明确微信群主未对微信群尽到注意义务时承担法律责任的依据、责任类型及责任后果，给司法实践带来裁判困境。

本案明确微信群主负有对微信群的管理职责，须履行注意义务。该注意义务主要来源于三个方面：一是建群行为和群主享有的管理权限。建群行为的直接后果是人为创设了一个群聊虚拟空间，微信软件为群主设定了管理权限，群主当然要为群成员承担一定的注意义务。二是网络空间治理规范。《互联网群组信息服务管理规定》第九条第一款明确规定互联网群组建立者、管理者应当履行群组管理责任。三是基于特定身份的职责。根据《物业管理条例》第四十五条规定，对物业管理区域内违反有关治安等方面法律、法规的行为，物业服务企业应当制止。本案中，微信群用于物业管理，应将其视为物业服务场所在网络空间的延伸，公然侮辱他人属于违反治安管理的行为，群主应履行工作职责，制止业主的辱骂行为。

关于微信群主注意义务的履行标准。当微信群内出现侵害他人名誉等合法权益的言论时，微信群主作为一名理性人，应对此类言论可能造成侵害他人合法权益的损害后果具有预见能力，并且由于微信群主享有一系列管理权限，对于群成员的侵权行为具有较强的控制能力，能够最大限度避免群成员出现侵权行为或降低群成员侵权行为对他人合法权益造成的侵害。此时，如果微信群主明知群成员在自己所管理的群内发布传播侵害他人合法权益的信息或言论却不及时进行管理、制止，其主观上对最后损害的发生存在过错。实践中，对微信群主是否尽到注意义务，判断标准不宜过高，不能苛求微信群主时刻保持对群内言论的密切关注。从微信软件赋予微信群主的管理权限来看，微信群主除言语劝阻、将群成员移出群聊或解散群外，再无其他群管理措施。因此，微信群主客观上不可能杜绝群内侵权行为的发生，仅可在管理权限内，积极预防、阻止群内侵权行为。具体来说，微信群主是否尽到注意义务，应根据微信群的性质、群成员身份关系具体判断，并结合不法言论出现的频率、持续时间、被侵权人的通知和求助情况、微信群主对侵权人的不法言论所采取的管理措施是否及时、适当等因素综合考量。本案中，对侵权人多次长时间在群里发布不法言论，被侵权人已经在群里多次、通过多种方式要求群主采取措施，但群主未及时采取适当的管理措施，故可以认定群主未尽到注意义务，存在过错。

关于微信群主侵权责任的认定和承担方式。微信群主的侵权责任是一种以能够防止和制止损害的范围为限的责任，须遵循责任大小与过错程度、原因力大小相适应的原则。微信群主虽因其不作为而承担过错责任，但并非直接侵权人，其过错程度明显小于直接侵权人，其责任亦应小于直接侵权人。关于责任承担方式，也应与其侵权造成的损害结果相适应。以本案为例，黄某某遭受的是精神性损害后果，故责任承担方式包括赔礼道歉、赔偿损失。因赔礼道歉具有人身属性且不可替代，不因直接侵权人已按另案生效判决承担而予以免除，故物业公司仍应承担赔礼道歉的责任，但是发布道歉声明的期限应当短于直接侵权人的发布期限。关于精神损害损失赔偿责任，基于责任大小与过错程度、原因力大小相适应的原则，物业公司对精神损害损失承担补充责任为宜，即其仅对直接侵权人不能赔偿的部分，承担相应的补充赔偿责任。鉴于直接侵权人已按另案生效判决向黄某某全额支付了精神损害抚慰金，精神损害损失已经得到抚慰和弥补，故本案不再判决物业公司支付精神损害抚慰金。

编写人：广州互联网法院　李朋　许燕玲

50

自媒体言论侵害营利法人名誉权的责任认定

——上海某餐饮管理有限公司诉朱某某名誉权案

【案件基本信息】

1. 裁判书字号

上海市第二中级人民法院（2021）沪02民终7550号民事判决书

2. 案由：名誉权纠纷

3. 当事人

原告（上诉人）：上海某餐饮管理有限公司（以下简称某餐饮公司）

被告（被上诉人）：朱某某

【基本案情】

“某某捷肉割烹完全预约制”餐厅系由某餐饮公司经营的日式料理店。该餐厅不接受单点和散客，到餐厅就餐均需预订。套餐有980元、1350元、1850元、2400元、3600元5个价位供顾客选择。

2020年9月23日，朱某某通过新浪微博账号发布微博文章，内容为：“#辣眼睛系列#忍不了，点评居然推这种店给我看，注意人均1000元的店子，用樱花油烟机，明装，明插头，厨房的帷幔淘宝地摊，这盘刺身是什么意思，这碗味增汤还不算是重点，重点是用了我家人均30元的同款托盘，这牛肉海胆卷，熟透了的牛肉不是重点，紫苏一毛钱一张还用这么不新鲜的甚至不泡水，前菜盘这个玉子影响我整顿心情，更别说点缀在金箔正面的那坨什么，清酒杯用这么丑不难，过分的是用这么丑的杯子还要来喝我家烧菜用的月桂冠实在喝不下，人均1000元的店子用盒马特价99元1.8L的清酒，还不如喝料酒，白煮蛋剥成这样在我店里只够员工餐，不配我家卖2元的卤蛋外观标准，这个Lv8的点评不是重点，关注这家店的那些8级大佬，他们点评过的店基本可以认定是雷了。”微博中另配有图片。

朱某某自营一家餐饮店，包含低价日料。朱某某拥有新浪微博账号，用于发布点评餐饮店铺的文章，在发布案涉微博文章时拥有4万多粉丝。朱某某未至某餐饮公司所经营的店铺消费用餐，其所发布微博文章中所配图片均系其他顾客于某餐饮公司经营店铺中拍摄后，上传至大众点评平台中某餐饮公司经营店铺的评价页面。图片内容涉及案涉店铺使用的油烟机、店内插座排布、店内厨房门帘、店铺使用的托盘杯具、月桂冠酒、店内的菜品、菜品中的紫苏叶、蛋等。

涉案微博经发布后，获2240次转发、8270次点赞、587条评论，朱某某于2021年春节后将该微博删除。

某餐饮公司认为朱某某的行为侵犯其名誉权，故起诉至法院，请求判令：1. 朱某某在其名下的新浪微博主页及大众点评平台的某餐饮公司店铺下方的评论中公开向某餐饮公司赔礼道歉、消除影响，持续一个月；2. 朱某某赔偿某餐饮公司经济损失、公证费、律师代理费。

【案件焦点】

1. 如何认定自媒体言论与营利法人名誉权保护间的界限；2. 在自媒体言论所致侵犯法人名誉权纠纷中，对各侵权责任要件是否应有特殊考量。

【法院裁判要旨】

上海市普陀区人民法院经审理认为：一、是否侵害名誉权，应当根据是否存在侮辱、诽谤等侵害名誉权的行为，行为人主观上是否存在过错，受害人的名誉是否受到损害，行为与损害后果之间是否存在因果关系四项要件进行认定。虽朱某某发布微博中所配图片确系由其他消费者于某餐饮公司店铺中实际拍摄，但朱某某微博文章中的描述性及评价性内容系基于上述图片而作出，尚未达到捏造、夸大、歪曲事实等诽谤的程度，且朱某某亦未使用侮辱性的言语。二、某餐饮公司作为市场经营者，应当听取他人对其经营情况的意见、接受他人的监督。三、某餐饮公司并未提供充分的证据证明朱某某故意侮辱、诽谤某餐饮公司并造成其名誉损害的后果。

上海市普陀区人民法院判决：

驳回原告某餐饮公司的全部诉讼请求。

某餐饮公司不服一审判决，提出上诉。上海市第二中级人民法院经审理认为：一、朱某某使用其他顾客在某餐饮公司店铺所拍摄照片，就某餐饮公司店铺的装饰装修、餐具、菜品外观、价位等在其微博中作出评价，朱某某是否探店、是否实际品尝均不影响其作出前述评价。且朱某某的用语亦未达到侮辱的程度，故对某餐饮公司并未实施侮辱、诽谤等毁损名誉的行为。二、经营者从事市场经营，应听取公众意见、接受公众监督。朱某某通过评价餐饮店铺的经营状况以实现对餐饮企业的监督，且在朱某某发表微博时亦对某餐饮公司的店铺介绍图片进行一定马赛克处理，朱某某并无侵害某餐饮公司名誉权的故意。故就某餐饮公司认为朱某某存在明显主观恶意之上诉理由，难以采纳。三、某餐饮公司为证明其名誉受损及行为与损害结果间的因果关系，向一审法院提供大众点评截图、营业收入汇总表、店铺订位记录等，但某餐饮公司系从事餐饮行业，不仅营业收入易生变动，亦存在其他消费者对某餐饮公司的评价行为，前述证据不足以证明某餐饮公司的名誉受到损害、朱某某的行为与损害结果之间存在因果关系，故对某餐饮公司的上诉请求难以支持。

上海市第二中级人民法院判决：

驳回上诉，维持原判。

【法官后语】

移动互联网赋能下的自媒体时代，人们仅需轻触手指即可通过社交或短视频App等，实现信息的快速传导。自媒体对经营者的评价，可推动产品和服务质量的改进，加强消费者权益保护，但若运用不当，亦可能损害经营者名誉权而致侵权纠纷发生。本案认为，应根据言论性质，参酌自媒体的个性化与普泛化特征，以及营利法人的经营属性，平衡自媒体言论与营利法人名誉权的保护。

一、舆论监督与商业言论的界分

舆论监督可激发政府机构、企业等的自律意识，于社会治理实处重要之位。商业言论则系为商业目的而传播商品或服务信息，但受反不正当竞争法规制，且以商业诽谤为典型的滥用商业言论行为，适用无过错责任，故舆论监督与商业言论的性质与保护程度存有根本区别。本案中，虽双方当事人的经营店铺均可提供日料，且朱某某所发表言论亦存在与自身经营情况的对比，但商业言论具有商业目的，言论对象与言论者间须具有竞争关系。而双方当事人的实体店铺相距甚远，分属不同地区，且因餐品价格不同，服务不同的消费者群体，故分属两个细分市场，不构成竞争关系，朱某某对某餐饮公司的言论应属舆论监督。

二、意见表达与事实陈述的界分

言论自由旨在追求真理，但真理的追求是一个多种见解不断论辩的过程，意见评论难以判断真伪，且其本质特征在于表示个人的立场、确信及见解，相较事实陈述，意见评论与个人人格更具密切关系，应予最大限度的保护，促进真理的追求。但事实陈述则可证真伪，非为真实的事实，无助于真理的追求，故对虚构事实应予惩戒。自媒体言论者常就产品或服务发表个人观点，但该观点仅涉个人偏好，若因偏好与经营者不同，而认为所发表的观点侵害名誉权，则将仅存对经营者的褒奖之语，舆论监督形同虚设，故意见表达非属侵害名誉权行为。从朱某某在案涉微博中使用的“忍不了”“居然推”“什么意思”等词可以判断，朱某某系因人均消费金额与经营者提供的服务不相匹配而作出不予推荐的意见表达，对该类言论应予保护。

三、自媒体言论侵权责任的特殊认定

（一）言论的实害性

自媒体所述事实或亲历或转述，但因感官等局限而难以真实还原事实全貌，所述事实常存偏差。若因该偏差即认定虚构事实，则易因“发言即诽谤”而触发寒蝉效应，故应容许所述事实存在合理偏差。侮辱亦是类似，不应仅因言辞带有贬义即认定构成侮辱。在舆论监督之下，所发表言论应确认达到可能严重损害人格权益的程度，而因营利法人的经营属性，衡量标准即谓是否可能严重损害正当经营利益。本案中，朱某某就店铺用物、装修装潢、餐品外观等作事实陈述，虽未实际到店，且系通过其他消费者的照片作出评述，但所涉照片确在案涉店铺内拍摄，所述事实亦基本真实，即便有所偏差也不至曲解程度而根本影响法人的正当经营利益。且所用“认定是雷”等言辞系分别针对大众点评平台及8级点评会员，“那坨”“丑”等词也不足以使法人的经营形象严重受损，对其经营利益影响甚微，难以认定构成侮辱。故朱某某的言论并未侵害法人名誉权，据此也不能认定其存在主观过错。

（二）损害的适配性

法人名誉是否受损应以社会评价是否降低为判断基准，而对于营利法人，则着重以经营利益是否受损为标准。但法人的经营利益应与其经营行为相匹配，以遏制不当的经营行为。在以消费者为主导的诚信市场中，法人的经营利益应在其成本、产品或服务质量等基础上予以酌定。本案中，案涉店铺所提供的服务确有与其收费不相匹配的情况，即便因朱某某的言论而致其经营利益减少，也仅是回归至该营利法人应当享有的经营利益区间，回归其本应享有的社会评价，某餐饮公司的人格并未受损。

（三）因果关系的严格性

自媒体时代，营利法人须接受来自不特定主体的监督，且从事餐饮服务的法人企业并无稳定的经营利益，故难以判断营利法人的名誉受损与某特定言论间的因果关系。鉴于自媒体受众的广泛性与舆论监督的必要性，应严格认定因果关系，并采“要是没有”检验法。即如果没有被告的侵权行为，原告的损害不会发生，则被告的侵权行为属于造成损害的必要条件，但若原告的损害依然发生，则非属必要条件，故原告必须证明被告的加害行为引发损害的可能性高于不会引发损害的可能性。本案中，朱某某发布的微博内容确具一定影响力，但因朱某某所述事实基本真实，其他民事主体亦可能发表与其相似的言论，某餐饮公司即便经营利益减少，也可能由其他言论导致，加之案涉店铺为预约制餐厅，经营收益主要依赖非固定的餐前预约，某餐饮公司所提供的大众点评截图、营业收入汇总表、店铺订位记录等证据不能证明案涉微博引发损害的可能性高于不会引发损害的可能性，故不宜认定存在因果关系。

编写人：上海市第二中级人民法院　王晓梅　顾嘉旻

51

银行将冒用身份贷款造成的不良信用记录提供给征信服务中心的行为构成名誉侵权

——张某俊诉河南某农村商业银行股份有限公司名誉权案

【案件基本信息】

1. 裁判书字号

河南省正阳县人民法院（2021）豫1724民初3678号民事判决书

2. 案由：名誉权纠纷

3. 当事人

原告：张某俊

被告：河南某农村商业银行股份有限公司（以下简称某农商银行）

【基本案情】

2009年，根据农村信用联社规范信用社贷款的要求，某农商银行需要将贷户冯某党之前多笔小额贷款集中规范为一笔大额贷款，因电脑不允许有重笔入账，6月17日，原某农商银行某信用社村级代办员詹某学借用其村内信用良好的人员名义办理了贷款手续，进行了过渡入账，其把贷款手续办好后交给当时的某信用社主任周某连由信用社进行销账，后该笔记录未清除。

张某俊后发现其个人征信报告显示，2009年6月17日其在某农商银行贷款100000元并在该银行内部系统中被标识为黑名单。张某俊认为涉案贷款10万元并非其本人申请且其对该笔贷款不知情，故诉至法院，请求判令：1. 某农商银行消除张某俊在个人征信中的借款信息；2. 某农商银行取消其系统内张某俊黑名单标识；3. 某农商银行向张某俊进行公开道歉；4. 某农商银行向张某俊支付赔偿金。

【案件焦点】

1. 银行将冒用身份贷款造成的不良信用记录提供给征信服务中心的行为是否构成名誉侵权；2. 如构成侵权，应承担何种责任。

【法院裁判要旨】

河南省正阳县人民法院经审理认为：张某俊提供证据足以证明涉案 10 万元贷款非其本人向某农商银行所贷，涉案 10 万元贷款手续上“张某俊”签名均非张某俊本人所签，张某俊在银行系统中显示有 46700 元贷款本金及利息未偿还系某农商银行工作人员所为且不真实。张某俊因此被某农商银行拉入黑名单并产生不良征信记录，影响了其个人信用，对其名誉造成了一定影响，导致其至今无法从农商银行贷款。根据《中华人民共和国民法典》第一千零二十四条规定：“民事主体享有名誉权。任何组织或者个人不得以侮辱、诽谤等方式侵害他人的名誉权。名誉是对民事主体的品德、声望、才能、信用等的社会评价。”本案中因某农商银行没有尽到合理审慎管理义务，导致张某俊在不知情的情况下被借用名义贷款，对张某俊个人征信造成了一定的影响，侵犯了张某俊的个人信用，某农商银行对涉案侵权事实的发生具有过错，张某俊要求某农商银行消除其个人征信中的借款信息并在银行系统内取消张某俊黑名单标识，符合相关法律规定，应予支持。关于张某俊要求某农商银行支付赔偿金 10000 元的诉讼请求，因涉案侵权事实对张某俊个人征信产生了不良影响，基于张某俊个人征信记录中标识为黑名单的事实，在银行信用市场上张某俊信用评级降低并为交易时不特定的第三方所知晓，侵犯了原告张某俊的名誉权，对张某俊造成了一定的损失，对此某农商银行自愿支付张某俊赔偿款 8000 元。因某农商银行同意支付张某俊赔偿款 8000 元，张某俊自愿放弃要求某农商银行公开道歉的诉讼请求，系对自己权利的处分，应予准许。

河南省正阳县人民法院依照《中华人民共和国民法典》第一千零二十四条及《中华人民共和国民事诉讼法》第六十四条规定，作出如下判决：

一、被告某农商银行于本判决生效之日起三十日内向中国人民银行征信服务中心为原告张某俊报送不良信用记录（2009 年 6 月 17 日贷款 100000 元）的纠错报告，并消除原告张某俊在征信系统内的该借款信息；

二、被告某农商银行于本判决生效之日起三十日内在征信系统内为原告张某俊取消黑名单标识；

三、被告某农商银行于本判决生效之日起三十日内向原告张某俊支付赔偿款 8000 元；

四、驳回原告张某俊的其他诉讼请求。

判决后，双方当事人均未上诉，本判决现已生效。

【法官后语】

随着经济社会的快速发展，信用交易在社会经济生活中得到越发广泛的关注。2005 年生效的《个人信用信息基础数据库管理暂行办法》使得个人信用报告成为我国银行系统审核贷款决策的重要参考依据。个人信用报告是指征信机构针对个人信用信息，进行了采集、整理、保存后，根据使用者的查询所提供的书面材料，其内容包括个人基本信息、个人信贷交易信息以及反映个人信用状况的其他信息。近年来，个人信用报告对个人能否充分从事社会经济活动的影响越来越大，征信记录已经成为公民经济社会生活的另一张身份证和通行证。与之相应，信用权也成为经济社会中一项越发重要的权利。

一般来说，信用是民事主体基于其自身真实信用情况而获得的信用信赖和社会评价。信用权通常被认为是民事主体因其自身真实信用状况，基于在社会上获得的相应信赖与评价所享有的一种人格权。因目前法律规定中尚未有关于信用权的明确规定，对于个人信用的保护，应当在现行法律规定框架内寻求救济途径。在《中华人民共和国民法典》颁布前，信用权维权案件一般归为名誉权纠纷、侵权纠纷、一般人格权纠纷、姓名权纠纷等。因不同案由涉及的法律规定与裁判规则不同，信用权的保护裁判尺度不一。《中华人民共和国民法典》第一千零二十四条明确规定“名誉是对民事主体的品德、声望、才能、信用等的社会评价”，将对民事主体的信用评价纳入名誉权的范畴，进一步确定了信用评价的人格属性，司法实践中应当适用名誉权的有关规定保护民事主体的信用权益。名誉权是民事主体享有获得或维持对其名誉进行客观、公正的社会评价的一种人格权。对自然人的社会评价包括道德、作风、品质和商业信誉等各方面，而征信系统的不良记录不仅会给自然人带来精神压力，亦会影响正常经济活动的开展，尤其会降低其社会评价。当信用信息提供者、征信机构、信用评级机构、授信机构以及其他社会主体存在散布不真实或不完全的信用消息、进行错误信用评级、给予不公正的信用待遇等行为时，会导致个人名誉在一定范围内的贬损，构成侵犯名誉权。

名誉权侵权属于一般侵权行为，参照名誉权侵权的构成要件，侵害信用权益的民事责任构成，也须具备违法行为、损害事实、因果关系和过错四个要件。即：一、侵害信用权的违法行为。侵权行为需具备有损他人信用的内容，包括对民事主体的经济实力、履约能力及态度、经营现状等进行经济能力的贬损、误导或施加的其他不当影响。二、损害事实的发生。侵权行为需导致公众对特定主体信用评价降低，以及由此而造成的财产利益损失。尽管被纳入名誉权范畴进行保护，信用权益与传统意义上的名誉权在侵权的认定上仍有一定的区别。相比于民事主体的名誉，个人信用尤其是案涉的个人信用报告公开范围相对有限，通常不为社会公众知晓，但因信用信息往往被经济交往的各民事主体看重并作为经济行为决策的重要依据，对个人信用的不真实评价实质上已经向个体信用被应用到的所有领域公开，故而对信用权益侵害事实的认定，应当注意对“社会评价”中“社会”的认定，如将不特定公众知晓作为“社会评价”降低的认定标准，则信用权益往往难以得到有效保护。只要不实信用信息开始可以被第三人知晓，民事主体便得依法律之规定进行维权。三、侵害信用权益的因果关系。违法行为与信用利益损害之间具有因果关系。四、侵权行为人的过错。过错分为故意和过失，无论行为人是故意还是因过失导致损害结果的产生都应当认定行为人存在主观过错。

本案中，对张某俊的案涉贷款不良信息，张某俊本人并无过错，某农商银行工作人员借用张某俊名义进行操作后未及时清除张某俊的错误不良信息，说明该银行未能尽到合理审慎管理义务，也未对错误不良信息进行审核，主观上存在过错。张某俊因此被该银行拉入黑名单并产生不良征信记录，降低了张某俊的社会信用评价，该行为构成对张某俊名誉权的侵害。故某农商银行应当承担停止侵害、修复信用并赔偿损失的侵权责任。

编写人：河南省驻马店市中级人民法院　李东霖

52

自媒体平台发布的言论是否侵犯他人名誉的判断

——秦某某诉于某某名誉权案

【案件基本信息】

1. 裁判书字号

山东省日照市中级人民法院（2021）鲁 11 民终 3257 号民事判决书

2. 案由：名誉权纠纷

3. 当事人

原告（上诉人）：秦某某

被告（被上诉人）：于某某

【基本案情】

于某某在日照市某大厦经营服装，店名为某裤行。2021 年 6 月 23 日 12 时 30 分左右，秦某某在该大厦二楼某服饰店购买衣服后到某裤行购买两条裤子，金额 180 元。秦某某用手机扫某裤行收款二维码支付 180 元，并将付款成功的界面出示给于某某，随后离开某大厦。于某某发现其未收到该 180 元款项，并随后经查看某大厦监控找到关于秦某某的监控视频截图先后于 2021 年 6 月 23 日、24 日、25 日发至其抖音账号中，希望通过网络找到秦某某让其付款，后于

7月1日删除上述抖音视频。秦某某认为于某某的行为致使其名誉受到损失，故诉至法院，请求判令于某某停止侵害，撤回相关媒体的不当视频；在市级媒体上公开道歉；赔偿秦某某精神损害抚慰金。

【案件焦点】

于某某在抖音上发布关于秦某某的视频截图是否侵犯了秦某某的名誉权。

【法院裁判要旨】

山东省日照市东港区人民法院经审理认为：分析案情发生存在秦某某在二楼购买衣服时可能用两部手机扫过服饰店铺的收款码，至一楼购买裤子时未核实扫码收款人，错误付至二楼某服饰店，而于某某未能核实、未能发现收款码非其店收款码，双方存有误会的情况，于某某选择在公共网络平台发布原告相关视频，并有误解秦某某为小偷的言论，因视频点击量过大给秦某某造成声誉不好的后果，于某某对其因处理误会时所用方式不当给秦某某造成的名誉损失应承担相应的停止侵害、消除影响、恢复名誉等民事责任。鉴于于某某已删除相关视频，对秦某某要求于某某停止侵害、撤回相关媒体的不当视频的诉讼请求，不予支持。对秦某某要求于某某在市级媒体上公开道歉的诉讼请求，酌定于某某在其抖音平台公开道歉。

关于秦某某要求于某某支付精神损害抚慰金的诉讼请求，于某某发布视频并附带怀疑秦某某系新式小偷的言论确实给秦某某名誉造成不良影响，但秦某某付款时过失付款至他人店铺，造成于某某误以为秦某某故意不付款，秦某某对其损失存有一定过错，同时于某某未仔细核实秦某某付款是否其店收款码，误认为秦某某故意不付款后采用错误方式寻人，且发布未经核实的不当言论给秦某某造成不良影响，综上，考虑侵权人的过错程度、侵权行为方式、后果影响等因素，酌定于某某赔偿秦某某精神损害赔偿金 1000 元。

山东省日照市东港区人民法院依据《中华人民共和国民法典》第一百一十条、第一百七十九条、第一千零二十四条，《最高人民法院关于确定民事侵权精神损害赔偿责任若干问题的解释》第一条、第五条规定，作出如下判决：

一、被告于某某于本判决生效之日起七日内在其抖音账号中公开向原告秦某某道歉；

二、被告于某某于本判决生效之日起七日内给付原告秦某某精神损失赔偿金 1000 元；

三、驳回原告秦某某本案其他诉讼请求。

秦某某不服一审判决，提出上诉。山东省日照市中级人民法院经审理认为：秦某某对于某某的错误认知存在一定的过错，对损害后果的发生亦存在过错，可以减轻于某某的责任。秦某某向于某某出示款项支付成功界面时，于某某也未及时发现收款码非其店铺收款码，并发布未经核实的不当言论，造成秦某某社会评价的降低及精神痛苦，构成侵权，应承担相应的侵权责任。一审法院综合考虑双方当事人的过错程度、侵权的行为方式、后果影响等因素，酌定于某某赔偿秦某某精神损害赔偿金 1000 元并无不当。综上所述，秦某某的上诉请求不能成立，应予驳回；一审判决认定事实清楚，适用法律正确，应予维持。

日照市中级人民法院依照《中华人民共和国民事诉讼法》第一百七十条第一款第一项规定，作出如下判决：

驳回上诉，维持原判。

【法官后语】

本案主要涉及在自媒体平台发布的言论是否侵犯他人名誉权的认定，除适用一般名誉权侵权的基本要件进行衡量外，判断时应当重点考察发布者主观上是否具有过错。

当今社会，抖音、快手等短视频平台已成为大众的娱乐通信工具，公众在自媒体平台上进行言论表达更加自由、方便、快捷，但这种便捷性与传播的广泛性也使得网络侵权信息传播速度更快、损害后果更严重。由此导致近年来，关于网络用户在抖音等网络平台上发表不当言论侵犯他人名誉权的案件层出不穷，案件的审理难度也不断增大。在审理此类案件时，需要厘清案件起因等事实，对行为人的行为是否侵犯他人名誉权进行全面、具体的分析。

对于行为人的行为是否构成名誉权侵权，重点应从以下三个方面进行判断：

一、行为人是否实施了侮辱、诽谤等毁损名誉的行为。民法典第一千零二十四条规定“民事主体享有名誉权。任何组织或者个人不得以侮辱、诽谤等方式侵害他人的名誉权”，本条指明侮辱和诽谤是侵害名誉权的基本方式。行为人实施的具体行为具有侮辱性、诽谤性的，即属于实施了侵害名誉权的行为。如新闻报道、舆论监督行为，媒体如果进行不实报道，或者未尽合理核实义务导致不实报道的，即属于诽谤，可以构成对名誉权的侵害。再如创作行为，如果创作文学、艺术作品时使用素材不当，或者文字具有侮辱性，可能对素材或文字涉及的民事主体的名誉造成损害。二、侵害名誉的行为是否有特定指向。只有行为人的行为指向特定对象时，才可能构成对他人名誉权的侵害，如果行为是泛指包括原告在内的一般人或某方面的人，不能具体认定指向谁，则不能认定侵害名誉权。但该特定人不一定是指名道姓，如果行为人没有指名道姓，但其行为使社会一般人能够明确被侵害的特定人的，依然能够认定指向明确。三、侵害名誉权的行为是否被第三人所知悉。名誉既然是社会评价，对名誉权的侵害必须是行为人所实施的行为影响了受害人的社会评价，应当以社会公众对受害人的评价降低为标准，所以要求行为人实施的侮辱、诽谤行为被不特定第三人所知悉。

此外需要注意的是，侵犯他人名誉权属于一般侵权，应当适用过错责任原则，即必须以侵权行为人具有主观过错为归责前提。在一般的名誉权侵权案件中，通过侵权行为人的行为特征可以判断侵权行为人主观上是否具有过错，但是对于诸如本案这种特殊情形，对于行为人主观上是否具有过错则需要结合案件事实、日常生活习惯、一般社会规则等进行综合分析判断。特别是该类型案件中，大多数侵权行为系被侵权人的在先行为引起的，故对于被侵权人是否存在过错也应当综合全案分析、判断，如此才能公平合理地确定行为人承担与其过错相当的侵权责任。

本案审理过程中，聚焦秦某某确实已付款而于某某未收到所付款项这一矛盾点，通过庭审、现场调查等方式查明案件发生的原因以及整个案件事实，认定纠纷系由误会引起，产生的原因系秦某某误将钱款付至其他商铺，而于某某作为商家未及时核实是否收到钱款，在发现未收到钱款后不经核实即认为秦某某未付款，并将此主观臆断的结论通过短视频平台发布，导致内容失实，构成诽谤，其主观上存在过错，其客观行为造成秦某某社会评价的降低及精神痛苦，构成侵权。而秦某某虽然未逃避支付，但其行为对于某某的错误认知存在一定的过错，对损害后果的发生亦存在过错，可以减轻于某某的责任。

编写人：山东省日照市东港区人民法院　宋冀平

53

行使舆论监督权的免责标准认定

——上海某公司诉王某某名誉权案

【案件基本信息】

1. 裁判书字号

上海市第一中级人民法院（2021）沪 01 民终 10838 号民事判决书

2. 案由：名誉权纠纷

3. 当事人

原告（被上诉人）：上海某公司

被告（上诉人）：王某某

【基本案情】

上海某公司为某电商平台的运营主体，王某某为自媒体作者，其账号简介为“资深媒体人，科技财经专栏作家”。2020 年 7 月 18 日，王某某在搜狐网、微信公众号等多个自媒体平台发布文章称，某平台有意粉饰自己 GMV[①] 的增

① GMV 指商品交易总额，以下对此不再提示。

长，隐瞒了GMV失真的真相，它拿来画饼最关键的GMV、买家数、平均买家支出等数据其实不堪一击。文章中同时附上了外文网站的相关文章部分内容截图，并在图片中添加了其自行翻译的中文译文。该文章阅读量为1.1万次。

根据王某某所参考的外文网站文章《某平台管理层会议纪要》显示："由于履约能力不足，某平台一季度的订单取消量大幅上涨。第二季度，履约能力大致恢复正常……"此外，另一网站文章《某平台股份有限公司2020年第一季度财报电话会议记录》载明的原文为："战略副总裁称过去12个月，商品交易总额（GMV）同比增长108%……反映了我们每名活跃买家的年度支出持续增长……我们很多商家不得不减少本季度的销售和营销推广，他们的广告预算尤其在二月份也受到了很大影响……一季度受影响，商家减少了广告营销，公司的扶持政策包括降低佣金率。"

上海某公司认为王某某的文章恶意歪曲事实，且措辞具有诋毁性，构成诽谤，侵害其名誉权，故起诉要求王某某删除该文章，赔礼道歉并赔偿损失。但王某某认为其所撰写的文章属于行使舆论监督权，且内容是基于外文网站报道的客观事实，上海某公司作为上市公司，对媒体、公众的批评理应承担更多的容忍义务。

【案件焦点】

王某某文章内容是否对上海某公司的名誉权构成侵害，是否可以免责。

【法院裁判要旨】

上海市长宁区人民法院经审理认为：行为人为公共利益实施新闻报道、舆论监督等行为，影响他人名誉的，原则上不承担民事责任，但捏造、歪曲事实，或对他人提供的严重失实内容未尽到合理核实义务，或使用侮辱性言辞等贬损他人名誉的，仍需要承担侵权责任。

就行为违法性而言，涉案文章中确实存在缺乏事实依据的误导性陈述以及负面言论，对境外资料的引述带有强烈的主观色彩和负面性诱导，超出合理的批评、评论范畴存在歪曲事实的侮辱性言辞；就主观过错而言，王某某作为具有一定写作经验的自媒体作者，对社会现象进行评论并无不可，但需要控制在合理的范围内，在援引和依据域外资料进行评述时应尽到合理审查义务，但从被告撰写所依据的材料来看，其具备调查核实的相应能力，而在未尽到调查审核义务的情况下，有意使用外文报道引导社会公众形成对上海某公司的否定性评价，主观方面存在过错；就损害结果及因果关系而言，对于法人名誉权的损害，应以是否影响商业信誉、产品声誉及导致法人社会评价的降低为主要判定依据。王某某将带有诋毁性言论和失实陈述的文章发布于公开网络，能够被不特定公众查阅、知悉，且同时在四个平台进行了发布，并且诉讼过程中仍有三个平台的涉案文章未被删除，显然，王某某所发布的诋毁性言论丑化上海某公司形象，失实陈述内容涉及上海某公司合规经营和商业信誉，足以导致公众负面评价的损害后果。

故王某某的涉案文章构成对上海某公司名誉权的侵害，应当承担民事责任。

上海市长宁区人民法院依据《中华人民共和国民法典》第一千零二十四条、第一千零二十五条、第一千零二十六条、第一千零二十八条、第一千一百九十四条规定，判决如下：

一、王某某应于判决生效之日起十日内删除其发布的文章；

二、王某某应于判决生效之日起十日内在其网络账号中发布经法院审核认可的具有向上海某公司道歉内容的道歉声明，持续十日；

三、王某某应于判决生效之日起十日内赔偿上海某公司 30000 元；

四、王某某应于判决生效之日起十日内赔偿上海某公司公证费 3000 元；

五、驳回上海某公司的其余诉讼请求。

王某某不服一审判决，提出上诉。上海市第一中级人民法院经审理认为，关于涉案文章所引用的数据资料，王某某并非客观转述，而是进行了一定的推断和评价，但这种推论缺乏直接的客观依据，比如即使信息披露不完整也并不必然意味着“有意粉饰”和“说谎”，此推论确有较为明显的主观性、诋毁性色彩。且王某某在二审中也未对其得出“数据造假”的客观依据进行合理解释。关于容忍义务，知名企业确实应当承担相应的容忍义务，而作为自媒体人确实也应当在履行批评、监督等权利时尽到一定的审慎义务，但是涉案文章的结论缺乏客观理性分析，措辞亦存在诋毁性色彩，极易对社会公众产生误导，加之上海某公司并非在中国境内上市，王某某主张其评价于证券市场监管的积极作用，从涉案文章中也较难体现。王某某在多个平台发布涉案文章，已经形成了一定的阅读量从而被不特定社会公众所接收，文章内的诋毁性言论客观上有损上海某公司的形象，失实陈述内容则涉及该公司合规经营和商业信誉，足以导致其社会评价降低，应认定造成对上海某公司名誉权的侵害。

综上，依据《中华人民共和国民事诉讼法》第一百七十条第一款第一项规定，判决如下：

驳回上诉，维持原判。

【法官后语】

为充分发挥舆论监督的作用，民法典对于为公共利益而实施的新闻报道、舆论监督给予了较大的容错空间，允许在一定条件下豁免合理舆论监督行为的名誉权侵权责任。“合理舆论监督免责”的规定，对依法行使舆论监督职责提供了法律保障，但同时也对行使舆论权的合理边界进行了规范。

本案是适用民法典认定是否构成“合理舆论监督免责”的典型案例。民法典第一千零二十五条被认为是对实施新闻报道、舆论监督等行为的特别保护条款，首次明确了为了公共利益实施新闻报道、舆论监督等行为影响他人名誉的，原则上不承担民事责任。在民法典颁布之前，我国虽未见有直接的法律规范对新闻报道、舆论监督行为作出特别保护的规定，但对于新闻报道、舆论监督等侵权免责事由的认定已经广泛存在于名誉权侵权案件的司法实践之中，而是否具有公共利益目的，则是其中最为重要的衡量因素。

以本案为例，行为人提出的抗辩事由的实质是认为其所撰写的文章内容系对上市公司的合理舆论监督，具有公共利益目的。此时，如果仅从是否涉及公共利益进行判断，显然会陷入对利益衡量的不确定性，一方面需要考量涉及上市公司的内容是否就属于公共利益的范畴，如从法律经济学角度看，可能任何行为都会影响到公共利益；另一方面还需要判断行为涉及的各种具体利益，方可加以衡量与论述，最终进行谨慎取舍。这一过程本身就存在极大的不确定性，过于笼统的论述、模糊的界定，都会导致司法判断的恣意性。

即使遵照民法典第一千零二十五条，也难以找到相对准确的判断标准。因为第一千零二十五条本身的逻辑是采用“原则+列举”的方式，列举了三类不予免责的侵权情形，即虚构事实、过失传播严重失实的内容和侮辱性言辞，但对于何种行为属于可以免责的“合理舆论监督行为”，显然不能仅仅通过排除三类列举情形而当然得出结论，依然需要回归到对行为本身是否出于“公共利益目的”的具体考量中予以判定。

显然，民法典对舆论监督行为构建的免责事由，并不改变侵权责任基本的归责原则。对主张免责的行为主体而言，其可主张的抗辩事由包括未造成损害、未进行报道、损害与行为间无因果关系以及不具有过错四项。实践中，损害及因果关系通常由文章内容具有贬损性加以推定，而从民法典第一千零二十五条的内容来看，新闻报道者若要免责，仍要具备“基本属实”或“尽到合理注意义务”要件。因此，该条规定实际上是对新闻报道主体过错责任的重申。因此，在此类纠纷中，对行为主体有实际意义的免责事由主要是主观过错层面的两项：文章内容属实和行为人主观无过错。故司法实践中，认定行为人行使舆论监督权的免责标准，可以重点考量以下四个方面：

一、目的性方面：对“公共利益目的”的适当限缩

考虑到舆论监督行为存在的领域性，对公共利益目的的判断也应当回归其特定领域，以寻求更为具体而稳定的价值导向。对于新闻传播中公共利益的特殊性，有学者将其归纳为普遍实现的公众表达自由、知情权以及媒介接近权。对于新闻报道、舆论监督中的事实陈述来说，这一领域的公共利益往往与公民知情权脱不开干系。一方面，公共利益是知情权的法律依据；另一方面，知情权是公共利益产生的基础，知情权就是新闻自由存在的根本缘由。因此，舆论监督领域的公共利益主要体现为“需要知情”，且当事实越重要、时效性越强时，公众的知情权就更为显著，公共利益性也就随之增强，相应地应加大对其的保护力度。

二、内容方面：文章内容的客观真实性

文章内容是否客观真实是对侵权行为内容性质的重要判断。判断此类新闻报道或舆论监督类文章内容真实性应当以一般社会公众的通常理解为审查标准，同时应当对文章内容中援引部分、原创部分的真实性加以区分，对于援引内容应当关注转述内容是否客观、来源是否权威可靠，对于原创部分则应当审查是否忠于原始事实、是否存在主观臆断等内容。

三、行为人义务方面："合理审查义务"的扩张适用

民法典对于认定行为人是否尽到合理审查义务从内容来源审核、争议内容调查、内容时限性考量、公序良俗、名誉受损可能、行为人的核实能力和核实成本等方面进行了翔实规定。司法实践中，需要结合上述因素来综合评判是否尽到了合理审查义务。但是，出于对舆论监督权与名誉权的平衡保护，这种合理审查义务对于具有一定媒体和传播经验的创作者而言，并不仅限于对"他人提供的严重失实内容"的审查，还应当包括其选取客观真实内容时是否尽到了合理的注意义务，避免在引用客观真实内容时进行"断章取义"或"诱导性引用"，此时即使行为人举证已经审查了相关内容，也不必然构成侵权责任的豁免。

四、表达方式方面：言语措辞的合理运用

要真正发挥公众的舆论监督作用，不仅需要有过硬的事实，还应当具备相对客观的表述。在这个方面，言语措辞的使用是否合理，情绪化与负面性陈述是否恰当，都会影响表达方式的最终效果。对社会现象进行评论并无不可，但这种评价性措辞应当与事实程度相符，言语表述需要控制在合理范围内，过于情绪化、具有诋毁性、煽动性等可能造成公众误解的不当表述都可以作为认定行为人存在侵害名誉权主观故意的考量因素。如果行为人存在过错，则其侵权责任不能豁免。

编写人：上海市长宁区人民法院　赵琛琛

54

学生微信群内不当言辞引发名誉权纠纷中学校侵权责任的认定

——王某某诉某大学附属学校一般人格权案

【案件基本信息】

1. 裁判书字号

北京市第一中级人民法院（2021）京01民终7317号民事判决书

2. 案由：一般人格权纠纷

3. 当事人

原告（上诉人）：王某某

被告（被上诉人）：某大学附属学校

【基本案情】

王某某因故于2018年3月第二学期从某中学转至某大学附属学校初中部。自2018年9月正式开学至2019年3月，王某某在校期间多次与同学产生摩擦，其班级同学群“某某无忌”中多次出现不当言辞，但王某某一直未向班主任及学校进行反映。2019年3月19日下午，王某某与同学康某因肢体冲突引发报警，当日多名家长、同学、学校领导、老师、王某某及其母亲在场进行处理，但因在场当事方情绪较为激动，事件处理未果。自2019年3月20日起，王某某以身心受伤、害怕，事件未有结果为由未到学校复课就学。其间，该校主管老师与王某某母亲沟通要求王某某复课，均未得到有效回复。初三期间，学校、老师在与王某某或其家长联系不畅时亦进行过家访，并为其送教材，通知课程进度等。在中考报名期间，学校通过班级微信群、王某某家长个人微信以及电话等方式通知王某某家长传达报名信息，但王某某未进行中考信息登记。2020年初中毕业期间，经学校给予王某某成绩认定，准予其毕业。王某某之母于2020年5月、6月期间多次向"12345"市民热线进行投诉，反映学校招生程序违规及收费情况，学校经教委回复投诉不实；当年7月王某某之母继续向"12345"市民热线投诉，认为学校称王某某在校期间辱骂、殴打老师是对王某某名誉权的侵犯，但未提出相关证据。

【案件焦点】

被告学校是否构成对原告名誉权的侵权。

【法院裁判要旨】

北京市石景山区人民法院经审理认为：原告提供的证据中显示"某某无忌"微信群中确实存在有人用不当言辞的事实，但该群系同学间自发成立的交友群，学校对其无监管职责，原告未提交有效证据证明学校对该微信群知晓并具有管理职责，故其要求学校书面道歉的诉求，不予支持；对于原告主张为其恢复学籍及赔偿校外教育费用和精神赔偿的诉求，于法无据，亦不予支持；关于原告在"12345"市民热线投诉学校回复热线称原告辱骂、殴打老师构成侵犯其名誉权的诉求，具体结合本案，现无证据证明学校存在捏造并散布虚构事实的过错行为，也无证据证明原告的社会评价降低，更无证据证明，教委回复12345热线的描述达到侮辱原告人格尊严的严重程度。综上，因涉案情形未达到法律上名誉权受损并应承担民事责任的程度，故对原告的诉讼请求不予支持。

北京市石景山区人民法院依照《中华人民共和国民法典》第九百九十一条、第九百九十八条、第一千零二十四条，《中华人民共和国民事诉讼法》第六十四条、第一百五十二条，《最高人民法院关于适用〈中华人民共和国民事诉讼法〉的解释》第九十条规定，作出如下判决：

驳回原告王某某的全部诉讼请求。

王某某不服一审判决，提出上诉。北京市第一中级人民法院经审理认为：对名誉权的侵害必须是行为人所实施的侵害名誉行为影响了受害人的社会评价，应当以社会公众对受害人的评价降低为标准。名为“某某无忌”的微信群中确实存在针对他人使用不当言辞的事实，但该微信群并非某大学附属学校所建，而是同学间自发建立的，且王某某亦未提交充分证据证明学校知晓该群并对此具有管理义务。此外，王某某未能提交证据证明学校存在捏造事实并侵害其名誉权的侵权行为，也不能据此认定社会公众对王某某的评价因此而降低。故依照《中华人民共和国民事诉讼法》第一百七十条第一款第一项规定，作出如下判决：

驳回上诉，维持原判。

【法官后语】

一、学校是否需要对学生微信群中的不当言辞承担责任

微信群作为互联网群组的一种，是目前较为普遍的社交方式，微信群用户通过在群内发表文字、语音、图片、视频、链接等形式，与他人沟通并产生特定社会关系，继而形成特定网络空间秩序，属于实体社会空间的一种延伸，也是社会秩序的有机组成部分。为规范群组网络行为，国家互联网信息办公室于2017年发布《互联网群组信息服务管理规定》，明确互联网群组服务中所涉平台、群主和群成员三方主体的权责关系，特别强调了互联网群主对于群组的管理职责。互联网群组建立者、管理者应当履行群组管理责任，依据法律法规、用户协议和平台公约，规范群组网络行为和信息发布，构建文明有序的网络群体空间；群成员在参与微信群内的信息交流时，应当遵守法律法规，文明互动，理性表达，不能侵害他人合法权益。

结合本案，一方面，学校对学生负有管理义务，本案中“某某无忌”微信群的组建者是该校学生，是同学间自发成立的，群成员也均为该校学生，但该群没有校方老师参与，学校对该群的存在也并不知晓。此情形下无法认定被告学校负有对该群组的管理责任，因此，学校并非本案适格被告，对该学生微信群中的不当言辞不需要承担责任，包括赔礼道歉。另一方面，原告如认为微信群内的言论侵犯其名誉权，应将侵犯其名誉权的群成员作为本案被告，而非学校。网络不是法外之地，当微信群成员的行为侵害他人合法权益时，毋庸置疑

需要承担侵权责任。对于“某某无忌”微信群中发表不当言论的群成员是否侵犯原告名誉权的认定，既要符合传统名誉权侵权的全部构成要件，还应当考虑信息网络传播的特点并结合侵权主体、传播范围、损害程度等具体因素进行综合判断。“某某无忌”系不特定关系人组成的微信群具有公共空间属性，群成员在此类微信群中发布侮辱、诽谤、污蔑或者贬损他人的言论可构成名誉权侵权。

二、学校在“12345”市民热线回复是否构成侵犯名誉权

名誉权是自然人和法人就其民事主体的品德、声望、才能、信用等的社会评价，享有保有和维护的具体人格权。本案中，被告学校在“12345”市民热线回复不构成侵犯原告名誉权，主要有以下几个原因：首先，名誉权之核心在于社会评价，不能仅以受害人自我感觉作为依据。原告所诉被侵犯的并非其名誉权，而是其个人名誉感，不被纳入名誉权保护对象。法律保护名誉权的目的在于维护受害人的社会评价不被侵害，保护受害人的社会交往能正常进行，而个人名誉感不属于外部社会评价，属于受害人主观的内部评价，且个人名誉感是民事主体内心的情感，受主观因素影响大，不像外部社会评价一样可以用合理第三人的视角进行判断，由法律进行保护难度过大，难以体现法律的公正性。其次，传统名誉权侵权有四个构成要件，即受害人确有名誉被损害的事实、行为人行为违法、违法行为与损害后果之间具有因果关系及行为人主观上有过错。从违法行为和主观过错来看，原告未能提交证据证明学校存在捏造并散布虚构事实侵害其名誉权的侵权行为，学校不存在违法行为，更无主观过错；从受害人是否确有名誉被损害的事实来看，姑且不论学校在“12345”市民热线中回复的具体内容是什么，单就该回复行为而言，属于系统内部回复，并没有对社会公开，无法就此认定社会公众对原告的评价降低。最后，总体来说，本案存在的情形未达到法律上名誉权受损并应承担民事责任的程度，故对原告要求学校书面道歉、恢复其名誉并予以赔偿的诉讼请求，法院均不予支持。

编写人：北京市石景山区人民法院　马云骢

五、隐私权、个人信息保护纠纷

55

安装监控设备摄录特定人员通行使用通道的构成侵权

——王某某诉西某某隐私权、个人信息保护案

【案件基本信息】

1. 裁判书字号

北京市第三中级人民法院（2021）京03民终14566号民事判决书

2. 案由：隐私权、个人信息保护纠纷

3. 当事人

原告（上诉人）：王某某

被告（上诉人）：西某某

【基本案情】

王某某、西某某系邻居关系，分别居住在北京市通州区宋庄镇某村131号西院和东院。西某某房后有一条胡同，该胡同系王某某家出入的唯一通道。后西某某在其正房后墙、房顶瓦片下方安装了两个摄像头。经法院现场勘查，两个摄像头的摄录范围为西某某房后的整个胡同（拍摄不到王某某家大门），王某某家院落大门朝北，北侧有一户邻居，与王某某共同使用上述胡同。王某某现诉至法院，请求判令西某某停止侵权行为，拆除两台监控摄像头及线路并赔

偿精神损害金。

【案件焦点】

西某某未经王某某同意，安装摄像头摄录其二人共同通行使用的胡同是否侵犯了王某某的个人信息和隐私权益。

【法院裁判要旨】

北京市通州区人民法院经审理认为：虽然涉诉摄像头可以拍摄到王某某出入情况，但王某某家门前的通道属于公共区域，作为王某某隐私活动范围的院落内的房屋状况，并不在西某某安装的摄像头所拍摄范围之内，此种情况尚不构成侵犯王某某的隐私权。故对于王某某要求西某某拆除摄像头及线路并赔偿精神损害金的诉求，不予支持。

北京市通州区人民法院依照《中华人民共和国民法典》第一千零三十二条规定，作出如下判决：

驳回王某某的诉讼请求。

王某某不服一审判决，提出上诉。北京市第三中级人民法院经审理认为：自然人享有隐私权。隐私是自然人的私人生活安宁和不愿为他人知晓的私密空间、私密活动、私密信息，其核心属性为被自然人隐藏或不欲为外人所知晓。自然人的个人信息受法律保护。个人信息是以电子或者其他方式记录的能够单独或者与其他信息结合识别特定自然人的各种信息，包括自然人生物识别信息、住址、健康信息、行踪信息等。西某某安装的摄像头虽未直摄王某某家的大门及院内，但摄录范围包括王某某家门口在内的整条胡同，该胡同由王某某一家与另一邻户共同使用，相对于社会公共空间，该胡同通行使用人员更为具体特定，王某某及其家人或亲友出入胡同的相关信息，作为个人信息可能被西某某摄录留存。西某某出于个人利益，未经王某某同意，摄录留存王某某个人信息缺乏合法性、正当性及必要性依据，其行为已构成侵权。现王某某上诉要求西某某拆除摄像头之诉求应予支持。但其要求西某某赔偿精神损失的上诉请求缺乏事实及法律依据，不予支持。

北京市第三中级人民法院依照《中华人民共和国民法典》第九百九十五条、第一千零三十四条，《中华人民共和国民事诉讼法》第一百七十条第一款第二项规定，作出如下判决：

一、撤销北京市通州区人民法院（2021）京0112民初17084号民事判决；

二、西某某于本判决生效后七日内拆除其安装于北京市通州区宋庄镇某村131号东院正房后墙、房顶瓦片下方的两个摄像头及线路；

三、驳回王某某的其他诉讼请求。

【法官后语】

近年来，随着智能监控设备的迅速发展及公民自我防范意识的不断增强，越来越多的人选择在家门口或房屋周围安装摄像头。我国法律虽并未禁止公民个人在其居住环境周围安装摄像头，但这并不意味着公民可以任性而为。实践中，私装摄像头极易诱发侵犯他人隐私权和个人信息的风险，由此引发的纠纷屡见不鲜。本案系一起因私装摄像头引发的隐私权、个人信息保护纠纷案件，生效判决认为，安装将特定人员通行使用的胡同纳入摄录范围的摄像头、摄录留存他人个人信息的行为已构成侵权，主要从以下三方面进行考量：

一、隐私、个人信息的范围界定

《中华人民共和国民法典》在人格权编中设专章规定了“隐私权和个人信息保护”问题，明确规定隐私是自然人的私人生活安宁和不愿为他人知晓的私密空间、私密活动、私密信息。个人信息是以电子或者其他方式记录的能够单独或者与其他信息结合识别特定自然人的各种信息，包括自然人的姓名、出生日期、身份证件号码、生物识别信息、住址、电话号码、电子邮箱、健康信息、行踪信息等。

隐私与个人信息有着密切联系，其二者都具有人格法益，在内容上亦存在交叉重合。具体表现为：一方面，个人信息中的私密信息属于隐私的范畴。例如，个人财产、既往病史、行踪轨迹、生物基因等信息，都是自然人不愿他人知悉的个人秘密，因而属于个人隐私。另一方面，个人隐私中的私密信息属于个人信息的范畴。《中华人民共和国民法典》第一千零三十四条第三款明确规定，个人信息中的私密信息，适用有关隐私权的规定；没有规定的，适用有关个人信息保护的规定。

二、具体特定人员通行使用的空间是否属于私密空间

私密空间，通常以一定的物理空间作为个人秘密的范围，或以一定物质作为个人秘密的载体。私密空间保护着自然人在空间内的活动和信息，也保护着自然人身处其中的精神安宁。《中华人民共和国民法典》第一千零三十三条规定，除法律另有规定或权利人明确同意外，任何组织和个人不得进入、拍摄、窥视他人的住宅、宾馆房间等私密空间。具体到本案，特定人员通行使用的空间具备社会公共空间所不具有的私密性、安宁性等特征，其承载着特定人员在该空间内的活动和个人信息，故可以根据实际情况将其作为私密空间加以保护。

三、自然人的出入行踪是否属于隐私

自然人的行踪信息属于个人信息的范畴，而个人信息中的私密信息亦包含在个人隐私的范围内。自然人的出入行踪反映着个人的日常活动轨迹，个人住宅中的出行人员、访客来往等亦反映个人活动及生活状况，与私人生活习惯以及家庭、财产安全等直接相联系，是自然人不愿为他人知晓的私密信息，承载着个人隐私等人格利益，因而属于个人隐私。

综上分析，本案中，西某某安装摄像头摄录胡同，该胡同由王某某一家与另一邻户共同使用，相对于社会公共空间，其通行使用人员更为具体特定，故可以将其视为私密空间加以保护。西某某出于个人利益，未经王某某同意，摄录留存王某某及其家人或亲友出入胡同的行踪信息，既侵犯了王某某的隐私权，又违反了有关个人信息保护的法律规定，故西某某安装摄像头摄录胡同的行为构成侵权。

不动产的相邻权利人应当按照有利生产、方便生活、团结互助、公平合理的原则，正确处理相邻关系。相邻关系一方当事人安装摄像头，不应侵害对方的权利。本案裁判亦是从相邻关系视角提醒社会公众尊重邻里隐私，行使自身权利时不能影响相邻方的个人隐私及个人信息，如确有必要安装监控设备，摄录范围若超出自家区域，应与相邻方积极沟通，征得其同意，如此才能弘扬社

会主义核心价值观，构建友善团结的邻里关系，共建和谐美好社会。

编写人：北京市第三中级人民法院 王成 樊思迪 屈露露

56

共用区域内的隐私权保护

——李某某诉秦某某隐私权案

【案件基本信息】

1. 裁判书字号

上海市第一中级人民法院（2021）沪01民终9891号民事判决书

2. 案由：隐私权纠纷

3. 当事人

原告（上诉人）：李某某

被告（被上诉人）：秦某某

【基本案情】

李某某、秦某某系居住于同侧一排平房的邻居，两家房屋进户门为同一朝向。2020年10月，秦某某在所居住的房屋门前安装监控摄像头，其中一个位于进户门上方，另一个位于进户门一侧外墙的空调外机上方，两个摄像头分别沿街向东、向西拍摄。位于空调外机上方的监控摄像头能够拍摄到李某某家房屋进户门前一带区域，安装于秦某某房屋进户门上方的摄像头能够拍摄到街上的往来人群。

李某某认为，秦某某安装监控摄像头摄录影像侵犯其隐私权，要求秦某某拆除两个监控摄像头、删除录像并书面赔礼道歉、赔偿损失。秦某某系高龄老人，认为其在屋外安装监控摄像头是为了保障自身安全。

【案件焦点】

秦某某在房屋外墙安装能够摄录李某某在屋外活动的监控摄像头，是否构成对李某某隐私权的侵犯。

【法院裁判要旨】

上海市浦东新区人民法院经审理认为：关于秦某某在房屋外墙安装的两个监控摄像头，因位置角度、摄录内容不同，应当分别认定是否侵犯李某某的隐私权。

安装于秦某某房屋进户门一侧外墙空调外机上方的监控摄像头，其拍摄角度将李某某家进户门一带置于可视范围，李某某的日常生活因此被长期摄录，隐私权受到侵害，李某某有权要求秦某某停止侵害、排除妨碍。

安装于秦某某进户门上方的摄像头朝街，系居民通行的公共区域，李某某在这条街上的行走已脱离“私密空间”“私密活动”的范畴，即使摄录内容中出现了李某某影像，也不宜认定侵犯李某某隐私权。

同时，考虑到李某某、秦某某居住的成排平房没有封闭式管理，无其他安保措施，秦某某又系日常独居的高龄老人，确实有安全需求，故仍应为秦某某保留合理数量、合理位置的监控摄像头。因此，秦某某应当拆除镜头朝向李某某房屋的一个监控摄像头。

关于李某某要求秦某某删除监控录制视频信息的诉请，李某某在自家进出的情况即行踪信息在一定程度上具有私密性，因此秦某某监控摄像头拍摄到的关于李某某家进出情况的画面内容属于应当删除的信息。

关于李某某要求秦某某书面赔礼道歉的诉请，鉴于李某某尚未因此遭受巨大精神痛苦，且隐私权受侵害后有多种救济方式，双方系多年邻里、秦某某年近九旬等因素，结合我国尊老敬老传统，对该项诉请不予支持。关于李某某要求赔偿损失的诉请，其交通费、误工费系由秦某某侵权导致发生，秦某某应予赔偿。

上海市浦东新区人民法院依照《最高人民法院关于适用〈中华人民共和国民法典〉时间效力的若干规定》第一条第三款，《中华人民共和国民法典》第九百九十五条、第一千零三十二条、第一千零三十三条规定，作出如下判决：

一、被告秦某某于本判决生效之日起十日内拆除其安装于房屋进户门一侧外墙空调外机上方的监控摄像头一个；

二、被告秦某某于本判决生效之日起十日内删除房屋进户门一侧外墙空调外机上方监控摄像设备内有关原告李某某家人员进出行踪的视频内容；

三、被告秦某某于本判决生效之日起十日内支付原告李某某交通费 12 元、误工费 282 元，合计 294 元；

四、驳回原告李某某的其余诉讼请求。

李某某不服一审判决，提起上诉。上海市第一中级人民法院认同一审法院裁判意见，判决：

驳回上诉，维持原判。

【法官后语】

我国民法典对隐私权的概念和保护范围首次作出明确界定，将“隐私”定义为“是自然人的私人生活安宁和不愿为他人知晓的私密空间、私密活动、私密信息”。本案系民法典施行后首批诉至法院的邻里因安装监控摄像头引发的隐私权案，集中呈现了隐私权保护和私宅防盗需求的冲突，亦凸显了后民法典时代法院在案件裁判中继续深入解释“隐私权”的重要职能。

原、被告在临街平房邻屋而居，原告被拍摄时所处的区域并非屋内专有部位，而系人们均可通行的共用区域。因此，裁判难点包括：个人在共用区域中是否享有隐私权，判断侵犯隐私权的依据是什么。

一、共用区域的特点

典型的共用区域如邻里共用的楼梯间，多人共用的办公室、教室、宿舍寝室。共用区域具有两大特点：一是无人享有专有所有权或使用权，缺乏足以隐藏人们行为、言语的物理屏障。个体之间没有足以阻碍声、光传播的隔断，人的行为、言语大部分暴露于空间，为他人所看见、听见。他人的这种看见、听见可能被动，也可以主动，但均不违法。各人亦有权在共用区域内各部位走动。这是共用区域相较于私人区域的特点。二是各人有默认的且受习惯约束的专用空间。共用人除了空间上的联结，往往系同一团体成员（邻居、同学、同事等），因此受团体内不成文规则的约束，如不在邻居家门口无事久留，办公室、教室里各人有专用座位，寝室宿舍中有专用床位，一方虽能够但不会轻易侵入他人的专用空间，他人亦厌恶另一方的擅自越界闯入，即有明显的使用范围隔断和领地心理隔断，这是共用区域相较于公共区域的特点。

二、共用区域中的隐私权

共用区域具有上述特点，则个人在共用区域未加遮掩地展示其外表、言行，能否认定其拥有“隐私”？摄录他人在共用区域未加遮掩的外表、言行，是否仍可能构成对他人隐私权的侵犯？

隐私权的核心价值，在于保护人的安宁、尊严和自由。该核心价值不随场域的变动而变化。在共用区域中，人们仍有对安宁、尊严与自由的期待。在共用区域中，虽无专有所有权或使用权，没有完全的物理隔断，但人们默认存在使用范围隔断和领地心理隔断，因此，期待至少在自己的专用空间内，个人仍然有对其信息、行为、事件展示的绝对自主支配权，以及相应的排除他人妨害的权利。在本案中，原告家进户门前一带的位置，在严格的法律意义上属于和邻居共用的区域，但在日常生活中实际默认为原告家专用空间，具有私密属性，原告有理由期待在该位置的进出活动不受他人侵扰。因此，摄录他人在共用区域未加遮掩的外表、言行，仍可能构成对他人隐私权的侵犯。在共用区域中，个人对于隐私的期待水平分别低于和高于在私人区域、公共区域中的期待水平。譬如，在公寓楼梯间的个人不会期待其不被邻居透过“猫眼”看见，但会期待自己不受到邻居监控摄像头的长时间拍摄；办公人员不会期待自己在办公室的进出不为人所知，但会期待自己在工位上的一举一动不被全程直播。

三、共用区域内侵犯隐私权的判断标准

隐私权与权利主体的主观感受密切相关，但主观心理状态是流动的，作为受法律保护的权利，隐私权应同时设定稳定的客观边界。因此，在司法裁判中，认定侵犯隐私权须有主、客观依据，既要审查当事人是否“期待”自己保有隐私，也应当审查这种“期待”是否“合理”。主观性的“期待”，重点考察被侵害人在该共用区域内是否期望其信息、行为、事件（如面部特征、言语、日常习惯等）不被他人带有目的性地观察、记录，即被侵害人怀有保有隐私的心理预期。个人感到隐私被侵犯时的心理体验为：个人对其信息、行为、事件的展示、传播丧失了控制感，感到被“观察者”所凝视。如本案原告表示，不愿自己的身影、进出门时间被邻居摄录、了解，不愿因此成为街坊议论的对象。客观性的“合理”，即按照社会公众的一般观念，判断在当时的情境中，被侵害人保护隐私的期待是否具有正当性。譬如，当事人认为物业在楼道、电梯安装监控摄像头侵犯隐私权，此类诉请便不具有合理性，因其对于隐私的期待不具有正当性。

四、共用区域隐私权保护的限制

个人的共用区域隐私权，在为了社会公共利益的情形下，可以受到一定程度的限制。如，负有公共管理职权的机关，为了保障治安、预防犯罪、利于侦查等合法目的，同时具备完善的安装、使用、内容保管等管理制度，可以对共用区域进行摄录。个人在共用区域亦不可滥用隐私权，应当容忍他人的合法需求。本案中，其中一个摄像头正对原告家入户门，法院判处应予拆除，另一个摄像头拍摄临街画面，原告在大街上行走的情况不具有私密性，且被告确有安装摄像头作为安防措施的需求，故法院判决保留这一个监控摄像头。

编写人：上海市浦东新区人民法院　黄朱红

57

对已公开个人信息及行为人自行公开个人信息再次公开的侵权认定标准

——王某诉北京市昌平区某小区业主委员会隐私权、个人信息保护案

【案件基本信息】

1. 裁判书字号

北京互联网法院（2021）京 0491 民初 19393 号民事判决书

2. 案由：隐私权、个人信息保护纠纷

3. 当事人

原告：王某

被告：北京市昌平区某小区业主委员会（以下简称某业委会）

【基本案情】

王某与某业委会业主撤销权纠纷案件经人民法院一审、二审和再审。2021 年 4 月 1 日，某业委会未经许可将北京市高级人民法院作出的再审裁定文书进行公开。某业委会在获得上述判决文书后，在未对王某姓名、性别、出生年月、住址信息等进行遮盖的情况下，将上述判决通过小区微信公众号发布到互联网，并发送到小区微信的两个群。王某认为某业委会的行为造成王某个人信息的泄露，引起其他业主对王某合法行使诉权的不解，导致王某受到无端指责，给王某造成了困扰和不便。

【案件焦点】

某业委会发布涉案判决书的行为是否侵害了王某的个人信息。

【法院裁判要旨】

北京互联网法院经审理认为：王某所诉行为涉及民法典施行前后，依照《最高人民法院关于适用〈中华人民共和国民法典〉时间效力的若干规定》第一条第三款规定，本案侵犯人格权的行为认定适用民法典相关规定。

关于某业委会是否侵害王某个人信息。首先，依照《中华人民共和国民法典》第一千零三十四条之规定，裁判文书中王某的姓名、出生日期、性别、民族、住址信息属于个人信息。其次，某业委会在微信群及公众号中发布涉诉裁判文书是否侵权分析如下：一、裁判文书是某业委会作为涉案当事人通过合法渠道获得。二、信息载体是人民法院因审理双方的纠纷所作出的判决书。依照民事诉讼法的规定，公开审判是法院审理原则，具体体现为案件审理过程以公开为原则不公开为例外。但无论是否采用公开审理的案件，依法均需公开宣告判决，亦即判决书依法具有面向社会不特定公众公开的强制性要求。判决书公开王某的信息包含姓名、性别、出生日期、民族，该部分信息已因判决书公开而属于面向不特定公众公开信息的范畴。可见，某业委会公布王某上述个人信息并没有比公开渠道公示的信息额外增加。针对某业委会所公布的信息比判决书公开的增量信息——住址，是否存在侵害个人信息一节：因王某为竞争业委会筹备组成员曾经在小区电子信息屏公开过其住址的门牌号码，在小区范围内已经属于自行公开的信息。而某业委会的微信群成员及关注公众号的主体范围均限定在小区业主范围内，虽然公众号有可能会被小区业主以外的人员关注，但按照常理，关注某小区公众号的主体大多与该小区的业主有关联，通过这种途径获知信息实际上与通过该小区业主聊天获知的途径几乎无异。《中华人民共和国民法典》第九百九十八条规定，认定行为人承担侵害除生命权、身体权和健康权外的人格权的民事责任，应当考虑行为人和受害人的职业、影响范围、过错程度，以及行为的目的、方式、后果等因素。王某系因未能成功入选业委会而与现业委会成员存在矛盾进而引发系列诉讼，通过动态系统论综合分析双方行为人的过错程度、影响范围及行为目的和方式等因素，可认为某业委会通过微信及公众号发布涉诉裁判文书不足以认定侵害了王某个人信息。

关于是否侵害名誉权。发生法律效力的民事判决书是网上公开发布，具有完全开放、提供自由查阅的属性。某业委会的公开发布，不属于非法使用的行为，亦没有恶意诽谤和侮辱的事实，不足以构成名誉权的侵害。

关于是否侵害隐私权。私人生活安宁保障的是个人独处的权利。某业委会虽在微信群及微信公众号中转发了判决书，但并未进一步以其他方式侵扰王某，难以认定某业委会侵扰私人生活安宁。

北京互联网法院依照《中华人民共和国民法典》第九百九十条、第九百九十八条、第一千零三十二条、第一千零三十四条、第一千零三十五条、第一千零三十六条，判决：

驳回王某诉讼请求。

判决后，双方当事人均未上诉，本判决现已生效。

【法官后语】

本案事实发生于《中华人民共和国民法典》（以下简称《民法典》）施行之前，鉴于加强人格权保护符合弘扬社会主义核心价值观要求，且侵害名誉权、隐私权、个人信息行为在《民法典》中专章予以明确，故本案就侵犯人格权行为的认定适用《民法典》相关规定。

《民法典》第一千零三十四条第二款规定，个人信息是以电子或者其他方式记录的能够单独或者与其他信息结合识别特定自然人的各种信息，包括自然人的姓名、出生日期、身份证件号码、生物识别信息、住址、电话号码、电子邮箱、健康信息、行踪信息等。据此可以明确的是，裁判文书中王某的姓名、出生日期、性别、民族、住址信息应认定为王某的个人信息。

某业委会在业主公众号和业主群中发布法院裁判文书的行为是否侵犯王某个人信息，应当从以下三方面来分析：

首先，从某业委会获得上述信息的途径分析是否属于“非法收集”。某业委会作为被公开的裁判文书的当事人，系通过合法渠道获得相关文书。王某所主张的信息载体是人民法院因审理双方的纠纷所作出的判决书。依照我国民事诉讼法律的规定，公开审判是人民法院审理民事案件的原则，具体体现为案件审理过程以面向社会公众公开为原则、不公开为例外。值得强调的是，无论是否采用公开审理的案件，依法应一律公开宣告判决，亦即判决作为人民法院作出的司法文书，依法具有面向社会不特定公众公开的强制性要求。本案中，裁判文书网显示的人民法院裁判文书公开了王某的信息包含姓名、性别、出生日期、民族。这部分信息是因判决书公开而面向不特定公众公开信息的范畴，因此某业委会的再次公开行为并没有超越上述个人信息的范畴，也就是没有产生额外的“增量”公开。然而，就某业委会公布的王某个人信息与裁判文书网公开的信息相比较而增加的部分——王某的住址信息，其公开是否侵犯王某的个人信息呢？对此应审查该信息是否属于已经公开的信息、收集行为是否合法等。本案的情形是，王某本人已在自己居住的小区设立的电子信息大屏幕中公开了其住址的门牌号码，并且在其他微信群中也对于公布门牌号大屏幕的照片进行了发布。可见，某业委会的收集行为并不违反《民法典》第一百一十一条及《中华人民共和国个人信息保护法》第十条的规定。

其次，从某业委会公开上述信息的范围分析是否属于“非法公开”。某业委会通过业主微信群及业委会公众号公布判决书的同时公开了王某的个人信息。从微信群成员主体范围来看，均为涉案小区的业主。因此，以本小区业主为范围的群体再次公开王某已经自行发布过的个人信息及裁判文书网已经公开的信息，并不会对王某的个人信息造成侵犯，未构成《民法典》第一百一十一条及《中华人民共和国个人信息保护法》第十条所规定的“非法公开”要件。

最后，从以公众号公开信息的行为方式分析如何判断是否应当承担法律责任。按照生活常理，关注某小区公众号的主体大多与该小区的业主有关联，虽然部分非业主也会关注，但实际上这与通过该小区业主居民聊天获知的途径几乎无异。而且，这部分主体关心的是事件本身并非个人信息。根据《民法典》第九百九十八条规定和动态系统论的法理，综合分析双方行为人的过错程度、影响范围及行为目的和方式等因素，不足以认定某业委会公开涉案判决书的行为侵害了王某个人信息权益。

编写人：北京互联网法院　伊然

58

取得用户概括同意后基于IP地址、检索浏览记录的广告投放行为不构成侵权

——陈某诉某公司个人信息保护案

【案件基本信息】

1. 裁判书字号

湖北省黄冈市中级人民法院（2021）鄂11民终3136号民事判决书

2. 案由：个人信息保护纠纷

3. 当事人

原告（上诉人）：陈某

被告（被上诉人）：某公司

【基本案情】

某某App应用标签为"实用工具""浏览器"；某某贴吧App应用标签为"社交通讯""社区"，均由某某在线网络技术（北京）有限公司开发、由某公司实际运营。陈某于2015年8月13日注册某某账号，于2018年开始使用某某贴吧。

2020年7月2日，陈某使用某某贴吧App时，在关闭应用权限的地理位置定位开关后，该应用向其推送第三方关于其所在地黄冈地区的广告。2020年12月31日，陈某以其个人某某账号登录某某App，在搜索"留学""借贷"相关关键词并浏览相应结果后，进入某某贴吧App，在首页推荐页面出现"借贷"及"留学"相关广告。在某某App搜索"蛋糕""减肥""整形"等相关关键词并浏览相应结果后，某某贴吧App首页推荐页面也出现有关"蛋糕""减肥"

“整形”及其所在地上海的广告。

陈某认为某公司在未经其明确授权同意的情况下，处理其使用某某 App 时的所在城市地理位置、网页搜索记录等信息内容，包括将信息提供给第三方广告主，通过投放精准广告进行牟利，构成侵权。其中：地理位置（含 IP 地址）为个人信息；浏览记录中关于“整形”“减肥”的记录为其私密信息。其主张的侵权行为方式包括收集、存储、使用、公开、共享其相关信息。某公司认为：1. 某公司是在陈某同意其隐私政策后才根据约定收集原告个人信息；2. 某某贴吧给予了用户对个性化广告的控制权，可以对其进行关闭；3. 某某贴吧并未获取原告地理位置，而是通过分析设备 IP 地址了解设备所在的公开且模糊的区域信息，或综合原告的行为信息方式进行的信息推送。IP 地址颗粒度大，定位宽泛，不具有可识别性，不属于法律意义上的个人信息。案件审理期间，陈某认可某公司上述关于收集“地理位置”的陈述。

【案件焦点】

1. 某公司是否收集陈某使用某某 App 产品的浏览记录并在某某贴吧产品中予以使用；2. 案涉城市地理位置、某某 App 的浏览记录是否属于陈某的个人信息，其中关于“整形”“减肥”的浏览记录是否属于私密信息；3. 某公司处理案涉地理位置、浏览记录是否构成对陈某个人信息、隐私的侵权。

【法院裁判要旨】

湖北省蕲春县人民法院经审理认为：关于焦点一。陈某进行关键词搜索浏览后，相关广告出现的频率明显高于未搜索浏览之前。尽管相关广告在呈现时间上有一定差异性，但上述搜索浏览行为与关联性广告的高频率呈现之间，直观上展现出一定的因果关系。因某公司未就其广告推送是否依据了上述信息进行举证，应对其主张承担不利后果。故某某贴吧的广告推送行为与用户的搜索浏览记录具有因果关系，据此推定某公司收集了陈某在某某 App 中的浏览记录并在某某贴吧 App 中予以使用。

关于焦点二。（一）基于 IP 地址形成的城市位置是否属于陈某个人信息。

个人信息的核心特征为“可识别性”，即能够单独或者与其他信息结合识别特定自然人，包括直接识别和间接识别。同时，“识别”既包括对个体身份的识别，也包括对个体特征的识别。对个体身份的识别确定信息主体“是谁”，对个体特征的识别确定信息主体“是什么样的人”，即该信息能反映个人的人格形象（如用户画像）。对某项信息是否属于个人信息，应考虑两条路径：一是识别，即从信息到个人，由信息本身的特殊性识别出特定自然人。识别的信息可以是单独信息，也可以是组合信息。可识别性需要从信息特征以及信息处理方的角度结合具体场景进行判断。二是关联，即从个人到信息，如已知特定自然人，则该特定自然人活动中产生的信息即为个人信息。符合上述两种情形之一的信息，即应判定为个人信息。陈某在登录个人账号访问某某 App 及某某贴吧 App 时，某公司作为信息处理方，相应服务器均已收集陈某的电话号码、唯一设备标识符、浏览记录、使用时间、时长等，其中陈某的电话号码为实名认证号码，IP 地址与上述信息的组合能够识别到陈某在该区域。此时，该区域位置不单纯表达为设备连接网络时的 IP 地址，同时亦系陈某在某一时刻（段）所处的城市地理位置，可以认定是陈某的行踪信息。故某公司收集陈某使用设备 IP 地址形成的城市位置应属于陈某的个人信息。

（二）浏览记录是否属于个人信息，其中关于“整形”“减肥”的浏览记录是否属于陈某的私密信息。网络搜索浏览记录是用户在网络空间上的活动轨迹，可以反映用户的兴趣、偏好、行为轨迹，并对用户进行画像。在与其他信息相结合时可以识别到个人。陈某在登录访问某某产品时，服务器已收集了其电话号码、IP 地址等信息，浏览记录与电话号码、IP 地址等信息的结合，能够识别陈某个人的网络活动轨迹，故其浏览记录属于个人信息。个人信息包括属于隐私权客体的私密信息和非私密信息，二者的法律适用、保护方法均不相同，故不能仅由信息主体的单方主观意愿来决定信息类型，而应结合案件具体情况，从社会公众的一般认知和价值衡量的角度出发来认定该信息是否属于私密信息。核心考虑因素包括：1. 该信息对于维护自然人的人格尊严和人格自由的重要程度；2. 该信息对于维护社会正常交往、信息自由等重要程度；3. 一般公众对该信息作为私密信息的认知和期待。一方面，一般来说，检索的关键词本身并非个人信息，只能反映个人对该关键词相关信息的兴趣或对相关商品、服务的需求倾向，我们无法根据关键词的检索记录来对个人人格进行推断或评断。另一方面，从社会合理认知而言，在现今推崇自由与个性、崇尚健康与美丽的社会主流价值观下，“减肥”“整形”是人们对于健康和美丽的普遍关注点，展现的是个人对生活的积极与热爱，并非一经公开会引发公众对个人的负面评价而致人格利益受损的敏感信息。再者，该信息在某种情况下的允许使用也可以给个人的生活学习带来便利，在对信息进行匿名化、去标识化的技术处理后亦不具有个体识别性，而通过对广大用户信息进行汇总分析后可促进企业开发更好的产品和服务，亦可对政府关于公共事务决策提供更好的依据和指引，允许该信息的合法利用与自由流通更有利于平衡个人信息保护与网络信息产业及数字经济的发展之间的利益。故该类信息在性质上更倾向于兼具消极防御性和积极利用性的个人信息。综上，陈某使用某某产品的浏览记录属于其个人信息，其关键词“减肥”“整形”的浏览记录不属于私密信息。

关于焦点三。（一）某某贴吧 App 产品的功能定位。某某贴吧 App 为一款社交平台应用，其产品定位是兴趣类社交。基于该定位，对其收集用户的相关个人信息并提供个性化内容推荐服务，用户应该有一定的合理期待。

（二）陈某对某公司的授权情况。某公司通过其公示的隐私政策、用户协议、使用产品前的“同意”等，对其处理用户个人信息的目的、方式和范围进行了明确告知，上述告知的信息处理范围包含陈某诉称的 IP 地址、搜索浏览记录，并告知会基于收集的信息对位置、偏好等作特征分析和用户画像，在某某平台展现或推荐相关程度更高的广告。陈某是在清楚并同意相应隐私政策之后才使用某某的相关产品。某公司通过隐私政策等约定对用户的一般个人信息采取概括授权方式获取权限，但对于位置（发帖添加的位置）、相册、相机、录音、通信录、通知等权限的调用则采取另行单独获取授权方式，对于个人信息的共享、转让、公开则以取得用户事先授权同意为前提。即其隐私政策的概括同意并非不分情况的“一揽子”同意。《民法典》第一千零三十三条和第一千零三十六条对于私密信息和个人信息，适用不同的授权规则，处理他人私密信息必须经权利人本人的明确同意，更为严格，而处理他人个人信息，权利人或其监护人均可表示同意，且同意方式不要求“明确”。与上述条款相对应，《中华人民共和国个人信息保护法（草案）》（第二次审议稿）第十四条规定，处理个人信息的同意，应当由个人在充分知情的前提下，自愿、明确作出意思表示……第三十条规定，基于个人同意处理个人敏感信息的，个人信息处理者应当取得个人的单独同意。参照上述规定精神，对个人私密信息、敏感信息的“明确同意”的内涵应包括“单独”同意，与之相对的对个人一般信息的“同意”则不要求必须单独同意，即允许概括同意。对于用户而言，一方面，某某贴吧App作为一款兴趣类社交应用软件，并非我们生活中的必需软件，同类型应用或能实现类似使用目的的其他平台在市场中也大量存在，在用户对其政策极不认可的情况下可以选择“以脚投票”的方式拒绝使用，转而选择其他同类型产品，不使用该产品并不会导致给个人生活造成严重不便的后果。另一方面，用户同意后的使用过程中，某公司也为其个性化广告推送提供了相应的调整路径，如自主调整兴趣偏好、关闭广告并选择“不感兴趣”、清除本地搜索浏览记录及cookies等，来调整系统对用户的个人画像。故某公司并未侵犯用户的选择权，其对于“分析用户行为信息（搜索、浏览等）、位置信息形成用户画像并进行个性化推送”这种一般个人信息的处理，以隐私政策获取用户的概括同意，属于取得用户的有效授权。

（三）某某产品推送广告的正当性分析。陈某使用的某某App、某某贴吧App均为免费软件，而公司在进行产品开发和运营维护过程中必然要投入大量成本，而通过推送广告获取经济效益是大部分提供免费产品服务的互联网行业生存的基本商业模式。用户对于在享受免费的产品服务过程中接收部分商业广告应当具有一定的容忍度。相较于一般广告，基于对用户使用产品时的特征信息进行分析，预测其偏好而推送的个性化广告更有利于提升广告的有效触达率。个性化广告推送属于对个人信息的商业利用，但这种利用并未被法律所禁止。而对于用户来说，个性化广告相较于一般广告而言，更好地过滤掉了无价值广告对个人空间的占用和打扰，也可能给用户个人生活带来便利，实际上个性化广告也得到了很多人的喜爱。故在未对用户个人信息进行不当收集利用的情况下，某公司向用户推送广告包括个性化广告的行为具有正当性。

（四）某公司将通过某某 App 获取的陈某搜索浏览信息使用于某某贴吧 App 是否超出合理使用限度。从一般社会合理认知而言，一个公司基于其开发产品而获得的用户信息属于公司重要资产，其有权在合理限度内在其其他产品中积极使用。同时，某公司就某某平台产品设置了综合性的隐私政策平台，对于搜索记录这类仅反映用户一般偏好的信息而言，将其迁移至关联产品中予以使用的行为并未超出一般社会认知的合理期待，即未超出对用户信息的合理使用限度。

综上所述，一方面，案涉陈某的个人信息均为一般个人信息，而非私密信息，且未向第三方披露；另一方面，某公司依据上述信息进行的广告推送也仅展示于陈某使用的某某平台产品之中，在信息内容之中偶尔出现，不影响用户的正常产品体验。某公司以概括授权同意方式取得的陈某授权，不违反法律强制性规定，属于有效授权。其在关联产品中对获取的上述信息合理使用的行为亦未超出正当限度。故某公司处理案涉陈某个人信息的行为未侵犯其个人信息权益。

湖北省蕲春县人民法院依照《最高人民法院关于适用〈中华人民共和国民法典〉时间效力的若干规定》第三条、第四条，《中华人民共和国民法典》第一千零三十二条、第一千零三十四条、第一千零三十五条、第一千零三十六条第一项，《中华人民共和国民事诉讼法》第一百四十二条规定，作出如下判决：

驳回陈某的全部诉讼请求。

陈某不服一审判决，提起上诉。湖北省黄冈市中级人民法院经审理同意一审法院裁判意见，判决：

驳回上诉，维持原判。

【法官后语】

本案是一起典型的因定向广告推送引起的网络人格权侵权纠纷案，主要涉及：设备IP地址、关键词检索和网页浏览记录是否属于个人信息、私密信息；对隐私政策“同意”的授权效力；基于个人信息的广告推送行为是否超出合理实施限度等公众争议的热点问题。本案的审理是从个人信息侵权的构成要件出发，即侵权行为、权利客体、是否存在过错或违法阻却事由三个方面，逐一进行认定，缺少任何要件，就不能认定个人信息侵权。由于个人信息权益属于人格权范畴，其性质属于绝对权，与侵权损害赔偿请求权不同，基于人格权请求权提起的个人信息保护请求不要求损害后果的实际发生，只要有妨害风险，权利主体即可行使请求权。

一、是否存在权利客体，即被诉侵权行为指向对象是否为个人信息、私密信息

（一）民法典、个人信息保护法均对个人信息的定义及核心特征作出了明确规定

因个人信息核心特征为“可识别性”，对于不具有单独识别性的信息而言，能否识别到个人应根据该信息是否存在其他辅助信息，与之的组合是否能够识别到特定自然人，故而一项信息能否成为个人信息权益的保护对象具有动态的不确定性，这就决定了对个人信息的判别必须进行场景复原，在当时当地的具体情境下来分析。

（二）私密信息与非私密信息的区分

民法典对私密信息与非私密信息的权益类型、法律适用、保护方法、处理规则进行了区分规定。非私密信息的个人信息之上，既有信息主体的个人信息权益，也有个人、企业、国家机关的积极利用需求。如仅由个人主观认知来确定个人信息的类型，很容易导致个人权利的滥用，将个人信息都认定为私密信息，从而妨碍数据的流通与积极利用，阻碍数字经济的发展与社会进步。故一项信息是否属于私密信息，应当从隐私权的特征出发，结合案件具体场景，从社会一般合理认知和价值衡平的角度出发来认定。

本案设备IP地址、关键词检索和网页浏览记录在案件场景中是与实名认证的手机号码、唯一设备标识符等具备可识别性的个人信息结合使用的，是与可识别的特定自然人相关联的，故本案场景中的上述信息属于个人信息。对于网

络检索和浏览记录这类个人信息而言，一方面，检索的关键词反映个人的兴趣或对相关商品、服务的需求倾向，我们无法根据关键词的检索记录来对他人人格进行推断或评判。另一方面，从社会合理认知而言，除对于可能较敏感信息的反复多频率关注，对于常规信息的关注和浏览并不会导致社会的负面评价。而检索浏览行为本身反映出用户的个人偏好，允许对该类信息合理使用也可以给个人的生活学习带来便利，在对信息进行匿名化、去标识化的技术处理后亦不具有个体识别性，而允许该类信息的合法利用与自由流通更有利于平衡个人信息保护与网络信息产业及数字经济的发展之间的利益。故通常情况下，该类信息在性质上更倾向于兼具消极防御性和积极利用性的一般个人信息。

二、是否符合处理个人信息的免责条件：有效授权与合理实施

（一）是否取得有效授权

根据民法典第一千零三十六条和第一千零三十三条规定，私密信息和非私密个人信息，适用不同的授权规则，处理他人私密信息必须经权利人本人的明确同意，更为严格，而处理他人非私密个人信息，权利人或其监护人均可表示同意，且同意方式不要求“明确”。与上述条款相对应，个人信息保护法第十四条与第三十条也作出了区分规定，处理个人信息的同意，要求自愿、明确作出意思表示；而处理个人敏感信息的，应当取得个人的单独同意。通过上述对比，应当认为，对个人私密信息、敏感信息的“明确同意”的内涵应包括单独同意，与之相对的对个人一般信息的“同意”则不要求必须单独同意，即允许概括同意。

本案例中，某公司通过隐私政策、用户协议的方式对获取设备 IP 地址、检索、浏览记录并会用于个性化内容、广告的推送进行了明确告知和提示注意，通过用户主动选择“同意”的积极行为获得用户的明示授权，同时区分情形，对位置信息、电话信息等敏感信息、私密信息分别给予单独授权，对 IP 地址、搜索及浏览记录等一般个人信息采取概括授权，该授权的取得符合告知同意规则的要求，应属于有效授权。

（二）是否属于合理实施

对合理实施的具体判断应当以数据处理行为发生时的法律、行政法规为依据，根据具体案件场景，综合当时的整体技术水平、行业习惯，从价值衡量及社会合理认知的角度来认定。

在用户免费使用产品、企业以广告收益为收入来源的互联网商业经营模式下，应允许企业推送商业广告。而定向广告也被许多人所接受，具有增强用户体验和促进经济效益的双重优势。定向广告也并未被任何法律法规所禁止。GB/T 35273-2020《信息安全技术　个人信息安全规范》附录中表 C.1 交互式功能界面模板的设计中亦展示“我们可能会将您的个人信息用于向您推送您感兴趣的商业广告”。故某公司在已明确告知会获取上述信息，并用于广告推送，且取得用户“同意”的情况下，进行案涉个性化广告推送的行为属于合理实施。

从一般社会合理认知而言，一个公司基于其开发产品而获得的用户信息属于公司重要资产，其有权在合理限度内在其关联产品中积极使用，这种使用并未导致信息的控制权发生变化，也不导致个人信息所涵盖信息主体的人格利益、人身财产权益被侵害风险的增加。同时，某公司就其平台产品设置了综合性的隐私政策平台，对于搜索记录这类仅反映用户一般偏好的信息而言，将其迁移至关联产品中予以使用的行为并未超出一般社会认知的合理期待，即未超出对用户信息的合理使用限度。

综上，本案中，陈某诉称的 IP 地址、关键词搜索和网页浏览记录均属于一般个人信息，某公司在明确告知将处理上述信息及处理目的、方式并提醒注意后，陈某的概括同意为有效授权，故某公司获取上述信息并基于该信息在旗下产品中推送定向商业广告的行为未超出合理限度，未侵犯陈某的个人信息权益和隐私权。

编写人：湖北省蕲春县人民法院　宋卫东　陈周全

59

侵害私密信息的认定及法律适用

——郭某某诉某某（北京）公司隐私权、个人信息保护案

【案件基本信息】

1. 裁判书字号

北京市第二中级人民法院（2021）京02民终10830号民事判决书

2. 案由：隐私权、个人信息保护纠纷

3. 当事人

原告（上诉人）：郭某某

被告（被上诉人）：某某（北京）公司

【基本案情】

2019年12月13日，郭某某的手机收到来自号码为10690781××××70的短信一条，内容为：【App助理】通知：恭喜您获得“花分期呗”App专项活动奖励，请点击×××获取验证码领取！退订回N。12月16日，郭某某上述手机号又收到来自号码为10690781××××42的短信一条，内容为：【App助理】通知：恭喜您获得“分期白条”App专项活动奖励，请点击×××获取验证码领取！退订回N。经查，码号10690781的使用地为全国，使用单位为某某（北京）公司。

某某（北京）公司称其平时做短信业务，但涉案两条短信非其发送，并就此提交其后台截屏。

【案件焦点】

某某（北京）公司未经郭某某同意向其发送商业短信的行为，是否构成侵权，如构成侵权，应承担何种责任。

【法院裁判要旨】

北京市丰台区人民法院经审理认为：自然人的个人信息受法律保护；除法律另有规定或者权利人明确同意外，任何组织或者个人不得以电话、短信、即时通信工具等方式侵扰他人的私人生活安宁。涉案短信由某某（北京）公司使用的码号发送，虽该公司主张其未发送涉案短信，但其就此未提交充分证据，故对其该项意见难以采信。某某（北京）公司未取得郭某某的同意，即向其发送涉案两条短信，侵犯了郭某某的私人生活安宁，应承担相应的侵权责任。郭某某要求赔礼道歉的请求，合法有据，予以支持。郭某某主张的精神损失补偿，鉴于其未能提交证据证明其因此受到严重的精神损害，且综合某某（北京）公司侵权行为的具体情节、过错程度等，对此不予支持。郭某某主张的材料打印费、邮寄费、误工费，缺乏证据，不予支持。

北京市丰台区人民法院依照《中华人民共和国民法典》第一千零三十三条、第一千一百八十三条，《最高人民法院关于适用〈中华人民共和国民法典〉时间效力的若干规定》第三条规定，作出如下判决：

一、某某（北京）公司于本判决生效后七日内向郭某某书面赔礼道歉（该道歉内容须通过本院审查）；

二、驳回郭某某的其他诉讼请求。

郭某某不服原审判决，提起上诉。北京市第二中级人民法院经审理认为：针对郭某某主张的侵权事实，从信息内容看，涉案短信涉嫌商业性质信息骚扰，某某（北京）公司未能就其取得郭某某电话号码的途径及发送涉案信息已经取得郭某某同意进行举证，一审法院认定该公司向郭某某发送涉案短信，侵害了郭某某的私人生活安宁，构成侵权，并无不妥之处。郭某某另要求某某（北京）公司赔偿其精神损失，因郭某某未能就其遭受精神损害提供相应证据，某某（北京）公司仅向其发送涉案两条短信，一审法院综合考虑该公司的侵权情节、过错程度等，对郭某某提出的精神损害赔偿未予支持，处理并无不当。郭某某另要求某某（北京）公司赔偿其材料打印费、邮寄费、误工费等损失，因缺乏必要的证据佐证，一审法院未予支持，本院不持异议。

综上所述，依照《中华人民共和国民事诉讼法》第一百七十条第一款第一项规定，判决如下：

驳回上诉，维持原判。

【法官后语】

本案系涉隐私权、个人信息交叉保护问题的典型案件。《中华人民共和国民法典》（以下简称《民法典》）第一千零三十二条明确规定自然人享有隐私权，隐私包含私人生活安宁、私密空间、私密活动、私密信息。第一千零三十三条亦列明处理他人私密信息为侵害隐私权的行为。第一千零三十四条规定个人信息中的私密信息，适用有关隐私权的规定，没有规定的，适用有关个人信息保护的规定。由此可见，《民法典》在隐私权与个人信息保护中呈现分别规定、交叉保护结构，对于二者重合的“私密信息”领域，采取了“隐私权规则优先适用”的保护方式。这是因为，一方面，隐私权作为法律上的具体人格权利，其保护力度应高于作为权益的个人信息，在二者重合时应优先适用隐私权的保护规定；另一方面，隐私权所体现的是对人格尊严的维护，其较个人信息作为一项自决权所主要涉及的私法自治，处于更高的保护位阶，故应当优先保护隐私权。因此在私密信息遭受侵害的情况下，应首先考虑适用隐私权保护的规定。在隐私权保护规则没有具体规定，或者通过隐私权的规定无法实现对个人有效救济的情况下，个人可依据个人信息保护的相关规则，要求查阅、复制、更正个人信息或者采取匿名化处理等必要技术手段保护个人信息安全。[①]

为准确适用法律，对“私密信息”的判断应为此类案件所应解决的首要问题。私密信息，作为个人信息，首先应当满足个人信息可识别性的特征，即其

① 参见最高人民法院民法典贯彻实施工作领导小组主编：《中华人民共和国民法典人格权编理解与适用》，人民法院出版社2020年版，第369页。

单独或者与其他信息结合可识别特定自然人信息。在此基础上，私密信息还需具备隐私利益，从文义解释的角度，可将该隐私利益分为两点：一为“私”，即该信息具有私人性，与公共利益或他人利益无关；二为“密”，即该信息主观上包含权利人不愿为人所知的希望，客观上处于仍未公开的状态。[①] 可识别性、私人性、秘密性共同构成私密信息的判断标准。本案中，郭某某的手机号码即符合上述要件，应认定为其私密信息。故依据“隐私权规则优先适用”的规则，应适用隐私权保护的相关规定。

我国在隐私权保护领域适用一般侵权的规定。本案中某某（北京）公司未经郭某某同意，向其发送商业推广短信属于私自处理郭某某的私密信息，属于《民法典》第一千零三十三条明确禁止的行为，即在没有法律规定亦未经权利人明确同意的情况下，以短信侵扰他人私人生活安宁，故该公司存在侵权行为。郭某某主张其因短信感到精神痛苦且生活安宁受打扰，符合社会的一般认识，故某某（北京）公司应当承担侵权责任，向郭某某赔礼道歉。而郭某某未就其遭受严重精神损害提交证据，故在考虑侵权的具体情节、过错程度的基础上，本案未支持郭某某要求支付精神损害抚慰金的诉讼请求。

隐私和个人信息之间关联紧密，在处理相关案件时，应注意对个人信息中私密信息与非私密信息进行区分，对私密信息应适用隐私权相关规定予以更加充分的保护。

编写人：北京市丰台区人民法院　王吟元

---

① 张璐：《何为私密信息？——基于〈民法典〉隐私权与个人信息保护交叉部分的探讨》，载《甘肃政法学院学报》2021 年第 1 期。

60

构成客观隐私威胁的行为人依法应承担侵权责任

——范某某诉祝某某隐私权案

【案件基本信息】

1. 裁判书字号

河南省平顶山市卫东区人民法院（2021）豫0403民初1325号民事判决书

2. 案由：隐私权纠纷

3. 当事人

原告：范某某

被告：祝某某

【基本案情】

范某某与祝某某系门对门邻居，双方房门相对。2020年12月27日，祝某某在公共过道安装了两个摄像头，其中一个摄像头安装于祝某某房门顶部靠墙位置（以下简称摄像头1），另一个摄像头安装于双方房门中间顶部靠墙位置（即双方卫生间外墙中间顶部位置，以下简称摄像头2）。庭审中，祝某某提供摄像头实时视频监控手机截图，证明其安装摄像头的摄像范围是自己的家门及门前楼梯公共部分，摄像头拍摄范围不涉及范某某的家门及其隐私。范某某称摄像头2旋转时会照到自己家，并且摄像头有录音功能。

经现场查勘，两个摄像头均具有录像功能，但均不会旋转，摄像头1具备录音功能，可以拍摄到范某某家门口、公共过道及上下楼梯。摄像头2不具备录音功能，可以拍摄到祝某某家门口及部分公共过道、上下楼梯。

【案件焦点】

如何确认客观隐私威胁的内涵，即哪些行为构成隐私权侵权。

【法院裁判要旨】

河南省平顶山市卫东区人民法院经审理认为：隐私权系个人享有的对自己的个人秘密和个人私生活进行支配并排除他人干涉的一种人格权。摄像头安装位置虽处于公共楼道，但两个摄像头的拍摄范围均能对范某某及其家人的出行规律、人员流动等信息进行记录，对范某某及其家人的正常生活产生一定影响，即祝某某于公共楼道安装摄像头的行为在事实上形成对范某某隐私权的威胁，无论其是否存在窥视他人隐私之主观故意，其行为仍构成隐私权侵权。范某某虽在祝某某安装摄像头时表示只要摄像头安装在祝某某一侧就可以，但从未对其隐私权表示过放弃。公共区域安装的摄像头具有拍摄、记录的可能，易侵犯他人的隐私权，安装摄像头的行为人应承担侵权责任。

关于范某某要求祝某某赔偿其精神损失5000元并赔礼道歉之主张，范某某对因祝某某安装摄像头造成其精神损害且致严重后果并未提供证据，故范某某该项诉讼请求，缺乏法律依据，不予支持。

河南省平顶山市卫东区人民法院依照《中华人民共和国民法总则》第三条、第一百七十九条，《中华人民共和国侵权责任法》第二条，《中华人民共和国民事诉讼法》第六十四条，《最高人民法院关于适用〈中华人民共和国民法典〉时间效力的若干规定》第一条、第二十八条规定，作出如下判决：

一、祝某某于本判决生效之日起十日内拆除安装在公共过道的两个监控；

二、驳回范某某的其他诉讼请求。

判决后，双方当事人均未上诉，本判决现已生效。

【法官后语】

本案中，针对祝某某安装摄像头的行为是否构成侵犯隐私权，存在两种不同意见：一种意见认为，祝某某安装的摄像头，其记录对象不具有特定性，且并未将摄像头对准邻居房门，不存在主观过错，记录行为也不具有对邻居隐私权的侵犯性，不构成侵权；另一种意见则认为，虽然该摄像头没有特定记录对象，但其记录内容确实包括邻居日常生活中的影像、声音片段，即使仅仅是生活中的影像、声音片段被人偶尔记录，也会让被监控人心理上产生强烈的被束缚感，这种记录行为对被监控人的隐私权形成了客观威胁，实质上侵犯了被监控人的隐私，祝某某明知记录内容而放任被监控人隐私受威胁的事实发生，具有主观过错，应当构成侵权。

按照侵权责任构成要件的一般观点，隐私权侵权后果需现实存在，且后果与行为之间存在因果关系。但在实践中，监控具有一定的隐蔽性，被监控者难以明确监控的具体内容，造成的后果也往往表现为精神损害，难以被量化，如果一味坚持一般观点，等待发生实际侵害结果才能寻求司法救济，难免会造成权利保护的滞后，且科学技术的不断进步使得隐私权侵害越发隐蔽，发现及举证证明隐私权侵权后果及因果关系越发困难。因此，采用“客观隐私威胁”作为判断隐私权是否受到侵害的标准，具有合理性。

结合本案，祝某某安装摄像头的监控范围为双方公用楼道。此类空间属于与住宅相连接而具有一定私密性的空间。祝某某安装的摄像头能对范某某及其家人的日常聊天、出行规律、人员流动等生活信息进行记录，范某某无法预测摄像头何时开启、何时关闭、视频记录的监控范围等情况，这种来自摄像头监控日常生活的威胁，极易使得被监控人产生被监视、束缚的感觉。尤其是在相对熟悉的邻里之间，被邻居时时刻刻有意或无意地记录会使得被监控人被监视、束缚的不适感更加强烈，这种被监视、束缚的感觉虽未产生即时的、可量化的现实损害，但由其引发的被监控人因心理上感受自身隐私被他人记录、威胁产生的不适感，实质上属于对被监控人的精神损害，显然构成对被监控人隐私权的侵犯。

“客观隐私威胁”作为隐私权侵权的判断标准重在客观上产生威胁，而非即时的、可量化的现实损害。被监控人隐私权是否存在被侵犯的威胁，可以通过监控行为外在表现进行评估：一是监控的对象是否具有特定性，即监控行为是否能监控特定对象的工作、生活、交际情况；二是监控行为是否具有侵犯性，即监控行为是否涉及特定对象的私人生活，特别是涉及有关隐私权的私有或半私有空间。如满足以上两点，可以认定监控行为对被监控人的隐私造成了威胁。

引入“客观隐私威胁”这一标准，可以不要求被监控者举证即时的、可量化的现实损害，仅证明隐私权受有客观威胁即可，对保护自然人隐私权更加有利。当然，在实际案件中，不能粗暴认定凡是安装摄像头进行监控的行为都存在客观隐私威胁并构成侵权，还应准确区分公共区域及私有空间的界限，以及综合考量隐私价值与自由价值之间的平衡。

编写人：河南省平顶山市中级人民法院　李松志

61

对特定街道路面及自然人耕种的自留地进行监控构成侵犯隐私权

——李甲诉李乙隐私权案

【案件基本信息】

1. 裁判书字号

北京市密云区人民法院（2021）民初字第7569号民事判决书

2. 案由：隐私权纠纷

3. 当事人

原告：李甲

被告：李乙

【基本案情】

李甲与李乙系邻居，李甲宅院位于李乙宅院右后方，两家宅院之间相隔一条东西向街道。李乙宅院房屋地势高，李甲房屋地势低。2020年11月，李乙在其房屋西房山墙南北两侧屋檐下各安装了一个高清摄像头。摄像头居高临下，其中南侧屋檐下的摄像头摄像范围覆盖李甲宅院，包括院门、客厅、主卧室、西厢房卧室、卫生间；北侧摄像头摄像范围覆盖李乙宅院西侧土地，该土地为李甲家自留地。李甲认为李乙安装摄像头的行为给李甲及其家人精神、心理、身体造成伤害，故请求判令李乙停止侵权，拆除其正房西房山墙南角、北角屋檐下的两个摄像头，删除录像资料全部内容，赔偿李甲及其妻精神损失费、体检费。

【案件焦点】

1. 街面道路信息及农民自留地耕种情况是否属于隐私；2. 李乙的行为是否构成对李甲隐私权的侵犯。

【法院裁判要旨】

北京市密云区人民法院经审理认为：自然人享有隐私权，任何组织或者个人不得以刺探、侵扰、泄露、公开等方式侵害他人的隐私。隐私是自然人的私人生活安宁和不愿为他人知晓的私密空间、私密活动、私密信息。除法律另有规定或者权利人明确同意外，任何组织或者个人不得进入、拍摄、窥探他人的住宅、宾馆房间等私密空间，不得拍摄、窥探、窃听、公开他人的私密活动。李乙在其房屋西房山墙南北两侧屋檐下安装摄像头，监控范围虽不涉及李甲房屋院落等私密空间，但可监控李甲自留地。自留地虽不属于私密空间，但系农村家庭户成员专属经营土地。李乙安装摄像头监控自家房屋并无不可，但其监控范围覆盖李甲自留地，使得李甲及其家人在自留地上耕作时被持续监控。自留地虽非私密空间，但也不属公共场所。因村民在自留地上耕作时，耕作人的穿戴、行为动作等具有一定随意性，故持续监控他人在自家土地耕作的行为亦属侵犯他人隐私。据此，李乙应调整其监控摄像头朝向，调整后的监控范围不得覆盖李甲房屋、院门、院落及其自留地。因李乙监控历史中未发现有李甲房屋宅院、院门等李甲及其家人隐私画面，故对其要求李乙删除监控资料全部内容的诉讼请求不予支持。

李甲要求李乙赔偿李甲及其妻精神损失费、体检费10000元，所提供的证据仅有其妻的健康体检报告，不能证明损失金额，亦不能证明损失结果与其主张的侵权行为之间存在确定的因果关系，故不予支持。

综上，依照《中华人民共和国民法典》第一千零三十二条、第一千零三十三条第二项和第三项，《最高人民法院关于适用〈中华人民共和国民事诉讼法〉的解释》第九十条规定，作出如下判决：

一、李乙于本判决生效之日起七日内调整其房屋西房山墙屋檐下的摄像头朝向，使其监控范围不得覆盖李甲家房屋、院落、院门、自留地；

二、驳回李甲的其他诉讼请求。

判决后，双方当事人均未上诉，本判决现已生效。

【法官后语】

在信息工业革命的背景下，民用视频监控被个人、家庭等私主体广泛运用以保护自身利益。但不可忽视的是，缺乏规范的民用视频监控很有可能会变成侵犯他人隐私权益的工具，视频监控引发的隐私权纠纷在现实中越发突出，自留地等特殊空间不同于传统意义上的公共空间或私人空间，法官对涉案信息是否属于隐私权保护范围以及诉争行为是否构成侵犯隐私权的认定存在一定争议和自由裁量空间。

一、内涵解读：何谓“隐私”

隐私的内涵随着经济社会的发展及个人意识的觉醒而日渐丰富，隐私权从仅指空间上的“独处权”逐步发展为“私生活信息”受到保护、“生活安宁”不被打扰等多重含义。

回溯我国隐私权的立法进程，1988年的《最高人民法院关于贯彻执行〈中华人民共和国民法通则〉若干问题的意见（试行）》首次提及“隐私”的概念，2005年修订《中华人民共和国妇女权益保障法》首次明确规定了隐私权是一种权利。《中华人民共和国民法典》的出台则进一步明确了隐私权是一项具体人格权，并对隐私的内容作出具体规定。依据《中华人民共和国民法典》第一千零三十二条之规定，隐私大致可分为四类，即私人生活安宁、私密空间、私密活动、私密信息。据此，客观上一切与个人有关、主观上不愿为他人知晓的信息，均可被认定为隐私。

二、具体认定：特殊空间内的个人信息是否属于隐私

随着社会风俗的变迁，隐私逐渐突破传统私人空间的限制，呈现出“公显私隐”的趋势。对于自留地等特殊空间，公共成分的参与导致在对某些信息是否属于隐私的判定上存在一定困难。对此，笔者认为应当着重考量以下两方面：

（一）使用对象的特定性

相较于一般意义上的公共空间，特殊空间内的使用人员更为具体特定，特定人员的生产、生活信息就很有可能构成个人隐私。这些信息在长时间、有计划、有目的地被注视状态下，事实上导致个人丧失对自身信息的选择暴露权和控制权，增加了个人隐私暴露的不安全感和精神压力。如本案李乙监控摄录范围为李甲的自留地，该地由李甲及其家人共同耕种，因使用对象限于特定主体，使用用途限于私人事务，从这个角度，自留地内所反映的生活信息、劳作信息应被认定为隐私。

（二）相关信息的私密性

隐私作为人之为人的本质属性，其表现出的实质内核为个人的“私隐”，即个人不愿为人所知而愿自行其是的欲望。不同活动环境下，隐私权所涉及的自我成分也会具有不同程度的私密性。相比于公共空间，个人在特殊空间活动时对隐私期待程度更高，其有意识或无意识传递出的信息及活动私密性更强。具体到本案，通过场景化的想象，公民其在自留地上进行耕种劳作时，通常会存在交谈、休息、更换衣物等私密行为，这些信息私密性程度较高，个人进行此类活动时不愿公开。从这个角度上说，自留地上特定人员的相关生产、生活信息属于个人隐私，应当被纳入隐私保护的范围。

三、侵权构成：监控特殊空间是否构成侵犯隐私权

侵害隐私权的侵权责任适用过错责任原则，在责任构成上须具备违法行为、损害事实、因果关系和主观过错等四个要件。

（一）违法行为即侵权人实施了侵害他人隐私权的行为，在我国立法上正

面列举了刺探、侵扰、泄露、公开等积极作为的方式，在实践中表现为拍摄、窥视他人住宅、身体、私密活动等。本案中，李乙所安装的摄像头具有摄录功能，其持续摄录他人隐私的行为属于违法行为。

（二）损害事实即私人隐私遭受到某种不利益的影响，往往伴随精神损害结果的产生。关于损害事实的认定，笔者认为应参考适用“事实上造成侵犯隐私的威胁”及“合理的隐私期待受到侵犯”两个标准。

“事实上造成侵犯隐私的威胁”标准强调达到一定的程度，存在隐私遭受侵害的现实威胁，就判定构成损害事实要件。“合理的隐私期待”指客观上被一般人所认可的合理的隐私期待，即从一般人角度出发，该信息、活动、行为等应为个人支配、决断，而不被他人知晓、妨害。本案中，自留地等场所作为公共空间与私人空间的“过渡区域”，承载了大量的私人活动，个人隐私的敏感度大大提升。李乙的监控设备可以持续监控李甲及其家人的一定生产、生活信息，虽未对李甲及其家人造成实质性损害，却产生了事实上侵犯隐私的威胁。自留地表面上看是公众随意进入的区域，但毕竟属于常人所不至，公民在自留地的生产、生活活动也属于具有隐私性质的人格利益，当事人会保有相当程度的隐私期待，并且这种隐私期待被社会一般人所认可。综上，法官认定该行为侵犯隐私权并产生了损害后果合乎情理。

（三）因果关系即侵害隐私权的违法行为与损害后果之间责任范围内引起与被引起的相当因果关系。本案中，李乙安装摄像头并持续摄录李甲家门、自留地等特定区域是引起损害后果的直接原因。

（四）主观过错即行为人主观上存在过错，包括故意和过失两种心理。司法实践中因故意侵犯他人隐私权的较为常见，在具体认定上也较为简单，在本文中就不过多论述，而过失这一主观过错在实践中更难被认定，讨论价值更大。“过失”主要是行为人负有注意义务而行为突破合理限度所致。司法实践中，在公共场所或特殊空间安装摄像监控装置主要是出于保护个人财产或集体财产安全的目的。但需注意，行为人安装监控设备保障自身安全利益，同时负有不妨害他人合法权益的注意义务。本案李乙安装监控的目的是防止李甲靠近其房屋墙体堆放自留地庄稼秸秆，消除安全隐患。但其在行为之时应考虑到该监控可能会拍摄到他人隐私，故其在监控朝向的设置上应慎之又慎。李乙违反注意义务，存在主观上的过错，故法院认定李乙应当调整摄像头，调整后的监控范围不得覆盖李甲房屋、院门、院落及其自留地。

编写人：北京市密云区人民法院　王佳琪　丁宁

62

个人信息保护中的同意撤回权行使与民事责任承担

——刘某超诉北京某速运有限公司个人信息保护案

【案件基本信息】

1. 裁判书字号

北京市顺义区人民法院（2020）京0113民初16062号民事判决书

2. 案由：个人信息保护纠纷

3. 当事人

原告：刘某超

被告：北京某速运有限公司（以下简称某公司）

第三人：严某

【基本案情】

刘某超与严某均是甲公司员工，×××是甲公司的公用电话号码。尾号为71、30、52的三单快递由某公司承运，寄件人显示为“刘会计”，寄件人电话号码为×××。

2020年，刘某超以某公司未经其同意擅自使用其个人信息寄送他人快递为由向法院提起诉讼，要求某公司在北京市级新闻媒体上向刘某超公开赔礼道歉、消除影响并赔偿律师费、误工费、交通费、精神抚慰金等。

诉讼中，刘某超与严某均称该三单快递系严某下单寄送，寄送尾号为71的快递时，刘某超、严某均在场，某公司要以寄件电话为×××，寄件人信息为刘某超的身份证件号码进行寄送，刘某超不同意，某公司仍取件，严某未予理会，仍让某公司取件。寄送尾号为30、52的快递时，严某将快递放在其工位上，严某本人未在场，告知刘某超在某公司取件时转述其需要寄送的快递的位置。某公司表示寄件人首次下单时，某公司会在其身份安全数据服务系统（实名收寄信息系统）中登记寄件人的电话号码和身份证件号码，该电话号码与该身份证件号码在系统中形成自动关联，此后以该电话号码下单寄件时，寄件人的身份证件号码就默认以首次记录的为准，除非寄件人提供新的身份证件号码。某公司并称2019年10月以后在某公司系统下单有电子运单契约条款给寄件人知悉关于寄件人信息保存的约定。刘某超表示其以×××的电话号码下单寄送快递时向某公司出示过其身份证，对于某公司在其系统中将该号码与其身份证件号码绑定在一起不知情，某公司的该绑定行为以及涉诉三单快递并非刘某超寄件却将寄件人信息登记为刘某超侵害了刘某超的个人信息权益。2020年6月始，刘某超多次与某公司客服沟通此事，同时向某公司发送律师函要求停止侵权。某公司于2020年11月25日从其系统中删除了刘某超的身份证件号码登记信息。

【案件焦点】

1. 个人信息保护中的同意撤回权如何行使；2. 个人信息侵权的民事责任如何认定。

【法院裁判要旨】

北京市顺义区人民法院经审理认为：《中华人民共和国民法总则》第一百一十一条规定，自然人的个人信息受法律保护。任何组织和个人需要获取他人个人信息的，应当依法取得并确保信息安全，不得非法收集、使用、加工、传输他人个人信息，不得非法买卖、提供或者公开他人个人信息。个人信息是指以电子或者其他方式记录的能够单独或者与其他信息结合识别特定自然人的各种信息，包括自然人的姓名、出生日期、身份证件号码、生物识别信息等。刘某超在本案中主张的个人身份证件号码属于个人信息范畴。

一是刘某超所述之某公司将×××的电话号码与其身份证件号码绑定一节是否构成侵权。个人信息的收集、存储、使用应当遵循合法、正当、必要原则，不得过度处理，除法律、行政法规另有规定外，应征得该自然人或者其监护人同意。刘某超在以×××的电话号码下单寄送快递时向某公司出示过其身份证，且通过与某公司达成的电子运单契约条款同意某公司对该号码及身份信息进行保存，此时某公司收集刘某超的身份证件号码并与该电话号码在其系统中关联存储并不构成对刘某超个人信息的侵权。但刘某超后致电某公司客服并发送律师函明确表示不同意某公司将×××的电话号码在其系统中与刘某超身份证件号码关联储存，并要求删除，某公司均未及时采取措施，此时某公司继续存储刘某超身份证件号码的行为已经侵害了刘某超对其个人信息的控制权。

二是某公司以刘某超身份信息寄送涉诉三单快递是否构成侵权。根据《快递暂行条例》第二十二条及《邮件快件实名收寄管理办法》第三条等规定，经营快递业务的企业收寄快件，应当对寄件人身份进行查验，并如实登记身份信息；寄件人拒绝提供身份信息或者提供身份信息不实的，经营快递业务的企业不得收寄。涉诉三单快递的收件人相同，预约寄送时间与收件时间相匹配，而某公司并未提交证据证明该三单快递系刘某超下单或以×××的电话号码预约取件、下单，故对刘某超主张涉诉三单快递实际系严某作为寄件人予以采信，某公司将该运单寄件人身份证件号码登记为刘某超，构成对刘某超个人信息的非法使用，侵害了刘某超的权益。寄送运单尾号为71的快递时，在刘某超明确拒绝以其身份信息寄送的情况下，严某未予理会，仍默许某公司以刘某超身份信息寄送，其放任某公司使用刘某超身份信息进行寄送，对该单快递实际使用刘某超的身份信息具有过错。考虑到查验寄件人身份信息属于快递企业的义务，而寄件人仅有配合出示身份证件的义务，故某公司对以刘某超身份信息寄送该单快递具有较大过错，应在其过错范围内承担相应责任，严某仅有较小过错，亦应承担相应责任。因刘某超明确放弃要求严某承担责任，故不再判决严某承担责任。

三是某公司就其侵权行为给刘某超造成的损害承担何种民事侵权责任。法律规定，承担侵权责任的方式可以单独适用，也可以合并适用。各种责任形式的适用均旨在保护受害人的利益，是否存在侵权责任聚合，应当结合侵权行为、损害后果等因素进行综合判断，只有当一种责任形式不足以保护受害人时，才可以同时适用其他的责任形式并予以合并保护。根据刘某超提交的律师函等相关证据，本院认定因涉诉事宜刘某超支出维权律师费 10000 元，因某公司在刘某超客服投诉后未予处理才导致刘某超后续通过发送律师函及诉讼方式维权，该律师费属于其维权的合理开支，某公司应在其过错范围内予以赔偿。刘某超在得知自己的身份信息被某公司非法使用后，通过客服投诉及发送律师函的方式维权，但均未得到某公司的回应，显然会使刘某超因个人信息失控而产生精神困扰，故某公司应就自己的行为向刘某超赔礼道歉并赔偿精神损害抚慰金，本院对刘某超主张精神损害抚慰金合理部分予以支持。关于赔礼道歉的形式，刘某超认可某公司的涉诉行为并未对其产生实际影响，本院认为某公司进行书面赔礼道歉即可，刘某超要求在北京市级新闻媒体上公开赔礼道歉并消除影响，不予支持。刘某超就其主张的其他经济损失并未提交证据证明，故对其该部分诉讼请求亦不予支持。

综上，北京市顺义区人民法院依照《中华人民共和国民法总则》第一百一十一条，《中华人民共和国侵权责任法》第六条、第十二条、第十五条，《最高人民法院关于适用〈中华人民共和国民法典〉时间效力的若干规定》第一条规定，判决如下：

一、某公司于本判决生效之日起七日内向刘某超书面赔礼道歉；

二、某公司于本判决生效之日起七日内赔偿刘某超维权合理开支 9000 元及精神损害抚慰金 1000 元；

三、驳回刘某超的其他诉讼请求。

判决后，双方当事人均未上诉，本判决现已生效。

【法官后语】

告知同意原则是指信息业者在收集个人信息时，应当对信息主体就有关个人信息被收集、处理和利用的情况进行充分告知，并征得信息主体明确同意的原则。告知同意原则是收集个人信息的“万能法则”，但该原则存在信息主体缺乏意表自由、难以获得有效保护等缺陷，为保证自然人对个人信息的处理具有真正的自主决定权，法律同时赋予其同意撤回权，即在基于同意而进行的个人信息处理活动中，允许信息主体撤回其同意，个人信息处理者不得继续对其信息进行处理。本案中，刘某超首次下单时在电子运单契约中同意某公司对其录入的身份号码、电话号码等信息进行存储，某公司基于其同意将其身份信息与电话号码进行关联的行为，符合双方之间的约定，亦符合个人信息保护的告知同意原则。但此后刘某超在发现某公司使用其身份为他人收寄快递，侵犯其个人信息的情况下，对此提出强烈反对，某公司仍坚持使用刘某超的身份信息为他人寄送快递，该行为既不符合快递行业关于实名收寄快递的规定，也违反双方之间的约定，构成对刘某超个人信息的侵权，此时刘某超有权要求某公司删除侵权订单中的个人信息，并行使同意撤回权，要求某公司撤回此前对其身份信息与手机号码的关联。

因个人信息处理产生的纠纷既包括合同纠纷，也包括侵权纠纷，实践中更多为侵权纠纷，受害者基于信息权益受到侵害而要求侵权人承担侵权责任。我国个人信息保护法第六十九条明确侵害个人信息权益的责任方式为损害赔偿等责任，同时明确以过错推定为归责原则，个人信息处理者在不能证明自己没有过错的情况下，需要承担侵权责任。民法典及个人信息保护法明确个人信息属于独立于隐私权的新型人格权益，该权益具有财产及人身双重属性，故前述损害赔偿不仅包括财产损害赔偿，也包括精神损害赔偿。其他责任承担方面，基于个人信息权益的属性，同时根据民法典第一百七十九条规定的民事责任承担方式，可以认为个人信息侵权的其他民事责任方式主要为停止侵害、赔礼道歉以及消除影响、恢复名誉。本案中，某公司就其侵权行为未能证明自己没有过错，应承担侵权责任。就责任承担类型而言，首先某公司应当承担损害赔偿责任，财产损害赔偿方面，刘某超在自我维权无果情况下聘请律师产生的律师费具有合理性，应属于财产损失；精神损害方面，刘某超因某公司的侵权行为而陷入焦虑与不安，多次维权未果亦加重了其精神痛苦，在此情况下刘某超有权要求某公司赔礼道歉并赔偿精神损失。但某公司的上述行为并不具有公开性，未造成刘某超社会评价降低、工作生活妨害的负面影响，故不适用消除影响的责任承担方式。

编写人：北京市顺义区人民法院　程珊珊　周益

63

转发刑事判决书是否侵犯他人名誉权或隐私权的认定

——赵某诉曹某人格权案

【案件基本信息】

1. 裁判书字号

上海市第二中级人民法院（2021）沪02民终574号民事判决书

2. 案由：人格权纠纷

3. 当事人

原告（上诉人）：赵某

被告（被上诉人）：曹某

【基本案情】

赵某、曹某作为同一小区的业主，系小区业主微信群成员。2020年6月，曹某在上述微信群中转帖赵某因犯非法控制计算机信息系统罪被法院判处刑罚的刑事判决书部分截图。赵某认为，本案事发的背景是赵某与曹某在是否应当更换物业公司的问题上存在不同的立场。曹某随后在微信群中转发赵某获刑的刑事判决书，其目的并不正当。而且刑事判决书虽然已经在裁判文书网公开，但小区业主对此并不知情，曹某转发的行为等同于公开了赵某的隐私，导致小区业主对赵某的评价降低，赵某因此抑郁症发作，给赵某的身心造成较大的伤害。

【案件焦点】

曹某在微信群中转发赵某刑事判决书的行为是否构成对赵某隐私权和名誉权的侵犯。

【法院裁判要旨】

上海市宝山区人民法院经审理认为：名誉权是指公民和法人就其自身属性和价值所获得的社会评价，享有的保护和维护的人格权。发生法律效力的刑事判决书是裁判文书网上公开发布的信息，具有对公众完全开放、提供自由查阅的属性。曹某将该判决书进行转帖，并未违反法律、行政法规禁止性的强制规定，不属于非法使用的行为。曹某亦没有恶意诽谤和侮辱赵某的事实，其将生效判决书发布在业主群内，传播范围有限，不足以构成对赵某名誉权的侵害。赵某也未提供充分证据证明曹某的上述行为造成赵某社会评价显著降低的实质的损害后果。综上所述，对赵某的诉讼请求难以支持。双方当事人作为居住在同一小区的业主，应当友好相处，妥善避免和解决相互之间的矛盾。遂判决：

驳回赵某的全部诉讼请求。

赵某不服一审判决，提起上诉。上海市第二中级人民法院经审理认为：第一，曹某的行为未侵犯赵某的名誉权。曹某在微信群中转发的关于赵某的刑事判决书与实际判决书内容一致，且曹某在微信群中的言语尚在客观陈述范围内，因此曹某的行为不应认定为捏造事实、无中生有、对赵某进行恶意中伤，进而侵犯赵某名誉权的行为。第二，曹某的行为未侵犯赵某的隐私权。一方面，私人生活安宁保障的是个人独处的权利。曹某虽然在微信群中转发了关于赵某的刑事判决书，但并未进一步以电话、短信、即时通信工具、电子邮件、传单等方式侵扰赵某，故难以认定曹某存在侵扰赵某私人生活安宁的行为。另一方面，不愿为他人知晓的私密空间、私密活动、私密信息强调私密性。曹某转发的关于赵某的刑事判决书已经在合法渠道公开，相关信息已不具有私密性，故而曹某的行为不构成对赵某私密空间、私密活动、私密信息的侵犯。遂判决：

驳回上诉，维持原判。

【法官后语】

公众有查阅合法公开的刑事判决书的权利，但行为人转发他人刑事判决书的行为是否构成侵犯他人人格权益，则要围绕权利主张人的请求权基础，结合民法典人格权编人格权保护要件以及法益保护规范进行认定。本案即涉及行为人在微信群中转发他人刑事判决书是否侵犯他人隐私权、名誉权的典型问题，法院需遵循上述裁判思路进行评判。

一、隐私权未受侵犯

民法典对隐私权的保护可以分为防止私人生活受到打扰以及避免私密空间、私密活动、私密信息为他人知晓两部分。由于刑事判决书已经为法院依法公开，个人犯罪记录的私密性已不存在。有观点认为，刑事判决书的公开并不等于社会公众已经知晓，所以刑事判决书仍然具有一定的私密性。[①] 这种观点是对私密性概念的误读，实际上任何事物的公开都不可能做到每一个人都知晓，只要公开的行为使得每个人都有机会查询到相关信息，则私密性就已不复存在。

转发他人刑事判决书同样不构成对私人生活安宁的侵犯。从影响领域而言，犯罪记录的传播影响的是个人的公共生活而非私人生活。个人既具有社会属性又具有自然属性，在社会交往之外个人应当有享受独处的权利，民法典规定私人生活不受打扰就是为了保证个人的这一份宁静与独处。[②] 而伴随犯罪记录产生的非规范性评价妨碍的是犯罪人向社群的融入，其影响并不必然会延伸至私人生活领域。从保护目的而言，对私人生活安宁的强调主要是针对当下社会部

---

① 参见张建文：《从判决书的私人公开看公共记录中的隐私权保护》，载《甘肃政法学院学报》2012年第5期。

② 参见最高人民法院民法典贯彻实施工作领导小组主编：《中华人民共和国民法典人格权编理解与适用》，人民法院出版社2020年版，第339页。

分人采用非法跟踪、盯梢、尾随、堵门等方式妨碍个人生活安宁的现象，而犯罪记录的公开所产生的更多是他人对犯罪人的疏远、排斥，犯罪人所感到的是孤独与无助而非私人生活被打扰。

二、名誉权未受侵犯

侵犯自然人、法人或其他组织的名誉权，是指侵权人通过侮辱、诽谤等方式，对他人名誉进行诋毁，从而导致社会公众对被侵权人的社会评价降低，使被侵权人人格受损。就本案的行为而言，曹某在微信群中转发的关于赵某的刑事判决书与实际判决书内容一致，且曹某在微信群中的言语尚在客观陈述范围内，因此曹某的行为不应认定为捏造事实、无中生有、对赵某进行恶意中伤，进而侵犯赵某名誉权的行为。

必须指出的是，本案赵某仅以曹某侵犯其隐私权、名誉权向法院提起诉讼，基于审判中立的原则，法院仅围绕隐私权、名誉权侵权构成要件进行审查。若赵某以其他人格权权益受侵犯为由提起诉讼，则其诉请是否应当得到支持需要根据案情分析认定。

编写人：上海市第二中级人民法院　李迎昌　潘喆

六、一般人格权纠纷

64

骨灰的管理与处置应基于对死者人格利益的保护

——吴某甲诉陈某甲等人格权案

【案件基本信息】

1. 裁判书字号

浙江省温州市中级人民法院（2021）浙03民终7117号民事判决书

2. 案由：人格权纠纷

3. 当事人

原告（上诉人）：吴某甲

被告（被上诉人）：陈某甲、陈某乙、陈某丙、吴某乙、吴某丙、陈某丁、吴某丁

【基本案情】

吴某甲与陈某彩（已故）是夫妻关系，两人共生育四个子女，分别是吴某乙、吴某丙、陈某丁、吴某丁。陈某甲、陈某乙、陈某丙系陈某彩与前夫（已亡故）生育的子女。1990年陈某彩在南塘镇鲤鱼山村投资修建了一座三穴公墓，并在墓碑上刻字载明：陈公某某、吴公某某、配陈氏之墓。2021年4月，陈某彩去世，因吴某甲与陈某甲等人对安葬地点发生严重分歧，未能达成一致

意见，陈某彩骨灰现仍暂存于乐清市殡仪馆。

2019 年 2 月 23 日，吴某甲购买大荆镇乌龙山公墓某号小墓 2 对，并交纳相关费用。吴某甲在本案审理过程中，明确对陈某彩骨灰的处理意见为：取回骨灰后，安葬于大荆镇乌龙山公墓内。

【案件焦点】

1. 死者陈某彩对骨灰的处置是否有遗愿；2. 如未有遗愿在近亲属间达不成一致意见的情况下由谁处置。

【法院裁判要旨】

浙江省乐清市人民法院经审理认为：骨灰是人去世后遗体的火化物，是一种具有强烈社会伦理意义的特殊物，其亲属基于与死者之间的特殊身份关系，对死者的骨灰享有保管、安葬等权利，对其权利的行使应受习惯及公序良俗原则的限制。作为死者延伸身体利益的载体，骨灰带有人格尊严的色彩，因而对骨灰的管理权和处置权的行使是基于对死者人格利益的保护。故对于骨灰的处置，应尊重死者生前的意愿及死者的配偶、父母、子女等亲属的意见予以综合考量处理。吴某甲作为死者陈某彩的配偶，陈某甲等人作为死者的亲生子女，对于死者的骨灰均享有处置、管理的权利。陈某彩于 1990 年在南塘镇鲤鱼山村修建三穴公墓并立好墓碑，该行为可视为其死后要与吴某甲及前夫一同安葬在此的意愿表示。综上，在本案死者亲属间对骨灰安葬地点无法协调达成一致意见的情形下，对骨灰的处置应以死者意愿为优先考虑。吴某甲提出的骨灰处置意见与死者生前意愿相悖，由吴某甲负责处置，缺乏事实及法律依据，故对吴某甲的诉讼请求，不予支持。

浙江省乐清市人民法院依照《中华人民共和国民法典》第八条、第十条、第一百零九条，《中华人民共和国民事诉讼法》第六十四条第一款规定，作出如下判决：

驳回原告吴某甲的诉讼请求。

吴某甲不服一审判决，提出上诉。浙江省温州市中级人民法院经审理认为：

作为死者延伸身体利益的载体，骨灰带有人格尊严的色彩，对骨灰的管理权和处置权的行使是基于对死者人格利益的保护。因此，陈某彩骨灰的处置，首先应尊重死者陈某彩生前的意愿；在陈某彩生前未有意愿的情形下，则可以在综合根据死者的配偶、父母、子女等亲属的意见基础上予以处理。陈某彩已于1990年在南塘镇鲤鱼山村投资修建一座三穴公墓，用于今后安葬，并在墓碑上刻字载明：陈公某某、吴公某某、配陈氏之墓。上述事实说明，陈某彩已经通过生前的行为明确表明，其死后要与吴某甲及前夫一同安葬在南塘镇鲤鱼山村三穴公墓。吴某甲上诉称2014年左右陈某彩决定跟随吴某甲安葬于乐清大荆以及一审遗漏认定了大荆乌龙山公墓系陈某彩出资购买的事实，因其未提供充分、有效的证据，不予采纳。吴某甲上诉称即便在陈某彩生前意愿不明的情况下，由吴某甲负责处理亡妻陈某彩丧葬事宜更合乎法理及风俗习惯和情感平衡，因缺乏事实依据，不予支持。

浙江省温州市中级人民法院依照《中华人民共和国民事诉讼法》第一百七十七条第一款第一项规定，判决如下：

驳回上诉，维持原判。

【法官后语】

一、骨灰是死者延伸身体利益的载体，带有人格尊严的色彩。虽然自然人的民事权利能力始于出生，终于死亡，民法典第九百九十四条的规定从民事基本法的层面明确了死者人格利益保护规则。死者的姓名、肖像、名誉、荣誉、隐私以及遗体等，一般概括成为死者的人格利益。虽然从经济价值角度来看，骨灰不具有使用价值，但从精神利益来看，骨灰是生者缅怀死者、表达怀念及纪念等精神上的情感寄托，是一种精神上的人格利益。该人格利益在人类情感和社会伦理道德上能够被证成，也符合我国的知恩报恩、饮水思源的善良风俗。因而，骨灰所承载的人格利益是死者的身体遗存物应受到的尊重以及善待的精神利益。

二、骨灰的保护主体及处理应考量的因素。骨灰承载的是死者的人格利益，因此，骨灰的管理权和处置权的行使必须是基于对死者人格利益的保护。由于死者不具有民事权利能力以及相应的诉讼能力，那么该人格利益的行使主体应由死者生前指定的人或者死者的近亲属代为行使该项权利。

现实生活中，由于死者近亲属之间往往夹杂着复杂的情感以及利益纠纷，同一序位、不同序位的近亲属之间存在不同的利益诉求和情感要求，因此，在裁判此类案件时需要考虑死者遗愿、情感、血缘以及当地的民间习俗、伦理道德等因素。在死者生前对于自己死后骨灰的安葬有遗愿的情况下，只要死者的遗愿不违反法律、政策及社会公德等，那么，死者近亲属就应充分尊重死者的遗愿，按照死者遗愿完成骨灰的处置，以达成死者心愿。如果有近亲属违背了死者遗愿，擅自改变骨灰的处置方式，其他近亲属则有权作为权利人，要求排除妨害，按照死者的遗愿处理骨灰。如果死者生前没有对骨灰的处置作出安排，则应考量近亲属共同意见以及情感、伦理道德、社会习俗等，如果近亲属意见一致，也符合祭奠习俗等，则根据一致意见进行处理。如果近亲属不能达成共同意见，则应参照近亲属的法定继承序位进行考量，优先考虑序位在先的近亲属意见，如果序位相同，则考虑近亲属与死者血缘上的亲疏关系、情感的依赖程度合理处置。

三、死者生前有遗愿的，骨灰处理应充分尊重死者的遗愿。本案中，陈某彩已经通过生前的行为明确表明，其死后要与吴某甲及前夫一同安葬在南塘镇鲤鱼山村三穴公墓。因而在死者陈某彩有遗愿的情况下，骨灰的处置上应充分尊重陈某彩的遗愿，原告作为配偶虽然是第一序位的亲属，但亦要尊重死者的遗愿，故原告要求将陈某彩的骨灰交由其处置并改葬他处的诉请不予支持。

编写人：浙江省乐清市人民法院　张胜霞　郑斯斯

65

养女在过世养父母墓碑上的刻名权益受法律保护

——石某连诉石某荷一般人格权案

【案件基本信息】

1. 裁判书字号

山东省济南市中级人民法院（2021）鲁 01 民终 9885 号民事判决书

2. 案由：一般人格权纠纷

3. 当事人

原告（被上诉人）：石某连

被告（上诉人）：石某荷

第三人：某社区居民委员会

【基本案情】

石某信夫妇原育有二子，均于早年去世。石某信夫妇于 1953 年收养石某连，石某信夫妇去世后，石某连系他们的唯一继承人。石某荷系石某信堂侄。石某信夫妇生前所在的某社区居委会曾于 2009 年对村民坟墓进行过搬迁，当时所立石某信夫妇墓碑上刻有石某连、石某荷的名字。2020 年夏，某社区居委会进行迁坟，除对坟墓进行经济补偿外，新立墓碑由社区提供并按照各家上报的名单镌刻姓名。石某荷在向居委会上报名单时未列入石某连，导致新立墓碑未刻石某连名字。石某信家族共计九人墓地搬迁款 9000 元由石某荷领取。石某连起诉请求判令石某荷在石某信夫妇墓碑上镌刻石某连姓名，返还墓地搬迁款，赔偿精神损失。

【案件焦点】

1. 被告漏刻石某连姓名是否构成侵犯人格权；2. 对石某连重新刻名及精神损害赔偿的请求应否支持。

【法院裁判要旨】

山东省济南市钢城区人民法院经审理认为：在逝者的墓碑上镌刻亲人的名字是中国传统文化中后人对亲人追思情感的体现，对后人有着重大的精神寄托。墓碑上的姓名和关系暗含着对亲属关系的认可，这份意义非凡的署名权是一种基于人格尊严而产生的人格权益。石某连作为养父石某信的近亲属，依法享有在涉案墓碑上署名的一般人格权。民事主体的人格权受法律保护，任何组织或者个人不得侵害。石某荷未将石某连列入墓碑刻名上报名单，其行为有违民法典的相关规定，也有违2009年墓碑署名的先例，应承担民事责任。该墓碑署名特殊权利的实现，需要每一位亲属在相互尊重他人权利的基础上相互协助。现立墓碑上按长幼顺序在石某荷名字的左侧加名已无可能，对于是否需要重立墓碑的问题，因实施加名除需遵从石某连、石某荷的个人意愿外，也要依民间传统风俗习惯及现有格式而行，还要充分考虑经济原则，最大限度地利用现有墓碑。现立墓碑由社区居委会出资，不涉及费用问题，如不能利用或利用不经济，因石某荷上报名单时有意不报，对于现立墓碑上没有合适位置刻写石某连名字存在过错，故需要重立墓碑所实际产生的费用应由石某荷负担。石某连是石某信唯一继承人，对社区居委会发放的墓地搬迁款享有分配权。石某荷久居某社区，长期对石某信的坟墓进行维护并常年上坟，且石某连已认可均分，石某荷应将多领款项3736元支付予石某连。石某连未提供证据证实石某荷给其造成了严重精神损害的后果，所主张的精神损失费1000元不予支持。

综上所述，依照《中华人民共和国民法典》第九百九十条、第九百九十一条、第九百九十五条、第一千零四十五条、第一千一百一十一条规定，判决：

一、石某荷于判决生效之日起五日内返还石某连墓地搬迁款3736元；

二、石某荷于判决生效之日起五日内将石某连的名字按民间传统风俗习惯刻在石某信夫妻的墓碑上（如需重立，实际产生的费用应由石某荷负担）；

三、驳回石某连的其他诉讼请求。

石某荷不服一审判决，持原审答辩意见上诉。济南市中级人民法院经审理认为，为逝者立碑时，在墓碑上镌刻近亲属姓名及身份，系基于身份关系产生，攸关人格尊严，属于法律规定的人格权益范畴，依法应予保护。相应权利亦符合我国尊老孝亲、慎终追远的历史传统和风俗习惯。石某连由石某信夫妻收养，且系唯一在世子女，其在墓碑上刻名的权利，依法应予保护。2009 年在石某信墓碑上已署有石某连的名字，本次搬迁过程中，石某荷未将石某连列入墓碑刻名上报名单，其行为侵害了石某连的人格权益，应承担相应民事责任。一审判决判令石某荷在石某信夫妻墓碑为石某连刻名，如不能刻名则承担重新刻名立碑费用合法有据，既尊重风俗习惯，也符合经济效率，处理结果适当，应予维持。关于墓地搬迁款。石某连作为石某信夫妻唯一在世子女，且参与了墓地搬迁事宜，故石某连对某居委会发放的墓地搬迁款享有分配权。一审判令石某荷应向石某连返还多领的搬迁款项并无不当，应予维持。

综上所述，依照《中华人民共和国民事诉讼法》第一百七十条第一款第一项规定，判决：

驳回上诉，维持原判。

【法官后语】

近亲属在安葬逝去亲人坟墓前竖立墓碑，墓碑上刻写逝者姓名，近亲属的姓名及身份，有的还要刻写死者生平事迹等，此后在特定节日等进行祭奠，以此纪念去世亲人，表达对逝者的哀思和怀念。这一系列行为是中华传统文化具体体现，具有悠久历史传统，为社会大众所接受和传承。现实生活中，近亲属因种种原因对相关问题等发生争议也并非罕见，本案主要表现为个别近亲属在墓碑上故意遗漏其他近亲属姓名引发的人格权争议。

关于近亲属墓碑刻名权的法律性质。民法典第九百九十条除明确规定生命权、健康权、姓名权等具体人格权外，对其他基于人格尊严、人身自由而产生的其他人格权益提供框架性、兜底性保护。一方面，近亲属在逝者墓碑刻名等祭奠行为并不违反法律法规规定，且以此对死者追思、悼念符合善良风俗，他人对近亲属祭奠行为自由应予尊重。墓碑刻名权益体现了人身自由所包含的自主行为自由，相关祭奠行为体现了近亲属基于人身自由和人格尊严而产生的人格权益，属于一般人格权范畴。另一方面，近亲属对亲人进行祭奠，影响着近亲属的自我评价和社会评价。本案中，被告在墓碑刻名时故意遗漏原告姓名的行为，所体现的即是对女性或者养女的歧视，违反了法律中男女平等原则和养子女与其他子女地位平等的规定，损害了逝者养女的人格尊严。

关于侵害祭奠权益的责任承担。民法典第九百九十五条规定，人格权受到侵害的，受害人有权依照本法和其他法律的规定请求行为人承担民事责任。受害人的停止侵害、排除妨碍、消除危险、消除影响、恢复名誉、赔礼道歉请求权，不适用诉讼时效的规定。祭奠权作为一般人格权如受到妨害，当事人得主张人格权请求权。同时适用民法典第九百九十八条关于“认定行为人承担侵害除生命权、身体权和健康权外的人格权的民事责任，应当考虑行为人和受害人的职业、影响范围、过错程度，以及行为的目的、方式、后果等因素”的规定。具体到墓碑刻名案件，处理时应综合考量多种因素。墓碑刻名争议主要发生在近亲属之间，往往牵涉其他家庭内部矛盾，影响范围一般限于家庭内部，且受当地风俗习惯影响较大，墓碑原有历史状态体现了近亲属之间关于刻名问题的意愿，墓碑在一定程度上具有死者人格象征意义，应结合当地风俗习惯、尊重历史、引导矛盾化解，妥善处理。就本案而言，审理法院判令被告在墓碑上为原告重新刻名或者无法刻名的情况下重立墓碑，使得原告作为养女的哀悼纪念之情得到彰显，围绕墓碑刻名所涉人格利益得以恢复，体现了对养女法律地位和历史的尊重，处理结果是适当的。而且考虑到原有墓碑不能加名的情况，提供了重新立碑刻名及其费用承担的裁判方案，体现了对于权利主体人格权益的充分保护。这也是审判实践中人民法院处理类似案件通常所采取的处理方式。

关于精神损害赔偿责任问题。本案中，在原先所立墓碑已经刻写原告姓名的情况下，新立墓碑时的名单由被告提供，被告对于原告系死者养女的身份、原墓碑已刻写原告姓名的事实是明知的，其在报送名单时未将原告列入其中，主观上存在故意。违反保护他人人格权益的法律规定，其行为构成违法。其行为与原告人格权益损害之间存在直接因果关系。但因原告作为养女的姓名未刻写在逝者墓碑上，客观上虽存在一定精神痛苦，但并无其他证据证明养女因此遭受严重精神损害，鉴于法院已经判令重新刻名，其与墓碑刻名相关人格权益已经得到恢复。故原告主张精神损害赔偿的诉讼请求无法得到支持。

本案审理法院依据民法典人格权相关规定，准确把握养女墓碑刻名权益的法律性质，对于类似案件的处理有很好的参考、借鉴意义。本案入选最高人民法院发布的民法典颁布后人格权司法保护典型民事案例。有专家点评指出："养女墓碑刻名维权案"的核心问题是对原告身份的认同。将姓名刻在养父母墓碑上，实质是对养子女在养父母家庭关系中平等身份的承认。这种身份认同形式上是姓名，但其本质不在姓名。就个人而言，体现的是尊严；就社会而言，体现的是对养子女合法权益的平等保护与家庭关系的维系。该案判决以一般人格权作为保护基础，值得赞同。

编写人：山东省济南市中级人民法院　孙磊　苏友芹

66

疑似精神障碍患者被强制就医过程中的侵权责任认定

——陈某某诉杨某某、上海某某精神卫生中心人身自由权案

【案件基本信息】

1. 裁判书字号

上海市嘉定区人民法院（2021）沪0114民初4282号民事判决书

2. 案由：人身自由权纠纷

3. 当事人

原告：陈某某

被告：杨某某、上海市某某精神卫生中心（以下简称某卫生中心）

【基本案情】

陈某某与杨某某系夫妻关系。陈某某无正式工作。在2019年期间，双方多次发生争执，杨某某数次报警并进行验伤。辖区派出所民警组织双方调解并建议双方参加心理咨询活动。争执发生后，陈某某经常将自己反锁在住处小房间内并拒绝与杨某某交流沟通。

2021年1月4日，杨某某数次电联妇联及公安，其报警时声称陈某某有家庭暴力行为，疑似有精神疾病，需要警方帮助。10时许，辖区派出所民警接警后前往陈某某及杨某某住处了解情况，杨某某向警方陈述陈某某当天又对其实施了暴力行为。因陈某某将自己反锁在小房间内拒绝沟通，民警随即离开陈某某及杨某某住处。19时许，因杨某某报警称陈某某将住处大门反锁并拒绝杨某某入内，辖区派出所民警再次出警并向杨某某了解情况。

2021年1月5日，杨某某联系辖区派出所民警，要求协助将陈某某送医院治疗。14时，辖区派出所民警及辅警前往陈某某及杨某某住处，因陈某某情绪激动，民警及辅警对陈某某采取约束措施并由杨某某协同送至某卫生中心处。杨某某向某卫生中心要求陈某某住院。

2021年1月5日下午至1月7日下午，某卫生中心多次指派医师对陈某某进行对答询问式查房及精神检查对话式询问。陈某某一直强调这次没有打人，其也没有精神障碍，是因为家庭矛盾所以杨某某才将自己送进医院。2021年1月7日16时20分，陈某某正式出院。某卫生中心出院记录记载“出院诊断：目前未发现精神病性症状”。

陈某某认为其出院记录显示入院及出院“未发现精神病性症状”，杨某某、某卫生中心存在严重过错，给其造成精神上重大损害，故诉至法院，要求杨某某、某卫生中心书面赔礼道歉、赔偿损失。

【案件焦点】

杨某某的送医行为、某卫生中心收治及诊疗行为是否构成侵害陈某某人身自由权。

【法院裁判要旨】

上海市嘉定区人民法院经审理认为：自然人之行动自由受法律保护，侵权人以非法形式限制自然人行动自由的，自然人有权请求侵权人承担民事责任。未经陈某某同意，杨某某将陈某某送往某卫生中心，致使陈某某于2021年1月5—7日之间的人身自由遭到限制。

1. 杨某某送医行为构成侵权行为。《中华人民共和国精神卫生法》（以下简称《精神卫生法》）第二十八条第二款中的“危害他人安全的行为及危险”必须是现实、紧迫且严重的。杨某某未能提供证据证明陈某某存在精神障碍史或实施了严重危害他人安全的暴力行为，足以令杨某某认为其人身安全遭到现实或紧迫的危害，且达到需对陈某某人身自由予以限制的严重程度。故杨某某存在过错，其将陈某某送医的行为限制了陈某某人身自由，构成对陈某某人身自由权的侵害。

2. 某卫生中心收治行为不构成侵权行为。根据《精神卫生法》第二十八条第三款及第二十九条第二款规定，医疗机构并无实质审查被送诊人是否存在伤害自身、危害他人安全的行为及危险之义务，且收治诊断行为中亦不具备回溯性审查之现实可能性。某卫生中心基于近亲属及公安机关的陈述和送医行为即足以认定陈某某属于疑似精神障碍患者，应当依照法定程序进行诊断并留院。某卫生中心的收诊及留院行为符合《精神卫生法》的规定，不构成侵害陈某某人身自由权的侵权行为。

3. 某卫生中心诊疗行为不构成侵权行为。《上海市精神卫生条例》第三十二条第二款规定“精神卫生医疗机构对于送诊的发生伤害自身、危害他人安全的行为，或者有伤害自身、危害他人安全危险的疑似精神障碍患者，应当立即指派具有主治医师以上职称的精神科执业医师进行诊断。无法立刻作出诊断结论的，应当将其留院观察，并在七十二小时内作出诊断结论”。某卫生中心指派具有主治医师以上职称的医师对陈某某进行诊断，且陈某某在院时间并未超过七十二小时。某卫生中心诊疗行为符合上述规定，不存在过错，不构成侵害陈某某人身自由权的侵权行为。

综上，因某卫生中心的收治及诊疗行为不构成侵害陈某某人身自由权的侵权行为，故对于陈某某主张的某卫生中心赔礼道歉、赔偿经济损失等诉讼请求，不予支持。

4. 杨某某侵权责任范围。综合本案案情，陈某某要求杨某某出具书面赔礼道歉声明的诉讼请求并无不当，予以支持。陈某某与杨某某系配偶，本起侵害人身自由权事件发生在两人夫妻关系存续期间，现并无证据证实两人夫妻财产各自所有，本院推定两人夫妻财产共同共有。陈某某要求杨某某承担赔偿责任，其实质是对夫妻共同财产进行分割。因目前尚不存在需分割夫妻共同财产的法定情形，故对陈某某要求杨某某承担医疗费、交通费、误工费、精神损害抚慰金、律师费等损失的赔偿责任的诉讼请求，不予准许。

人身自由权作为基本的人格权，对于形成、维持及发展自然人人格具有重要意义。无合法依据而限制他人人身自由的行为，无论是基于何种理由与动机都是应当予以批评的。陈某某与杨某某在夫妻关系存续期间产生了严重的家庭矛盾，然而双方分别实施了拒绝沟通交流及强制送医的行为，进一步激化夫妻矛盾，也不符合社会主义核心价值观。夫妻关系的维护和经营需要双方采取理性及合法的方式、方法，而非极端、粗暴、违法的措施，故本院对于陈某某及杨某某的行为均予以严肃批评，并期望双方能以妥当理性的方式处理好婚姻关系。

综上，依照《中华人民共和国民法典》第一千零三条、第一千零一十一条、第一千零六十六条，《中华人民共和国精神卫生法》第二十八条第二款和第三款、第二十九条第二款，《上海市精神卫生条例》第三十二条第二款，《最高人民法院关于适用〈中华人民共和国民事诉讼法〉的解释》第九十条规定，判决：

一、被告杨某某应于判决生效之日起十日内向原告陈某某出具并交付书面赔礼道歉声明（内容需经人民法院审核同意）；

二、驳回原告陈某某其余所有诉讼请求。

判决后，双方当事人均未上诉，本判决现已生效。

【法官后语】

近年来出现的某些“被精神病”案件表现为侵权人违背自然人意愿，将身心健康的自然人送往精神病院进行“救治”，侵害了自然人人身自由权，亦不利于和谐家庭、和谐社会的建设。该案判决既否定了非法强制送治行为，维护了“自由”价值及自然人人身自由权；又肯定了医疗机构合法收治及诊断行为，维护了“法治”价值及社会秩序。判决说理部分对社会主义核心价值观的援引与分析，也较好地实现了法律效果与社会效果的统一。

一、人身自由权的意义

民法典于第一千零三条及第一千零一十一条对该项重要权利进行确定与落实。从民法典人格权编的条文框架结构来看，具体人格权均基于人身自由及人格尊严两项核心价值而展开。人身自由权是人身自由价值的具体表现形式，亦是实现其他人格权的重要前提。所以人身自由权是一项基本人格权，对于形成、维持及发展自然人人格具有重要意义。

从此意义出发，在认定他人将疑似精神障碍者送往医疗机构进行诊断的强制送治行为、医疗机构对疑似精神障碍者的收治及诊疗行为，是否构成民法典第一千零一十一条项下“非法”方式时，应当严格进行要件审查，从而保障自然人人身自由权，并实现“保护人格权”与“维护社会秩序”两项价值的平衡。精神卫生法作为规范精神卫生服务，维护精神障碍患者合法权益的专门法律，本案关于被告送医行为及收治、诊疗行为是否侵害原告人身自由权的判断，在行为合法性的审查上，涉及该法相关条款的适用。

二、强制送治行为的合法性要件

疑似精神障碍患者即未经医疗机构诊断的、未有在先精神障碍史的、他人有合理怀疑理由具有精神障碍的自然人。《中华人民共和国精神卫生法》第二十八条第二款规定了对疑似精神障碍患者进行合法限制其人身自由（即合法强制送治）的情况：1. 疑似精神障碍患者发生伤害自己或他人行为的；2. 疑似精神障碍患者有伤害自己或他人的危险的。

然而，即使存在“行为/危险”亦不必然使强制送治行为具有合法性，逃逸出民法典第一千零一十一条的射程范围。若疑似精神障碍患者仅实施了较轻微的殴打自身或他人的行为，仍然认定他人将其强制送治的行为是合法行为的话，显然不符合“比例原则”，亦不利于和谐社会的建设。同时，从文义解释的角度出发，轻微伤害行为、假想的危险或非正在进行的伤害行为，亦不符合《中华人民共和国精神卫生法》第二十八条第二款规定的“伤害自身、危害他人安全”行为或危险的定义，更不存在“应当立即采取措施予以制止”的必要性基础。

故应当从“存在行为或危险”“具有现实紧迫性”“具有相当严重性”三项要件上审查强制送治行为的合法性。

三、强制诊治行为中对人身自由权的合理限制

对疑似精神障碍患者进行的强制诊治行为包括送治行为、收治行为及诊断行为，分别对应不同行为主体及医疗阶段。《中华人民共和国精神卫生法》第二十八条第三款及第二十九条第二款调整范围即医疗机构的收治及诊断行为。因医疗机构对于送治的精神障碍患者不得拒绝收治及诊断，故从要件审查上，收治及诊断行为独立于送治行为，也即送治行为的合法性并非收治及诊断行为合法性的认定因素。故医疗机构在收治疑似精神障碍患者时，不仅无需对是否需要收治进行审查，同时亦不存在回溯性审查的可能性。医疗机构仅需按程序予以收治并及时诊断，即不构成非法限制自然人人身自由。即使现实层面对自然人人身自由存在限制，从维护社会秩序的角度出发，亦具有合法性及合理性。

编写人：上海市嘉定区人民法院　纪学鹏　罗宇驰

67

自然人的人格权保护及于其虚拟形象

——何某诉上海某人工智能科技有限公司网络侵权责任案

【案件基本信息】

1. 裁判书字号

北京互联网法院（2020）京 0491 民初 9526 号民事判决书

2. 案由：网络侵权责任纠纷

3. 当事人

原告：何某

被告：上海某人工智能科技有限公司（以下简称上海某公司）

【基本案情】

上海某公司是某款手机记账软件的开发运营者，用户在该软件中可自行创设“AI[①] 陪伴者”，设置陪伴者的名称、头像，设置与该陪伴者的人物关系（如男女朋友、兄妹、母子等）。何某系公众人物，知名度较高，在该款软件中被大量用户设置为陪伴人物。用户在设置“何某”为陪伴人物时，上传了大量何某的肖像图片设置人物头像，同时设置了人物关系。上海某公司通过聚类算法，将陪伴者“何某”按身份分类，并以协同推荐算法向其他用户推介该角色。为了使 AI 角色更加拟人化，上海某公司还为 AI 角色提供了“调教”算法机制，即用户上传各类文字、肖像图片、动态表情等互动语料，部分用户参与审核，上海某公司使用人工智能筛选、分类，形成人物语料。用户和该软件为

① AI 是英文 artificial intelligence 的缩写，指人工智能。以下不再提示。

“何某”制作人物语料，并加入了系统推送，根据话题类别、角色人设特点等，用于“何某”与用户的对话中，为用户营造一种与何某真实互动的体验。

何某认为，上海某公司的行为侵害了其姓名权、肖像权、一般人格权，故诉至法院，请求判令上海某公司赔礼道歉、赔偿损失。上海某公司则认为侵权行为均由用户做出，其仅为网络技术服务提供者，在何某发出通知后即将含有何某姓名、肖像的“AI陪伴者”删除，不应承担侵权责任。

【案件焦点】

1. 上海某公司是否仅为网络技术服务提供者；2. 上海某公司是否构成对何某的肖像权、姓名权、一般人格权的侵害，其应当承担何种责任。

【法院裁判要旨】

北京互联网法院经审理认为：

一、上海某公司为网络内容服务提供者

案涉软件的服务与技术服务存在本质不同，并非提供简单“通道”服务，而是通过产品功能设定和算法应用，鼓励、组织用户的上传行为，并对侵权素材进行技术处理后投入软件使用。在此情形下，虽然具体图文由用户上传，但上海某公司的产品设计和对算法的应用直接决定了软件核心功能的实现，体现了上海某公司的行为目的和价值引导。因此，上海某公司应被视作内容服务提供者。

二、上海某公司侵犯了何某肖像权、姓名权、一般人格权

（一）上海某公司侵犯了何某的肖像权、姓名权

本案中，肖像、姓名是何某整体形象利用的重要部分。根据《中华人民共和国民法典》（以下简称民法典）的相关规定，在此种使用场景中，自然人既有人格利益，也有财产利益。通过案涉软件的规则设定和算法设计，上海某公司事实上鼓励、组织了用户上传侵害何某肖像权的图片，用户明知其上传的图片会在案涉软件中被推送给不特定用户仍然实施该行为，因此上海某公司构成对何某肖像权的侵害。同理，本案上海某公司构成对何某姓名权的侵害。

（二）上海某公司侵犯了何某的一般人格权

首先，具体人格权无法完整涵盖案涉软件使用的人格利益。案涉软件将何某的姓名、肖像、性格特征等综合而成的整体形象投射到AI角色上，并且让用户设置与该角色的身份关系，这是对何某整体形象和人格表征的利用，肖像权、姓名权的人格利益无法完整涵盖。其次，未被涵盖的人格利益属于一般人格利益。案涉软件使AI角色与真实自然人高度关联，功能设置还涉及何某自由决定其人格要素如何被使用的范畴，涉及何某的人格尊严，构成对何某一般人格权益的侵害。例如，用户可以任意设置与"何某"的亲密关系，将创作语料称为体现不对等关系的"调教"一词等。最后，尽管何某作为公众人物，人格利益应受到一定限缩，但是上海某公司和用户的行为明显超过合理的限度。因此上海某公司构成对何某一般人格权的侵害。

北京互联网法院依照《中华人民共和国民法典》第九百九十条、第九百九十八条、第一千零一十二条、第一千零一十八条，《中华人民共和国侵权责任法》第八条、第十五条、第二十条、第二十二条、第三十六条第一款，《最高人民法院关于审理利用信息网络侵害人身权益民事纠纷案件适用法律若干问题的规定》第十五条、第十八条，《最高人民法院关于适用〈中华人民共和国民法典〉时间效力的若干规定》第一条第二款、第二条、第三条，《最高人民法院关于确定民事侵权精神损害赔偿责任若干问题的解释》第十条规定，判决如下：

一、被告上海某公司向原告何某赔礼道歉；

二、被告上海某公司赔偿原告何某经济损失183000元（包括合理维权支出3000元）；

三、被告上海某公司赔偿原告何某精神损害抚慰金20000元；

四、驳回原告何某的其他诉讼请求。

判决后，双方当事人均未上诉，本判决现已生效。

【法官后语】

近年来，"虚拟形象"作为一种新型的法律关系客体开始进入理论研究和司法实践领域。本案中的虚拟形象基于自然人肖像、姓名等众多人格要素而创设，独立于自然人但与自然人高度关联；算法等互联网技术的深度应用赋予其互动功能，使其具有了较高拟人化水平，涉及众多尚未被法律明确的人格要素。本案裁判明确自然人的人格权及于其虚拟形象，同时对算法应用的评价标准进行了有益探索，对人工智能时代加强人格权保护具有重要意义。

一、请求权基础的寻找与解释

民法典出台以前，我国法律对于自然人虚拟形象的保护并无明确的请求权基础可援引，民法典出台后则弥补了该缺漏。民法典第九百九十条明确，除了具体人格权外，自然人还享有基于人身自由、人格尊严产生的其他人格权益，确立了开放的人格权体系，使得民法典在经济、科技、社会生活等不断发展变化的趋势下，能够应对日益新生的人格要素保护需求。民法典第九百九十三条还赋予部分人格权许可使用之权能，明确了部分人格权的财产属性，并与第一千一百八十二条共同构成侵害人格权财产利益的损害赔偿请求权基础。本案虚拟形象的使用即属对他人人格的商业化使用，侵害了何某人格权的财产利益。

二、人格权保护的规制路径

尽管虚拟形象可援引人格权作为请求权基础加以保护，但是此处的虚拟形象应被分解为构成该虚拟形象的各人格要素，因为不管具体与否，构成该虚拟形象的各人格要素才是人格权的实质权利客体。解构虚拟形象所包含的人格要素后，依照各要素的相关权利进行保护时，即可能面临一般人格权和具体人格权能否共同适用的问题。

当前，针对一般人格权和具体人格权的关系存在两种主要的观点。一种观点认为一般人格权是包含具体人格权的上位概念[①]（隶属结构）；另一种观点则认为二者彼此独立、互不隶属，共同构成人格权体系[②]（树状结构）。

---

① 参见最高人民法院民法典贯彻实施工作领导小组主编：《中华人民共和国民法典人格权编理解和适用》，人民法院出版社2020年版，第25页。

② 参见许可、梅夏英：《一般人格权：观念转型与制度重构》，载《法制与社会发展》2014年第4期；参见杨立新、刘召成：《论作为抽象人格权的一般人格权》，载《广东社会科学》2010年第6期。

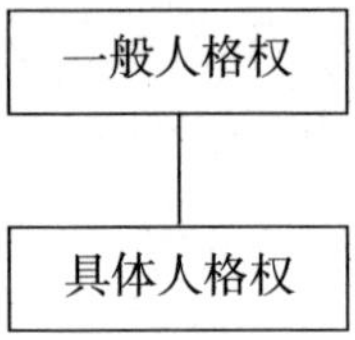

隶属结构示意图

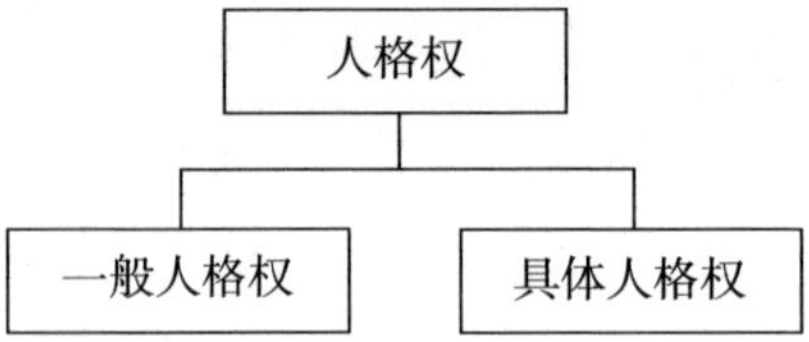

树状结构示意图

本案采取人格权的树状结构观点，共同适用一般人格权与具体人格权加以规制。从规范解释的角度来看，民法典人格权编的体例安排明确人格权是本编所涉及权利的上位概念。同时第九百九十条第一款列举了人格权所包含的具体人格权，第二款则规定了除第一款列举的具体人格权外的其他人格权益。作体系解释可得，第一款列举的具体人格权与第二款规定的权利（一般人格权）应处于同一位次。因此，第九百九十条实际上构建了人格权权利体系的树状结构。同时考虑算法等互联网技术的深度适用将扩大可被利用的人格要素范围，需要对多样化的人格利益加以保护，因此将一般人格权定性为一种框架性权利，用以保护各种无法纳入具体人格权的人格利益，与具体人格权共同适用，能够为权利人提供周延的保护。

三、新技术应用对侵权行为人认定的影响

随着以算法为代表的新技术日趋成熟，技术运用的“非中立性”逐渐显现。对本案涉及的算法进行评价的核心即在于，设计者在算法中嵌套的主观价值和主观目的是否合法。如果设计者的目的并非单纯提供一种技术服务，而是通过技术服务实施侵权行为或者鼓励、组织他人实施侵权行为的，那么就应当将其视作侵权行为人，若其技术服务深入参与了侵权内容的创作提供，那么就应当将其视作提供内容的网络服务者。

值得注意的是，本案裁判对互联网不断创新商业模式是持肯定态度的，但是对其利用技术实施侵害他人权利的行为则给予否定性评价，以此明确鼓励新业态、新技术发展和保护民事主体人格权利的界限，提醒网络服务提供者在创新中必须遵守法律规定，尊重他人权益。

编写人：北京互联网法院　孙铭溪　毛春联

68

男方离婚后发现女方在与其婚前同居期间所生之子并非其亲生而诉请赔偿的纠纷性质

——杜某彪诉王某英人格权案

【案件基本信息】

1. 裁判书字号

四川省广安市中级人民法院（2021）川16民终779号民事判决书

2. 案由：人格权纠纷

3. 当事人

原告（被上诉人）：杜某彪

被告（上诉人）：王某英

【基本案情】

杜某彪与王某英于1992年正月之后即开始同居生活。在二人同居生活期间，王某英于1993年11月21日生育女杜某娟，于1995年8月13日生育子杜某欢。杜某彪与王某英于1995年12月18日办理了结婚登记手续。双方因感情不和于2006年9月1日自愿到广安市广安区民政局办理了离婚登记，并签订了《离婚协议书》，该协议书中对子女抚养约定如下："婚生子女杜某欢、杜某娟由男方抚养监护成人，女方不承担任何费用。"

2019年8月5日，广安市公安局广安区分局在广安市广安区官盛污水处理厂渠江河道内发现一具未知名男尸。2019年9月20日，广安市公安局物证鉴定所出具的鉴定意见为：1. 不排除王某英是2019.8.5广安区官盛镇未知名男尸所属个体生物学母亲；2. 排除杜某彪（L0167-02号检材）是2019.8.5广安区官盛镇未知名男尸所属个体生物学父亲。

【案件焦点】

王某英是否应向杜某彪返还抚养杜某欢而支付的抚养费并支付精神损害抚慰金。

【法院裁判要旨】

四川省广安市广安区人民法院经审理认为：王某英隐瞒杜某欢非杜某彪亲生子的事实，导致杜某彪形成错误认识，对杜某欢以亲生子进行抚养。杜某彪对杜某欢没有抚养义务，对婚姻关系存续期间花费的抚养费的 50%，王某英应予返还。王某英明知杜某欢非杜某彪亲生，仍在《离婚协议书》中约定杜某欢由杜某彪抚养，且不支付抚养费，故杜某彪在离婚后为抚养杜某欢而支付的抚养费，王某英应全额返还。综合考虑本地经济发展水平及消费水平，酌情支持 6 万元。王某英的行为侵犯了杜某彪的人格尊严，理应承担精神损害赔偿责任，酌情支持 1 万元。

依照《中华人民共和国民法总则》第一百零九条、《最高人民法院关于确定民事侵权精神损害赔偿责任若干问题的解释》第九条第三项、第十条第一款、《最高人民法院关于适用〈中华人民共和国民法典〉时间效力的若干规定》第二条之规定，判决如下：

一、王某英向杜某彪支付抚养杜某欢的抚养费 6 万元；

二、王某英向杜某彪支付精神损害抚慰金 1 万元。

一审宣判后，王某英不服，提起上诉。

四川省广安市中级人民法院经审理认为：王某英在与杜某彪登记离婚时，双方申请登记离婚的原因并非基于杜某欢非杜某彪亲生子的事实导致双方离婚，即非一方当事人具有婚姻法意义上的过错行为而导致了离婚的后果；在离婚后至杜某欢因故死亡前的十三年时间里，杜某彪仍对杜某欢非自己亲生子的事实毫不知情。杜某彪因本案所提起的损害赔偿诉讼，并不符合婚姻法规定的离婚损害赔偿的适用条件，本案中杜某彪遭受的损害所引发的纠纷，其实质是杜某彪人格尊严权利受到侵害而引发的纠纷，故本案案由应确定为人格权纠纷，一审将本案案由确定为离婚后损害责任纠纷不当，依法予以纠正。二审法院同意一审法院其他裁判意见。

依照《中华人民共和国民事诉讼法》第一百七十条第一款第一项、《最高人民法院关于适用〈中华人民共和国民事诉讼法〉的解释》第三百三十四条规定，判决如下：

驳回上诉，维持原判。

【法官后语】

本案系男方离婚后发现女方在与其同居生活期间所生之子并非其亲生，其诉请精神损害赔偿，案由应确定为离婚后损害责任纠纷还是人格权纠纷，现综合分析评判如下：

一、民事诉讼案由的确定取决于诉争法律关系的性质

民事案件案由是民事案件名称的重要组成部分，反映案件所涉及的民事法律关系的性质，是对当事人诉争的法律关系性质进行的概括，是人民法院进行民事案件管理的重要手段。个案案由的确定一般应当坚持以下原则：

（一）按照由低到高的顺序选择适用个案案由。《民事案件案由规定》针对不同的纠纷类型，设计了四级案由。根据当事人诉争法律关系的性质，首先应适用第四级案由；第四级案由没有规定的，适用相应的第三级案由；第三级案由没有规定的，适用相应的第二级案由；第二级案由没有规定的，适用相应的第一级案由。

（二）个案案由在结案之前可以变更。当事人起诉的法律关系与实际诉争的法律关系不一致的，人民法院结案时应当根据法庭查明的当事人之间实际存在的法律关系性质，相应变更案件的案由。当事人在诉讼过程中增加或者变更诉讼请求导致当事人诉争的法律关系性质发生变更的，应当相应变更案件案由。

二、离婚后损害责任纠纷案由的适用

2001 年《中华人民共和国婚姻法》修正案增设一项离婚救济制度，即离婚损害赔偿制度。该制度是指因夫妻一方的法定过错致使婚姻关系破裂导致离婚

的，无过错的另一方依法享有赔偿请求权。《中华人民共和国民法典》第一千零九十一条对原《中华人民共和国婚姻法》第四十六条进行了两处修正：一是文字修改，对于第二项“与他人同居”的情形删除了“有配偶者”的限制；二是增加了第五项兜底条款，即“有其他重大过错”的情形，扩大了离婚损害赔偿制度的适用范围。离婚损害赔偿的适用条件，一是一方对离婚存在过错；二是过错方实施了妨害婚姻家庭关系的违法行为，如重婚，与他人同居，实施家庭暴力，虐待、遗弃家庭成员，其他重大过错；三是另一方没有过错；四是无过错方受有损害，包括离婚以及因离婚导致的财产或精神损害；五是过错违法行为与损害结果之间存在因果关系。无过错方原则上应当在离婚程序中行使离婚损害赔偿请求权，但是在过错方提出离婚且获得法院支持的情况下，为充分保障无过错方的此项权利，法律赋予无过错方可以就此单独提起离婚损害赔偿诉讼的权利。此时，应当适用《民事案件案由规定》中婚姻家庭纠纷项下的三级案由“离婚后损害责任纠纷”，该类纠纷具有侵权责任纠纷的属性，有利于惩罚过错方和保护无过错方。但是该项损害赔偿请求权的行使，须符合法律规定的无过错方行使离婚损害赔偿请求权的实质条件，即过错方存在《中华人民共和国民法典》第一千零九十一条规定的情形并因此导致离婚。

三、本案的准确案由应为人格权纠纷

一方面，本案纠纷的实质在于一方的隐瞒行为侵害了另一方的人格尊严。父母抚养自己的亲生子女是法定义务，也是亲情享受、精神依托。本案中，因王某英隐瞒杜某欢并非杜某彪亲生子的事实，导致杜某彪对杜某欢没有法定抚养义务而进行了抚养，杜某彪人格尊严受到侵害是不容置疑的。另一方面，王某英系在与杜某彪同居生活期间即并非婚姻关系存续期间生育杜某欢，二人系协议离婚，当时杜某彪并不知道杜某欢并非其亲生，双方离婚并不是因王某英有婚姻关系存续期间与他人同居等其他妨害婚姻家庭关系的违法行为，即双方离婚并非《中华人民共和国民法典》第一千零九十一条规定的五种情形所导致，本案不符合提起离婚后损害责任纠纷之诉的要件，杜某彪的诉请的实质是基于其人格尊严受到王某英的侵害。综合以上分析，本案系权利人因人格尊严遭受侵害所引发的纠纷，实为人格权侵权法律关系，案由应确定为人格权纠纷。一审未准确把握离婚后损害责任纠纷的适用条件，将本案案由确定为离婚后损害责任纠纷的确不当，二审根据查明的引发纠纷的客观事实以及诉争法律关系的性质，将案由变更为人格权纠纷是正确的。

编写人：四川省广安市武胜县人民法院　滕俊贤

四川省广安市中级人民法院　谭昀

69

是否尽到赡养义务不必然影响子女对于亡故父母祭奠权的行使

——管某设诉管甲等一般人格权案

【案件基本信息】

1. 裁判书字号

天津市第二中级人民法院（2021）津02民终5187号民事判决书

2. 案由：一般人格权纠纷

3. 当事人

原告（被上诉人）：管某设

被告（上诉人）：管甲、管乙、管某国、管某中

【基本案情】

管某设与管甲、管乙、管某国、管某中系兄弟姐妹关系，其母田某华于2020年9月20日死亡。在处理田某华丧事事宜过程中，管某设及其其他亲属未参与。管甲、管乙、管某国、管某中虽主张在田某华死亡后实施了通知管某设的相关行为，但无相关证据予以证明。

【案件焦点】

子女因未接到母亲死亡通知未能参与其母亲葬礼是否构成对其人格权的侵害。

【法院裁判要旨】

天津市河东区人民法院经审理认为：根据我国民法总则及民法典的相关规定，对自然人享有的人格权进行了概括列举的方式，这并不意味着未包含在列举范围内的人格权利就不应作为依法保护的对象。结合我国日常生活的公序良俗及基本风俗习惯，在父母亡故时作为子女有悼念和祭奠的权利，即便各被告抗辩原告未尽充分的赡养义务，或者是原告与田某华之间关系存在问题，这都不应当影响原告作为子女在自身母亲亡故时参加葬礼，寄托哀思，表达情感的权利和机会，况且关于是否尽赡养义务的问题，其一，目前并无生效法律文书确认；其二，也不是本案需要涉及的问题，本案对此问题不予评价。原告未能参与田某华的丧事，会在一定程度上造成原告的精神痛苦，应当认定对其人格权造成了侵害。关于各被告是否需要就此向原告承担责任一节，虽然各被告均辩称在田某华亡故后及时尽到了通知的义务，但原告对此予以否认，在各被告无证据证明尽到充分通知义务的情况下，其作为在当时陪伴田某华在侧的亲属，需要就此向原告承担一定的责任。关于赔偿的具体数额，原告主张的数额缺乏相应计算依据，也未能证明其产生了实际损失，结合此事给原告造成的影响程度、各被告行为的过错程度等因素，本院酌情确认四被告共计赔偿原告400元。需要说明的是，虽然原告在田某华亡故时未能及时参加其丧事的处理，但今后仍然可以通过诸如扫墓等方式寄托哀思，这也是本院作出上述认定的考量因素之一。

天津市河东区人民法院依照《中华人民共和国民法总则》第一百一十条，《中华人民共和国侵权责任法》第十五条，《最高人民法院关于适用〈中华人民共和国民法典〉时间效力的若干规定》第一条规定，作出如下判决：

一、本判决生效之日起五日内，管甲、管乙、管某国、管某中共同赔偿管某设400元；

二、驳回管某设的其他诉讼请求。

管甲、管乙、管某国、管某中不服一审判决，提出上诉。天津市第二中级人民法院同意一审法院裁判意见，作出如下判决：

驳回上诉，维持原判。

【法官后语】

慎终追远。祭奠，作为一种传统风俗，是生者对死者（通常是亲人）表达悼念与寄托哀思的一项活动。祭奠在我国传统文化中占据着独特的地位，其作为一种传统风俗习惯，逐渐具有了一定意义上的法律属性。

一、“祭奠权”的属性和权利范畴

现行法律没有明文将祭奠权规定为一项法定权利，学界对此有两种观点：一种是认为祭奠权应当属于一项身份权利。该观点认为祭奠权产生于特定的亲属关系之间，是只有在近亲属之间才会享有的一项民事权利①。但是身份权是一种具有相对性的权利，相对性是指该身份权的享有是基于特定身份关系的人之间的权利义务，而祭奠权的行使必定以一方近亲属的死亡为前提，近亲属的死亡会导致身份关系的消灭，相对性也就不复存在，所以将祭奠权定性为身份权略有不妥。另一种是认为祭奠权属于一般人格权②。保障祭奠权从本质上来讲是保障祭奠者的一种精神利益，将祭奠权定性为一般人格权，不因主体特定的身份关系而产生和消灭，也不会因为法律没有明确规定而不受到保护，可以最大限度地保障权利人行使祭奠权，在民法明确确认祭奠权为具体的人格权之前，将祭奠权定性为一般人格权是最好的安排。

祭奠权作为一种一般人格权，有着区别于其他人格权的明显特征：一是祭奠权的主体一般是逝者的近亲属。基于血缘关系的祭奠权自出生便拥有，他人无权任意剥夺；基于婚姻关系和收养关系的祭奠权则始于法律关系形成之时。二是祭奠权的权利客体主要是精神利益，即祭奠权人通过行使该权利以缓解悲

---

① 杨立新：《诠释祭奠权》，载《检察日报》2002 年 7 月 19 日。

② 邵扬：《祭奠权问题探讨》，载《产业与科技论坛》2019 年第 14 期。

伤、表达哀思，同时，不行使该权利往往会使祭奠权人的道德评价受到影响甚至有损名誉。三是祭奠权的权利内容比较丰富，应根据风俗习惯、司法主流观点等予以界定，如获悉亲属去世信息，参加葬礼、祭奠，参与处置骨灰、墓碑、遗物等。需要注意的是，行使权利时不得妨害其他亲属正当行使其权利，并应当积极履行与权利相应的义务，如通知义务、协商义务、不得擅自安排或者处分遗物等。

由于目前法律没有针对祭奠权的明确规定，法院在处理相应纠纷时应主要参照民法基本原则与当地习惯、公序良俗等进行合理裁判。尤其要关注顺位问题，对于祭奠事务处理的顺位应参照亲属关系的远近程度予以确定为宜，即首先是配偶，其次为父母、子女，最后为兄弟姐妹、(外)祖父母等其他近亲属，如果在先顺位的管理人未尽管理义务或者尽管理义务不当时，其他近亲属有权予以纠正。需要明确的是，如果逝者对于祭奠事宜生前进行了安排，首先应当尊重其生前意思，行使祭奠权不能违背逝者遗愿，否则其他亲属可以阻止。无正当理由任意干涉他人行使祭奠权的，可能构成侵权。

二、对“祭奠权”受到侵害时的救济

当祭奠权受到侵害时，可以援引民法典第一百一十条、第九百九十条确认祭奠权的一般人格属性，根据民法典第一百七十九条和《最高人民法院关于确定民事侵权精神损害赔偿责任若干问题的解释》第一条、第十条判决侵权人承担相应的民事责任，如果因为祭奠权受到侵害而导致心理、精神上的痛苦，可以诉请侵权人赔偿精神损失费。本案中，在至亲去世后，最先获知此消息的管甲、管乙、管某国、管某中未能证明已经履行了通知管某设的义务，同时主张管某设未尽赡养义务，导致管某设在母亲去世后未能参加丧事处理。但基于血缘关系的祭奠权自出生便拥有，他人无权任意剥夺，是否尽到赡养义务不能成为影响子女在父母亡故时参加葬礼、寄托哀思、表达情感的权利和机会的因素。现在的社会发展越来越快，但是延续千年的祭祀活动并没有因为时代变迁而衰退，法官在处理祭奠纠纷时，应充分考量各个因素。本案审理中，重点审查了管某设与死者关系的亲疏远近程度、能够通知管某设的可能性、管某设在以后可以进行祭奠的可能性等因素。同时认为，祭奠权侵权的赔偿数额应当更倾向于补偿性质，不宜过高，所以本案中对于赔偿数额的确定，未支持管某设过高的精神损害赔偿请求，这样也更利于化解其兄弟姐妹之间的矛盾。

编写人：天津市河东区人民法院　刘娅楠

图书在版编目（CIP）数据

中国法院 2023 年度案例．人格权纠纷/国家法官学院，最高人民法院司法案例研究院编．—北京：中国法制出版社，2023.5

ISBN 978-7-5216-3281-1

Ⅰ.①中… Ⅱ.①国…②最… Ⅲ.①人格-权利-民事纠纷-案例-汇编-中国 Ⅳ.①D920.5

中国国家版本馆 CIP 数据核字（2023）第 026362 号

策划编辑：李小草　韩璐玮（hanluwei666@163.com）
责任编辑：韩璐玮　　封面设计：李宁

中国法院 2023 年度案例．人格权纠纷

ZHONGGUO FAYUAN 2023 NIANDU ANLI . RENGEQUAN JIUFEN

编者/国家法官学院，最高人民法院司法案例研究院
经销/新华书店
印刷/三河市紫恒印装有限公司
开本/730 毫米×1030 毫米　16 开　　印张/22　字数/268 千
版次/2023 年 5 月第 1 版　　2023 年 5 月第 1 次印刷

中国法制出版社出版
书号 ISBN 978-7-5216-3281-1　　定价：78.00 元

北京市西城区西便门西里甲 16 号西便门办公区
邮政编码：100053　　传真：010-63141600
网址：http：//www.zgfzs.com　　**编辑部电话：010-63141833**
市场营销部电话：010-63141612　　**印务部电话：010-63141606**

（如有印装质量问题，请与本社印务部联系。）